ITALY直覺
義大利

真愛 義大利

作者／**吳靜雯**
攝影／**吳靜雯・吳東陽**

太雅

目錄 Contents

米蘭 · 設計　　028

大湖 · 遺世　　048

都靈 · 魔法　　054

How to use

深度導覽：內文中，特別畫出底線及標上編號之處，可依著標號對照頁面下方的詳細介紹。

旅遊資訊：景點或店家，以色字加粗凸顯，可在該頁面下方查詢到Data資訊。

Premiata
web：www.premiatapizz
add：Via E. De Amicis 2
tel：(02)8940 6075
time：17:00～21:00

El Brellin
add：Vincolo dei Lavang

❸這一區以前是工人階級的主要住宅區，有許多工藝坊，因此當時許多為勞工或平民階層而發聲的活動，都是由這裡開始的。也因為有許多手工藝坊，造就了這一區獨特的街頭文化，至今仍可看

城市檢索：可輕鬆找尋到你要閱讀的城市。

作者序

義大利，
要怎麼定
義呢？

　　豐富的文化與藝術，即使是花個幾年的時間也看不完；精品及設計品採購，常讓旅人得了失心瘋似的，買到欲罷不能；各地的義大利美食，更是常讓人回國後，想念這兒的牛排、思念那兒的披薩，常常因為這些記憶中的美味，衝動得又想回這靴子國；而南義、西西里島人的溫情，更是旅人一輩子珍藏在心中的柔軟回憶。

　　本書除了大家較熟悉的經典城市與景點外，還特別找出一個個令人驚艷的小地方，除了亦或迷人、亦或靜謐的義大利風情之外，還希望能透過一些義大利傳統食品與生活態度分享，讓我們得以更深入了解義大利的文化精華；也讓我們除了旅遊享受之外，學習波隆納美好的市政推行、五鄉地國家公園對那塊土地的盡心維護，當我們回國時，或許也能為自己的家園盡一份美麗的心意。

　　這本書的完成，得幸獲得許多人的協助。Special Thanks to： IETCPO義大利經濟貿易文化推廣辦事處代表Mario Palma先生。Bologna, Cinque Terre, Firenze, Genova, Lago Maggiore, Modenatur, Orvieto, Padova, Pisa, Torino, Siena, Verona, Venezia等觀光局的協助。當然，還有耐心的編輯及堅持到底的阿忠美編。

　　衷心地感謝大家！

吳靜雯

【靜雯的出版品】

《開始在義大利自助旅行》	《指指點點玩義大利》	《我的青島私旅行》
《開始到義大利買名牌》	《Traveller's曼谷泰享受》	《泰北清邁・曼谷享受全攻略》
《開始到義大利看藝術》	《個人旅行：英國》	《開始在泰國自助旅行》
《學義大利人過生活》	《開始到越南自助旅行》	

世界主題之旅

打工度假系列

義大利簽證

現在持有效台灣護照者，可享有免簽證進入歐盟國家觀光90天，但學生及商務或90天以上仍須辦理簽證。

義大利歷史

- **西元前8～6世紀**：伊特魯西亞人、希臘殖民
- **西元前6～1世紀**：古羅馬共和時期
- **西元前1～西元1世紀**：羅馬帝國時期
- **西元1世紀**：羅馬帝國分裂，基督教定為國教
- **西元1～14世紀**：受宗教統治的中世紀，以封建制度為主，威尼斯、比薩、熱那亞等海上強國紛紛崛起
- **西元14～17世紀**：義大利各區獨立自主，百花齊放的文藝復興時期
- **西元17～18世紀**：巴洛克時期，羅馬天主教逐漸衰退
- **西元18～19世紀**：法國拿破崙征服各邦國，建立義大利王國
- **1871年**：義大利統一，定都羅馬，第一個國王為維多利亞：艾曼紐二世(Vittorio Emanuele II)；第二任國王為溫貝多一世(Umberto I)
- **西元19～20世紀**：法西斯及共產主義在北義蓬勃發展，墨索里尼獨裁統治
- **西元20世紀至今**：自由經濟社會，天主教精神中心仍在梵蒂岡城

義大利節慶

	3～5月	6～8月	9～11月	12～2月
米蘭	●3月秋冬服裝秀 ●4月中米蘭國際家具展	●7～8月夏季折扣 ●8月許多商店休息	●10月春夏服裝秀 ●Alba鎮松露節	●12/7日守護聖人節及歌劇季開演 ●1～2月冬季折扣
威尼斯		●6～9月威尼斯雙年展 ●維諾那歌劇季	●威尼斯影展 ●9月傳統船賽	●嘉年華會
托斯卡尼及溫布里亞省	●翡冷翠復活節爆竹牛車 ●阿西西5月第一個週日春天節	●6月翡冷翠傳統足球賽及聖人節 ●西耶那賽馬會 ●佩魯吉亞夏季爵士節	●奧維多美食節 ●Fabro鎮松露節 ●10月中佩魯吉亞巧克力節	●Viareggio嘉年華會 ●奧維多冬季爵士節
羅馬	●梵蒂岡復活節 ●5月西班牙階梯花節	●6/29聖彼得節		●梵蒂岡聖誕節
南義	●阿格利真托4月杏花節 ●阿瑪菲海岸拉維那音樂季		●10月第一個週末愛奧尼亞島Lipari漁夫節 ●拉維那音樂季	●除夕遊行
服裝	●7～19度 ●外套、雨具、春天薄圍巾	●20～35度 ●短袖、短褲、太陽眼鏡、防曬用品	●8～25度 ●毛衣、外套、秋季圍巾、雨具	●2～12度 ●大衣、帽子、圍巾、手套

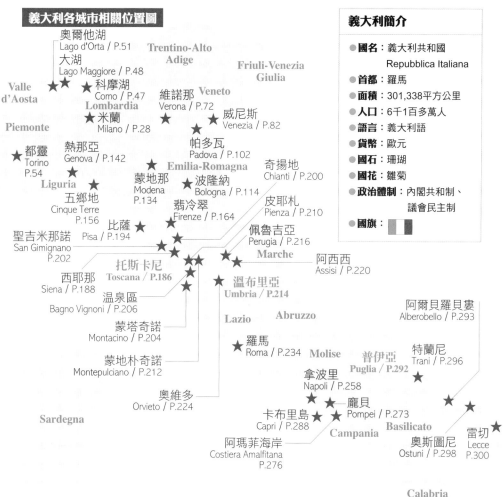

義大利各城市相關位置圖

奧爾他湖
Lago d'Orta / P.51

大湖
Lago Maggiore / P.48

Trentino-Alto Adige

Friuli-Venezia Giulia

科摩湖
Como / P.47

維諾那
Verona / P.72

Veneto

Valle d'Aosta

Lombardia

米蘭
Milano / P.28

威尼斯
Venezia / P.82

Piemonte

帕多瓦
Padova / P.102

都靈
Torino
P.54

熱那亞
Genova / P.142

Emilia-Romagna

奇揚地
Chianti / P.200

Liguria

蒙地那
Modena
P.134

波隆納
Bologna / P.114

皮耶札
Pienza / P.210

五鄉地
Cinque Terre
P.156

翡冷翠
Firenze / P.164

佩魯吉亞
Perugia / P.216

比薩
Pisa / P.194

聖吉米那諾
San Gimignano
P.202

Marche

阿西西
Assisi / P.220

托斯卡尼
Toscana / P.186

西耶那
Siena / P.188

溫布里亞
Umbria / P.214

溫泉區
Bagno Vignoni / P.206

Lazio

Abruzzo

阿爾貝羅貝婁
Alberobello / P.293

蒙塔奇諾
Montacino / P.204

羅馬
Roma / P.234

Molise

普伊亞
Puglia / P.292

特蘭尼
Trani / P.296

蒙地朴奇諾
Montepulciano / P.212

拿波里
Napoli / P.258

奧維多
Orvieto / P.224

Sardegna

卡布里島
Capri / P.288

龐貝
Pompei / P.273

Basilicato

雷切
Lecce
P.300

阿瑪菲海岸
Costiera Amalfitana
P.276

Campania

奧斯圖尼
Ostuni / P.298

Calabria

義大利簡介

● 國名：義大利共和國
　　　　Repubblica Italiana
● 首都：羅馬
● 面積：301,338平方公里
● 人口：6千1百多萬人
● 語言：義大利語
● 貨幣：歐元
● 國石：珊瑚
● 國花：雛菊
● 政治體制：內閣共和制、
　　　　　　議會民主制
● 國旗：

巴勒摩
Palermo
P.342

愛奧尼亞群島
Isole Eolie / P.308

西西里島
Sicilia / P.304

陶爾米納
Taormina / P.314

卡塔尼亞
Catania / P.320

阿格利真托
Agrigento
P.336

錫拉庫莎
Siracusa / P.324

莫迪卡
Modica / P.332

深入閱讀義大利

　　如果想多了解義大利的生活文化，還有許多相關書籍及電影。

　　電影：《托斯卡尼艷陽下》《新天堂樂園》《羅馬假期》《郵差》《天才雷普利》《天使與魔鬼》《紅豬》《美麗人生》《愛上羅馬》及《新月III》

　　書籍：《窗外有藍天》《帶著鮭魚去旅行》《怪遊義大利》《天使墜落的城市》《遠方的鼓聲》

《窗外有藍天》書中的梵希小姐說：「到義大利不是為了愛，而是來感受生活。」是的，來義大利，就是要感受她的生活，而且，還是失控的瘋狂生活喔！不要以為她在歐洲，就像北歐或甚至是鄰國瑞士那樣的純淨有秩序，不過也因為她的混亂與瘋狂，才會激發出那炫目的火花。

混亂，在常誤點的火車站裡，毫無疑問的展現出來。瘋狂，從高速公路上如展了翅膀的飛車上，也看得到(即使是破破爛爛的小車都能飆到180！)。到義大利，當然要讓自己的心智跟他們一樣瘋，若你堅持要以常人的理智來度量一切，只會氣死自己。因此，對義大利的服務，永遠不要有過多不實際的期待(誠心的忠告，請務必牢記)。

罷工，更是日常生活的一部分。如果你有機會長時間生活在義大利一段時間，當你日子過著過著突然哪一天覺得，嗯，好像有段時間沒罷工了，那麼那個週末通常就會有罷工活動。義大利，就是這麼人性化的在過日子。所以「Sciopero」(修貝羅)這個字眼，絕對要對它百分百的敏感。還好，罷工一定會事先通知。若是大眾運輸的話，從最早班發車到08:45之間及15:00～18:00之間

也會通車。而且，並不是每位司機都會加入罷工行列，若是該班車的司機沒有參加，還是會按時發車，所以還是可以碰碰運氣。真遇到全國大罷工時，那就隨遇而安，到街上看義大利罷工如嘉年華會吧！

緩慢，是義大利的步調。但，義大利人講話卻很急，走路的樣子很急，那是他(她)已經遲到了1個小時所表現出來的「急」。義大利平交道更是可怕(除非是電動柵欄)。如果你有機會開車在義大利鄉間閒晃，不幸遇到平交道柵欄放下時，請你開始祈禱，希望前面的車子已經等了半小時，火車再過半小時就會通過了。因為有些平交道仍不是電動柵欄控制，當火車還在1小時車程外，柵欄就已經放下。也難怪騎著單車的當地人，不顧肉體會被輾平的危險穿越平交道；也難怪義大利朋友說：遇到這種情況，先回家洗個澡、睡個午覺吧！

文化，如果你有機會拜訪好幾個不同的義大利城市，不妨仔細從穿著、從

走路的樣子、從喝咖啡的樣子、從說話的樣子，看看各地方的義大利人性格(請參見本書各城市的閒嗑牙部分)。義大利是19世紀化(1861年)才統一的國家，原本都是一個個獨立的小公國，各有各的方言、食物、文化、仇敵城市(例如西耶那與翡冷翠是死對敵，比薩與翡冷翠也是死對敵，比薩與西耶那是對敵，但是當大家的矛頭一致指向翡冷翠時，西耶那與比薩就成了盟友。)

進城，每個城市的個性雖然不同，不過以城市架構及一些生活基本準則來講，其實還是大同小異。例如：義大利的火車站是較新的現代化建設(相對於西元一世紀的古羅馬建築)，所以火車站大都位在距離古城區約1～2公里處。火車站前一定會有公車接駁到古城，大部分的古城區禁止外車進入(除非你有旅館發的許可證，否則古城區都有監視攝影機，被拍到會罰錢)。

大膽，過馬路絕對要意志堅定、立場清楚，然後勇往直前。不要期待義大利人老遠看到行人就準備煞車禮讓行人，除非必要，他們絕對是最後一秒鐘才踩煞車。所以過馬路時一定要明確的表示：我要過馬路了喔，絕對是「你」要讓我！最要不得的狀況是：站在路邊看來看去，反而會搞得開車的人不知道該怎麼辦才好。

悠閒，義大利人酷愛廣場，應該是古城街道較小，心理上總需要一個開闊、可以放風的地方吧。尤其是週五晚上，19:30以後店就全關了，只有咖啡館跟餐廳而已，但義大利人還是可以一群人無所事事的走到這頭、再走到那頭，根本就是全民總動員，搞得外人看來無聊、他們卻樂在其中的週末夜擠滿街。

問路，中老年人絕對是最佳人選。不但掌握地方天下事，經過一定歷練後，人也變得圓滑親切。問到的資訊通常是既準確又實用。如果你哪天想找人氣氣自己，那就去問打扮得花枝招展的年輕女子吧！如果你覺得路走得不夠多，想多繞點路，那麼就問中年媽媽。

維諾那古羅馬歌劇院 (照片提供：攝影師Ennevi)

歌劇，Opera，光是這個義大利字的發音，就像首內含起承轉合的小曲了。16～17世紀時，佛羅倫斯有一群人文主義學者以復興希臘劇場表演藝術，發展出歌劇的表演形態：戲劇元素及管弦樂團。17世紀威尼斯嘉年華會開始時興，18世紀莫札特以全新的面貌創作，19世紀初期羅西尼(Rossini)、多尼采蒂(Donizetti)、貝利尼(Bellini)等全力推展歌劇，19世紀中後期可說是歌劇的黃金時期，義大利的威爾第(Giuseppe Verdi)、德國的華格納(Wagner)，及其後的普契尼(Puccini)、理察施特勞斯，將歌劇推向最高峰。

一齣歌劇通常分為好幾幕(Act)，每一幕有幾個不同的場景(Scene)，幕與幕之間會有間奏曲(Intermezzo)。序曲(Overture)：管弦樂團演奏。「宣敘調」(Rec-itative)：交代劇情、不帶旋律演唱。「詠嘆調」(Aria)：表達角色情感，通常是歌劇中最高潮之處，也是較為人熟知的旋律。二重唱、三重唱或多重唱：加強情感、戲劇張力，角色間的對話，音樂效果相當豐富。

歌劇院相關資訊

現在大部分的歌劇院都可線上預訂票，或者抵達當地後，到該城市的旅遊服務中心或歌劇院索取節目單。街上會看到歌劇海報，許多教堂也會舉辦免費音樂會。

維諾那歌劇季之遊唱詩人 (照片提供：攝影師Fainello / Courtesy of Fondazione Arena di Verona)

如何購票

　　各大劇院的官方網站上會有座位圖及價位表，可直接網路購票。以米蘭歌劇院為例，劇院會在演出前將票寄給購票者，或者表演前到劇院購票處取票。另也可直接到當地劇院購票，有些旅遊服務中心或旅館也有代購服務。有些劇院會保留站票或當天的便宜票(Last Mimute)，開演當天直接到劇院購票處登記購票。全義大利各活動代購網站請參見www.biglietto.it/teatro。

票種

　　舞台前的中央位置分最中間的Poltronissime gold及環繞這區的Poltronissime兩區，這兩區外圍的是Poltrone區，接著層級而上的階梯座位區分別為Gradinata Numerata、Gradinata Numerata Laterale座位。最上面的站台區則是不需預訂的區域。網路購票www.tickitaly.com。

注意事項

1. 聽歌劇時雖然不一定要穿西裝打領帶，不過也不要太隨便。
2. 維諾那羅馬劇場是露天劇院，若是在第一幕未結束前下雨無法繼續演出，可辦理退費。
3. 記得帶外套以防風寒，鞋子盡量穿舒服一點的，這裡的階梯有點窄、滑。

維諾那歌劇季之卡門 (照片提供：攝影師Fainello / Courtesy of Fondazione Arena di Verona)

莫札特
Wolfgang Amadeus Mozart

費加羅的婚禮
Le Nozze di Figaro

故事主要描述公爵的理髮師兼僕人費加洛，興高采烈的與伯爵夫人的侍女蘇珊娜準備婚禮，但伯爵卻愛上蘇珊娜，極盡所能的破壞他們的婚禮。但堅貞的愛情讓他們排除萬難，有情人終成眷屬的完成婚禮。

這個歌劇最大的意義在於作曲當時是封建社會，莫札特想藉這部歌劇呈現出他想擺脫封建制度的腐敗，追求自由的渴望。

女人皆如此
Così fan tutte

18世紀時，一位老光棍跟兩位拿波里軍官打賭女人皆不堅貞，不值得信賴。但這兩位軍官卻堅信自己的未婚妻絕不會背叛他們。於是老光棍要這兩位軍官向自己的未婚妻說要出征，再將兩位打扮成異國紳士，而兩位軍官的未婚妻最後竟然受不了誘惑而要背叛自己的未婚夫。就在婚禮進行到一半時，響起特意安排的凱旋號角聲，兩位軍官揭開自己的身分，老光棍因而贏得這場騙局。但他最後良心發現，決定讓兩對情人彼此寬恕，來個圓滿的大結局。

威爾第
Giuseppe Verdi

茶花女
Traviata

這是根據小仲馬的小說《茶花女》所改編的，女主角薇奧莉塔原為商店職員，後來淪為妓女，雖然得以過著奢華的生活，但身心都承受相當大的壓力，最後身染重病。在偶然的機會遇到暗戀自己已久的阿爾弗雷德，兩人決定搬到鄉間安靜的生活。但阿爾弗雷德的父親得知後，逼迫薇奧莉塔離開他兒子，而薇奧莉塔為了阿爾弗雷德的前途，決定騙他說自己是別人的情婦而返回巴黎。阿爾弗雷德不知其中原由，憤怒的指責她為了享樂而放棄愛情，薇奧莉塔聽了傷心欲絕而昏倒。後來阿爾弗雷德的父親良心發現，告訴兒子實情，但薇奧莉塔卻已生命垂危，最後帶著遺憾離開人世。

這齣歌劇於1853年3月6日在威尼斯鳳凰劇院首演。戲裡憂傷的詠嘆調Addio del Passato，真是揪人的傷心欲絕。

遊唱詩人
Il trovatore

這是一部西班牙作品改編的歌劇，劇中的伯爵愛戀著他的侍女Leonora，但這位侍女心所屬的卻是遊唱詩人Manrico。伯爵得知後從中破壞，讓這對戀人相互產生誤會。但伯爵後來卻發現這位遊唱詩人就是被吉普賽人帶走的弟弟……這一切都是一位吉普賽女人想為自己的母親復仇而設下的殘忍圈套。

這齣歌劇著名的詠嘆調包括最後吟唱的《D'amor Sull' ali Rosee》(愛情乘著玫瑰色的翅膀)。

維諾那歌劇季之阿伊達 (照片提供：攝影師Brenzoni)

阿依達
Aida

這是威爾第晚年應駐埃及的英國總督之請所作的，一般認為這是威爾第最成熟的作品，同時也是歌劇中登峰造極之作。故事描述將軍拉達梅斯不顧階級的差異，與身為奴隸的阿伊達生死相許，但滿懷忌妒的埃及公主安娜蕊絲不斷從中破壞，最後卻落得殉情的結局。

這齣歌劇最有名的是詠嘆調《聖潔的阿依達》及《凱旋大合唱》。

弄臣
Rigoletto

主角利哥萊托是宮廷中一位相貌相當醜的弄臣，公爵雖英俊瀟灑，但因只知玩弄女人而引起朝臣們的不滿。利哥萊托為此嘲諷公爵，公爵因此喬裝成窮學生，騙取利哥萊托的愛女吉爾達的愛情。利哥萊托得知後，以美色誘使公爵，雇用刺客將他殺死。但是利哥萊托後來發現被殺的卻是他女扮男裝的女兒吉爾達。因為吉爾達在得知父親的計畫後，甘願為公爵而死。

這齣歌劇以《善變的女人》這首曲子最為著名。

威爾第 (Giuseppe Verdi，1813～1901)

威爾第最大的特色是能讓整個樂性與樂隊、樂器配合得天衣無縫，讓聽者感受到一氣呵成的快感。歌劇主重於人物內心的刻畫，這與莎士比亞的作品很像，因此他所創作的莎士比亞歌劇：《馬克白》、《奧泰羅》都深受歡迎。威爾第19歲時決定往音樂發展，但卻因為年紀太大無法進來蘭音樂學院，只好轉向私人老師學音樂、指揮。1835年終於如願獲得指揮工作，並於1836年與贊助人的女兒結婚。雖然第一部歌劇《奧被爾托》(1839年)在米蘭史卡拉歌劇院發表後大獲成功，但兩個孩子夭折、妻子相繼過世，以及後來發表作品的失敗，讓威爾第跌入低潮，甚至想放棄歌劇之路。幸運的是，第三部歌劇《納布科》在維也納、倫敦、紐約大受歡迎，一直到1849年間，可說是他的創作高峰，共推出20多部作品，1847年又與女歌手塞佩娜‧斯特雷馮妮相戀，但威爾第為了感謝前岳父之恩，一直到12年後才結婚。

瑪麗亞卡拉斯 (Maria Callas，1923～1977)

瑪麗亞卡拉斯為希臘人，在父母移居美國後誕生，1977年逝世於巴黎，享年54歲。當她開始登上米蘭史卡拉歌劇院後，備受全球樂迷的矚目。即使她的聲音可能不是最完美的，但卻是最能融入歌劇角色中，詮釋出最動人的樂音，因此至今仍有許多人認為她是「歌劇中的女王」。很可惜的是，卡拉斯原本與義大利富商結婚，後來卻愛上希臘船王歐納西斯這位花花公子，最終因歐納西斯愛上賈桂琳而令卡拉斯鬱抑而終。

普契尼
Giacomo Puccini

波希米亞人
La Bohème

有四位窮藝術家一起住在巴黎的公寓裡，只能靠變賣東西才能生存下去，當魯道夫獨自在家時，可憐的繡花女咪咪因受不了天寒地凍，請求魯道夫讓他進屋避寒，就此譜出一段愛情。但卻因雙方的誤會，最終咪咪過世而以悲劇收場。愛情中的妒忌、痛苦、快樂與死亡，緊緊揪著觀者之心。

這齣劇最著名的詠嘆調為：《妳那冰冷的小手》；咪咪接唱詠嘆調《他們叫我咪咪》。

杜蘭朵公主
Turandot

中國元朝公主杜蘭朵，為了報祖先被夜擄之仇，出了三個謎題，若有人可以全部猜出，就願下嫁給他，若無法答出就得被處死。當韃靼王子卡拉富流亡到中國時，巧遇杜蘭朵，深受公主的美貌吸引，決定不顧父親及臣子的反對參加猜謎。卡富拉以「希望」、「鮮血」、及「杜蘭朵」三個答案答對了，但杜蘭朵卻不願嫁給卡拉富。於是王子出了一道謎題，如果公主能在天亮前猜到自己的名字，不但不娶公主，還願意被處死。公主並無法猜出，後來王子以吻獲得公主的真心，而王子也將他的真名告訴公主，他的名字是「Amore」(愛)。

這齣戲頌揚偉大的愛情終將戰勝一切，其豐富優美的旋律，讓它成為最有魅力的歌劇作品。

維諾那歌劇季之蝴蝶夫人 (照片提供：攝影師Brenzoni)

蝴蝶夫人
Madama Butterfly

一位美國大兵平克頓在日本駐守時，遇到美麗的藝妓蝴蝶，並向她求愛結婚。後來蝴蝶得知他美國有位未婚妻，但仍不顧家族的反對與他結婚。3年後平克頓完成任務需返回美國，蝴蝶深信他一定會回來。在平克頓離開後，蝴蝶發現自己懷有平克頓的孩子，獨自生養下他們的兒子。終於，蝴蝶盼到平克頓回日本，但卻是帶著美國的妻子一起回來，並準備帶走他們的兒子。當蝴蝶知道後，藉由捉迷藏的遊戲矇住兒子的眼睛，自己卻走到屏風後面，自殺身亡。

托斯卡
Tosca

羅馬畫家卡瓦納多西涉嫌藏匿政治犯而被捕，警長史卡皮亞因貪圖卡瓦納多西女友托斯卡的美色，污衊卡瓦納多西，托斯卡為了拯救卡瓦納多西而說出犯人藏匿地點，並以肉體交換卡瓦納多西的生命。警長答應以空包彈行刑，但托斯卡後來才發現自己被騙，卡瓦納多西已被射死，托斯卡因而跳樓殉情。

義大利著名歌劇院

米蘭史卡拉歌劇院
Teatro alla Scala

　　每年的12月7日是米蘭守護聖人的紀念日，同時也是米蘭歌劇季開幕日。這座歌劇院可說是義大利最重要的歌劇院，共有350部歌劇在此首演。二次大戰火災重修後，請回托斯卡尼尼擔任首演指揮，史卡拉也與威爾第及歌劇名伶瑪麗亞卡拉斯有相當深的淵源，因此劇院博物館中有相當多這兩位大師的收藏。這座歌劇的音響效果也是全球頂尖的。web：www.teatroallascala.org

拿波里聖卡羅劇院
Teatro di San Carlo

　　這是義大利最古老且規模最大的歌劇院，整座劇院迷人的古典風格，250多年來從未改變過。一直以來就是以優美的音響效果聞名世界，羅西尼、董尼采第都曾在此駐院作曲。正對著舞台的三樓包廂，就是以前拿波里國王及義大利王室專用的皇家包廂。web：www.teatrosancarlo.it

威尼斯鳳凰劇院
Teatro La Fenice

　　義大利歌劇可說是從威尼斯開始盛行的，因此威尼斯鳳凰歌劇院也是相當重要的一座。只是可能是因為名字的關係，這座劇院已經重演過好幾次浴火鳳凰的意外。web：www.teatrolafenice.it

波隆納市立歌劇院
Teatro Comunale Bologna

　　以音樂之城著稱的波隆納，有座相當古典的老歌劇院，不但莫札特曾經在此待過很長的時間，許多著名歌劇也都曾在此上演。web：www.tcbo.it

佛羅倫斯市立歌劇院
Teatro Comunale Firenze

　　每年5月是佛羅倫斯的音樂節，城內各處會舉辦各種音樂會，世界頂尖的歌劇及音樂會也會在市立歌劇院演出。這座歌劇院算是戰後重建的現代化歌劇院，因此整體設備也相當完善。web：www.maggiofiorentino.com

維諾那古羅馬劇場
Arena di Verona

　　維諾那歌劇季Verona Opera Festival，每年6月中到8月底維諾那古羅馬劇場會上演一場又一場撼動人心的歌劇表演。在這座1世紀的古羅馬劇場中聽《阿伊達》《卡門》，最是過癮，絕對是其他歌劇院所沒有的新感動。每年的劇碼通常有：《杜蘭朵》《阿伊達》《蝴蝶夫人》《卡門》及《遊唱詩人》。web：www.arena.it

維諾那古羅馬歌劇院 (照片提供：攝影師Fainello)

慢食運動

1986年，當麥當勞進駐羅馬西班牙廣場時，義大利人可是認為野蠻人攻進羅馬城了，得趕快磨亮老祖先的老刀盾，將這批野蠻人趕出城。而這一擊，竟變成全球反動速食的「慢食運動」(Slow Food)。

這運動是由義大利的美食作家Carlo Petrini發起，總部設在都靈附近的Bra (附近還產白松露、Barolo紅酒、Asti氣泡酒)。慢食組織所訴求的是速食文化所做不到的部分，除了享受美食的心情之外，更注視在地新鮮食材的運用、重新找回慢燉細熬的祖傳料理食譜及食材準備方式，並倡導環保的永續農產經營與手工藝術的精神與價值。

Slow Food慢食運動組織www.slow-food.com，可找到各國慢食運動組織、餐廳美食、活動資訊、慢食運動大學教育等資訊。

用餐時間

餐廳的中餐時間約是12:30～14:30，晚餐時間約17:30開始，不過大部分義大利都是13:00或是20:00以後才開始進餐廳吃飯，20:30～21:00可說是尖峰時間，而且越往南，吃飯時間越晚。

義大利人在互相道聲「Buon Appetito!」(吃得愉快)之後，笑笑喝喝吃下來通常需要1～2小時，再來個酒杯互碰，道聲Cin Cin或Salute乾杯，週末晚上3～4小時以上的晚餐更是常見。

用餐順序

一頓豐富的義大利餐順序如下：

1. 服務生拿菜單來時會先點水或飲料。水分為有氣(Gassata / Frizzante)或沒氣的(Naturale)。

2. 餐前麵包(Grissini)：桌上都會有一籃麵包、脆餅，包含在餐巾費Coperto中。餐廳的好壞從他們在麵包上的用心可以看得出來。

3. 前菜Antipasto：烤麵包、綜合火腿、哈密瓜火腿都是常見的前菜。

4. 第一道菜Primo piatto：義大利麵、披薩屬於第一道菜。

5. 第二道菜Secondo piatto：魚肉類的牛排、豬排、魚排都屬第二道菜。

6. 配菜Contorno、湯Zuppa：沙拉、烤蔬菜、湯屬第一道菜與第二道菜之間的配菜。

7. 甜點Dolce：提拉米蘇、奶烙、水果、冰淇淋是最常見的義大利甜點。也可點起司或一小杯咖啡或餐後酒(Diges-tivi)，像是檸檬酒(Limoncello)或白蘭地(Grappa)。

整套餐吃下來，可能會太飽，可以考慮點第一道菜或者第二道菜，然後搭配前菜或配菜，最後再來個甜點。義大利人習慣餐後喝杯濃縮咖啡(Caffe')或瑪奇朵咖啡(Caffe' Macchiato)。卡布奇諾(Cappuccino)及拿鐵咖啡(Caffe' Latte)牛奶含量較多，比較不適合餐後喝。

冰淇淋 Gelato

Conno? Coppa?

義大利吃冰淇淋是老少皆上癮的國民活動，義大利冰淇淋之所以這麼好吃，最主要是能掌握好水果的品質、比例。水果品質好，果膠夠就可以做出綿密的冰淇淋來，而且還能充分表現水果及牛奶的香味。

義大利冰淇淋店Gelateria可說隨處可見，通常先到櫃檯跟服務人員說要大、小杯冰淇淋，要選擇用杯裝(Coppa)、還是甜筒裝(Conno)。小杯可選兩種口味，大杯可選3～4種口味。喜歡奶油者還可要求加Panna，很多店家自己做的鮮奶油非常好吃喔(Panna montata)！

若是手工冰淇淋店招牌上會寫Gelateria Arti-gianale。現在義大利最火紅的冰淇淋店應該是源自都靈的Grom。

上癮──
義大利的生活＝咖啡館

到義大利，何不像義大利人一樣，在城市的某個角落，找一家屬於自己的咖啡館，讓自己誤以為是住在那裡的居民。

每次一回到義大利，放下行李的第一件事情就是往咖啡館衝，大聲的跟賣著撒旦飲料的老闆說：「Un Caffe, per favore!」(請給我一杯咖啡)，然後就在將那小小的一杯黑汁灌下肚的同時，巧巧的跟自己說：我回到義大利啦！

因為對於我來說，義大利咖啡館絕對等同於義大利。咖啡這東西，就是威尼斯人從阿拉伯國家引進歐洲的，而且據說當時天主教徒宣稱這是撒旦的飲料，還特別拿著這咖啡去請示教皇，當教皇喝過這玩意之後，竟然決定為咖啡洗禮，咖啡就此變成天主教徒，成為合法飲料啦！從此以後啊，這裡的子民，每天總要灌上幾杯，日子才過得舒坦。

因此當我看到英國作家Hester Lynch Piozzi在《義大利社會略影》中提到這樣一段話時，真是點頭如搗蒜：「本地人(威尼斯人)何以如此狂熱，不論老少、貧富，都得如此酗咖啡?……」各位請注意，Piozzi的用詞是，「酗咖啡」，而不是優雅的品嘗咖啡喔！

義大利人總是行色匆匆的走進咖啡館，大聲的說著：「麻煩一杯咖啡!」接著就豪邁的加入5大匙糖，然後以迅雷不及耳的秒殺速度，將小杯中的那杯黑濃汁液灌入喉中，並且在他大聲的喊一聲Ciao(再見)的同時，身影已閃出咖啡館。在你還來不及驚訝之時，他老兄早已消失無蹤。哈！這種情景就像某位廣播主持人所說的，「義大利人好像是到這裡

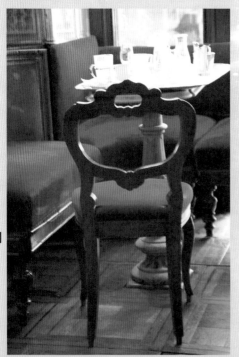

來加油的。」加滿油後，又以他們時速200的速度上路了。看義大利人喝咖啡，總有一種望塵莫及的感嘆啊！

不過，管他個義大利人是怎麼咖啡加油的，我卻要說：旅人的權利，在於可以自行決定旅遊的速度、1天停下來喝幾杯咖啡……

到義大利旅行時，已經無法自拔的染上這個習慣，只要在城中走沒幾步路，心裡就一直想著要鑽進咖啡館，除了迷上咖啡香之外，更讓我沉迷的是在這裡盡情地欣賞各式各樣的義大利人，然後再不小心跟義大利人攀談一下。

自從威尼斯人在聖馬可廣場上開了歐洲第一家咖啡館Caffe' Florian之後，咖啡館就成為文人雅士的最愛，歌德、狄更生、拜倫旅義時的創作靈感，都是從那杯咖啡中粹取出來的。而咖啡館更演變成義大利人的生活重心，無論你要知道什麼樣的資訊，到咖啡館就對了。而且，這裡還是義大利人抒發浪漫情感的地方，義大利的浪蕩子Casanova在Caffe' Florian的情史，可是比威尼斯運河還錯綜複雜。也難怪義大利喜劇作家Carlo Goldoni能以此編出The Coffee House這部喜劇作品，將他在咖啡館看

到的人生百態，全都搬進劇中了。

義大利人嗜咖啡，到底嚴重到什麼樣的程度呢？

對於義大利人來講，喝咖啡比喝水還要重要。早上醒來一杯咖啡，10點多再來一杯，中餐過後還是一杯，下午又溜出來加油，晚餐過後來一杯結尾吧。好像要喝完這樣的量，才夠他們支撐一天似的。因此，以這樣的嚴重情況來看，咖啡當然歸屬於民生必需品，咖啡館的濃縮咖啡價格，可是由政府為人民嚴格把關，價格不可定得太高，免得一般大眾喝不起而生活萎頓，才能維持這個國家的正常運作啊！

更有趣的是，義大利的咖啡價格還分站著喝、坐著喝的價錢，反正以他們那種秒殺的速度，大概3分鐘就可以站在吧台喝完結帳走人了，以使用時間及空間來衡量的話，當然要算便宜一點。如果你選擇坐下來喝，賴在咖啡館的時間比較長，還要讓服務生過來整理桌子，所以坐著喝的價錢要比站在吧台喝貴個幾塊歐元。尤其是威尼斯聖馬可廣場上的咖啡座，可別隨便亂坐，坐下來喝一杯

大概要價10歐元，應該算是義大利高價位的第一把交椅，千萬要小心。

當你進咖啡館時，就可以看到牆上掛著一排咖啡名稱。一般義大利人口中的Caffe，指的就是濃縮咖啡，你可別期待是一杯裝在馬克杯的咖啡，它是用Luigi Bezzera發明的蒸氣咖啡機，粹取出香濃的咖啡精華，滴落在小小的咖啡杯中。除了espresso之外，還有一種shiuma，這是在濃縮咖啡上有一層濃稠的泡沫，增添咖啡香。如果你不敢直接喝濃縮咖啡的話，可以點Caffe Macchiato，在濃縮咖啡裡加一點牛奶。再不然的話，就點卡布奇諾(Cappuccino)或咖啡牛奶

(Caffe' Latte)，不過義大利人總是戲謔的說這是專給小孩跟觀光客喝的飲料。夏天的時候來杯冰咖啡Caffe' Freddo最過癮，傍晚的時候總會看到很多義大利人點Caffe Correto，這是一種加入義式白蘭地Grappa的咖啡。最近義大利也很流行一種麥茶咖啡(Caffe d' Orzo)，其實這是麥茶包沖泡的咖啡，只是顏色跟味道很像咖啡而已，並沒有任何咖啡的血統。除了濃縮麥茶咖啡之外，也有麥茶卡布奇諾，我很喜歡那股淡淡的麥茶香，現在早上到義大利的咖啡館也常點這種飲料當早餐。

咖啡種類

- **Caffè espresso**：濃縮咖啡
- **Caffè macchiato**：小杯濃縮咖啡上加一點點牛奶，非常推薦，便宜又香濃
- **Caffe' Latte**：咖啡牛奶
- **Cappuccino**：卡布奇諾
- **Caffè corretto**：烈酒咖啡，在濃縮咖啡中加grappa或其他烈酒，像是八角酒，口味相當好
- **Caffè schiumato**：奶泡打得相當扎實，不會溶到咖啡裡，可保留咖啡的原味
- **Caffè lungo**：在濃縮咖啡中加入水稀釋
- **Caffè all'americana**：美式咖啡，稀釋的咖啡
- **Caffè shakerato**：冰搖咖啡
- **Mocaccino**：加入可可粉的卡布奇諾
- **Marocchino**：咖啡牛奶再加上可可粉
- **Espressino**：南部的小杯卡布奇諾，介於卡布奇諾與濃縮咖啡之間
- **Caffè d'orzo**：麥茶咖啡，並不是咖啡，用麥茶取代咖啡粉做的類咖啡

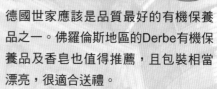

Made in Italy可是世界知名的優質，從精品到日常生活的頂級食材。而且品質之外，義大利人對於工藝精神的尊重，更是令人感動。難得一趟義大利之旅，當然得將這些感動帶回國，慢慢溫存義大利之旅的美麗回憶。

藥妝品牌

● **Helan及Idea Toscana**：來自北義Genova的Helan草本品牌，自1976年創立以來，堅持採用天然植物油、花草精華、花蜜和晶露為基底，研發出適合各種膚質及氣候的草本保養。專為兒童研發的產品也相當推薦。而以頂級托斯卡尼橄欖油為基底的Idea Toscana，富含維他命E，品質相當優質，特別推薦橄欖皂及洗髮系列產品。

● **蕾莉歐(L'erbolario)**：蕾利歐應該是義大利最知名的天然保養品之一，大概各藥房及有機商品店都可看到。另外，德國的WELEDA薇莉達的玫瑰面霜及護唇膏也很受歡迎，沐浴乳也很棒。而Dr.Hauschka德國世家應該是品質最好的有機保養品之一。佛羅倫斯地區的Derbe有機保養品及香皂也值得推薦，且包裝相當漂亮，很適合送禮。

● **佛羅倫斯老藥房(Officina profumo-farmaceutica di Santa Maria No-vella)**：1200多年時，新聖母修道院的修士們自己種植花草並研發各種保養品，由於品質相當好，16世紀時名氣慢慢傳開來。1533年還特地為嫁給法國國王亨利二世的麥迪奇女兒凱薩琳研發聖塔瑪麗亞皇后香水，陪嫁到法國的香水，迅速在歐洲掀起一股高貴的香水風。

這家老藥房還有一種神父特製的氛香陶罐撲撲莉(Pot-Pourri)。他將佛羅倫斯郊區的各種花草、莓果放到特製陶罐中，加入純天然香精油密封後，

讓它自然發酵4個月,可想而知這種天然的香氣是如何芬芳,理當成為老藥房的鎮店之寶。另外,它的香皂只採用植物性皂基,現仍用18～19世紀的配方,以手工印模經過60天自然陰乾。相當推薦它的杏仁香皂。

由於這家店的歷史悠久,他們所研發的產品從臉部、身體保養、清潔、室內氛香、嬰兒用品等,應有盡有。薔薇水、Santa Maria Novella化妝水都很受歡迎,而眼部精華液更是優質。

逛這家古老的藥房,簡直就像在逛博物館。推開重重的大木門,兩旁是大理石雕像,走過長廊後的大廳,古樸中不失老藥房的典雅,老木櫃裡陳列著所有商品。若想購買,可請櫃檯小姐拿產品讓你試用,滿意後才購買。還可請服務人員包裝成精美的禮品(可退稅)。

義大利常見品牌

Made in Italy的知名義大利品牌,真要好幾十根手指才數得完,除了最頂級的品牌之外,還有一些中價位、平價的年輕品牌。每個城市都會有一條精品街道及中價位購物街,通常都在主教堂附近。

● **貴婦級精品**:Gucci／Miu-miu／Prada／Versace／Valentino／Giorgio Armani／Bottega Veneta／Salvatore Fergamo／Dolce & Gabbana／Ferre'／Bulgari／Tod's／Hogan／Moschino／Roberto Cavalli／Fendi／Marni;另外,歐洲其他國家的品牌,像是LV、Celine、Burberry等,在義大利買也比在亞洲國家便宜。

● **白領族精品**:Liu Jo在台灣的知名度仍然還不是很高,但在義大利已經很流行了。它的東西在柔美中又很有個性。Twin-Set則是近年急速竄起的甜美品牌。

Max Mara、Max & Co.、i Blues都屬於同集團的服飾品牌,很適合上班族。

Furla的包包跟手錶樣式還算可以，價錢算是比較親民一點，也有一些較便宜的小包包及鑰匙圈。

Stefano的設計很適合輕熟女，義大利的款式較時尚，也是非常好買的品牌。Sisley是Benetton的姊妹牌，較適合上班族，最近幾季推出的設計款很有水準。

● **潮男潮女級精品**：Replay / Miss Sixty / Diesel算是義大利高級休閒品牌，這幾家的牛仔褲都很受潮男潮女的喜愛。

平民精品

● **Benetton**：義大利國民服飾，中價位、有許多基本款，最欣賞的還是他們的經營理念。

● **Pimki**：年輕人最愛的品牌，飾品既便宜又獨特(戒指約4歐元)。

● **Cos**：這是H&M的姐妹牌，簡單的線條，卻能勾勒出時尚感，品質好、價格又不是太昂貴，難怪已累積了許多死忠愛好者，近年在義大利也快速拓點。另還有一個副牌 & other stories。

另外還有一些雖然不是Made in Italy，但也便宜的品牌：

● **Dixie**：義大利中價位新品牌，多採舒適的棉麻材質，垂垮的流線，總能呈現出一種瀟灑的性感。

● **Zara**：西班牙品牌，深受年輕上班族的喜愛，裙子跟洋裝的款式很棒，褲子記得要試穿。

● **Promod**：法國品牌，常有一些民俗風的配件跟飾品。

● **Camper**：西班牙休閒鞋，在義大利買也便宜一點。

● **Comptoir des cotonniers**：法國品牌，在講求設計及材質舒適度的同時，也大方展現甜美風格。皮帶、包包、洋裝、鞋子，都好優雅，還有出母女裝喔！

Amedei 巧克力

Amedei為確保品質，包下稀有可可豆Criollo的產地，從種植到採收、運送，全程控管可可豆的品質。運送到Amedei位於比薩附近的巧克力工坊後，再經過巧克力魔術師Cecilia Tessieri靈敏的口味調配，這才成就出最頂級的Amedei巧克力。

Amedei巧克力之所以如此優質，最主要是它光是製作的時間就比一般巧克力多了4倍。首先幫原豆按摩，讓苦味散發出來，接著以傳統石磨研磨，再慢慢加熱攪拌72小時，然後靜置20天讓它自然熟成，讓可可香味充分散發出來。經過這麼繁複的過程，Amedei巧克力的細緻度能達到11微米，可謂入口即化的程度。

Amedei巧克力中以100%採用Chuao Criollo可可豆製作的「Porcelana」最為著名，每年只產2萬盒，包裝盒上都有清楚的編號。此外，Toscana Black 70%及用9種原豆調配而成的「Amedei 9」，是Amedei最驕傲的產品。

吃這麼好的巧克力，很適合配上一杯紅酒或雪茄、甚至一杯好茶，能夠引領出不同的風味。品巧克力時可先剝一小片，深深聞一口巧克力香，接著將巧克力放入嘴巴讓它自然溶化，首先會嘗到甜味，接著是可可的微苦味，最後是可可的果香縈繞在嘴裡，真是幸福的享受啊！

其他義大利高級巧克力還包括Guido Gobino、Domori，推薦購買地點：佛羅倫斯Pegna（P.181）、米蘭Rinascente百貨（P.36）。

累死都要背回家……

● **醃漬鯷魚罐**：適合與黑橄欖、酸豆、番茄做義大利麵。
● **摩卡咖啡壺**：直接放在瓦斯爐上就可在家方便煮咖啡。Bialetti是最經典的摩卡壺。另還有拿波里式的雙柄咖啡壺。
● **有機茶包**：義大利的有機產品（標有Biologico或Organico）相當優質，尤其推薦茴香菊花茶包。
● **蜂蜜**：各種不同花的蜂蜜，都是養蜂人辛苦帶著蜜蜂到處採花所收集而來的蜜。
● **葡萄酒醋**：頂級葡萄酒醋，當然要買瓶回國健康一下。
● **帕拿瑪起司**：義大利最純濃的老起司塊。
● **松露起司**：加入香都松露的起司。
● **松露醬**：帶回國後抹在烤麵包上吃，最適合配上一杯紅酒。
● **葡萄酒**：義大利各省份都有好酒，尤其是Chianti紅酒、Piemonte區的Barolo紅酒及Asti氣泡酒、威尼斯地區Prosecco氣泡酒等，最近西西里島酒也越來越熱門。
● **Illy或Lavazza咖啡**：超市就可平價買到優質咖啡粉及咖啡豆。
● **Alessi雜貨及手錶**：知名設計品牌Alessi有許多好用又好看的雜貨及名家設計的手錶。
● **皮件**：零錢包、皮夾。
● **咖啡杯**：義大利有許多可愛的咖啡杯。
● **威尼斯面具**：大的面具較貴，也可買小面具紀念就好。

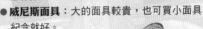

米蘭
*設計

卡爾維諾筆下的佐拉城，之於北方的米蘭，
它並不是一座讓見過的人永難忘懷的城市，而是一點一滴留在心裡，
讓走過的人記起一條條綿延的街道，
街道兩旁的景物，就像音符般，串起不可更動、無法取代的雋永樂章。
在想念米蘭街道的日子裡，細數布雷拉窩心的餐前酒吧，
運河區披薩店裡客人大口咀嚼，
Corso Garibaldi優雅的街道、布雷拉夜晚的歡笑聲……
就是這點點滴滴串起回憶中的米蘭。

Milano
La Citta' della Moda

必看　米蘭大教堂

必吃　米蘭燉飯(Risotto alla Milanese)、耶誕麵包
　　　(Panettone)、起司餅(Panzerotti)

必買　流行服飾

迷思　最後的晚餐到底要不要去看？要事先預約，
　　　跟著導覽團進去也只能觀看15分鐘，到底值
　　　不值得進去呢？就看自己如何定義這幅畫的
　　　價值囉

閒聊　8月時，幾乎所有的米蘭人都出城放大假去
　　　了，簡直就是個荒城，除了主教堂附近的商
　　　店外，很多商店都會關門休息2～4個星期

中央火車站
🚉 Stazione Centrale
ℹ️

Hotel Boston

Hotel del Corso

Ⓜ Turati

Porta Venezia Ⓜ

Piazza Cavour

布宜諾斯艾利斯大道

Via Palestro

Museo dell' Ottocento
十九世紀博物館

Ⓜ Palestro

mani

Museo Bagatti Valsecchi
巴伽迪瓦賽奇博物館

Top Undici

Alessi　Corso Matteotti

n Babila ● Brek
廣場 Ⓜ
San Babila

抵達米蘭之時，可別忘了最重要的保平安儀式：站到米蘭大教堂廣場上仰著頭，嘴角往上揚著向聳立在哥德夫塔上的金身聖母打個招呼，大聲的說：「我來了，來到這個待得越久，越是無法割捨的城市。」

Walking
教你怎麼玩

　　米蘭城以大教堂為圓心點，向四周放射出去，主要購物區都在主教堂及附近的黃金四邊角，藝文區在布雷拉美術館附近，較有特色的商店區在運河區，而平價的購物街則在布宜諾艾利斯大道。米蘭市中心並不是很大，步行再適時搭配地鐵或電車、公車，就可輕鬆遊覽米蘭城。

08:30～10:00	感恩聖母教堂參觀最後的晚餐
10:00～12:00	史豐哲城堡(有時間也可到後面的公園及三年展展覽館參觀)
12:00～13:00	艾曼紐二世走廊及史卡拉歌劇院
13:00～13:30	Luini小吃店
13:30～14:30	主教堂
14:30～15:30	Corso Vittorio Emanuelle II街到Via MonteNapoleone黃金四邊角
15:30～16:30	Via MonteNapoleone街
16:30～17:30	布雷拉美術館
17:30～18:30	布雷拉區享用餐前酒
18:30～19:30	沿Corso Porta Ticinese及Ripa Porta Ticinese購物
19:30～21:00	運河區晚餐
21:00～	運河區音樂酒吧

米蘭

31

1.Corso Garibaldi的萬聖節活動 / 2.聖羅倫佐教堂前的科林斯式石柱 / 3.米蘭大教堂的青銅門雕刻 / 4.艾曼紐二世走廊 / 5.以秋季盛產的蘑菇及栗子做的義大利麵 / 6.Via Dante的街頭藝人 / 7.11月中之後所有店家就會祭出最溫馨的聖誕節櫥窗 / 8.位於Montenapoleone地鐵站旁的Armani旗艦店 / 9.聖羅倫佐大教堂 / 10.聖誕櫥窗 / 11.運河區有許多老建築都改為藝術工作坊 / 12.米蘭著名的Panettone耶誕麵包 / 13.仍在運行的米蘭老電車 / 14.運河區的美，請務必親自去領略 / 15.米蘭大教堂對面的老街區 / 16.最溫馨的Via Garibaldi街區 / 17.供市民使用的市區腳 踏車

聖母之國，購物天堂

從精品街艾曼紐二世走廊到精神指標大教堂

米蘭華麗的姿態盡展現在主教堂周遭了；
時尚的艾曼紐二世走廊銜接著大教堂與史卡拉歌劇院，
艾曼紐二世大道與黃金四邊角街區，綿延著全球流行尖端的時尚走廊。

參觀大教堂最佳的時間是斜陽西照，陽光瀟灑的穿過玫瑰花窗，以彩光之態顯現在老教堂之時。如果你到的時間較早，那就先衝向艾曼紐二世走廊上的**Zucca**咖啡館，站在威爾第曾經站過的咖啡吧旁，大聲的跟Bartender說：「Un Caffe, per favore.」豪邁的點一杯espresso濃縮咖啡，跟義大利人一樣不怕死的倒進3大匙的糖，在來不及眨眼的一秒間，將那抹香濃的義式咖啡，往喉嚨裡滑。

就在這一刻才可以正式的向自己宣告：「我已換血成功，接下來的歲月，我將以偽義大利人的身分，盡情享受聖母護祐的米蘭城。」於是我假裝自己是米蘭大美女，優雅的走進連接著米蘭大教堂與史卡拉歌劇院的艾曼紐二世走廊(Galleria Vittorio Emanuele II)。

逛過這個1865年金屬玻璃廊下的Prada、Tod's、LV精品，欣賞正中央八角形拱頂邊分別象徵著農業、藝術、科學與工業的四幅鑲拼畫，地面上象徵米蘭的白底紅十字、佛羅倫斯的百合、羅馬的母狼及都靈的公牛，然後殘忍的踩在公牛上轉三圈許個願❶後，入坐Gucci咖啡座，等待一段浪漫的義大利艷遇……唉～這個美夢就在我看到義大利帥哥走在義大利媽媽旁邊時，及時驚

Zucca
add：Piazza del Duomo 21

Grom
add：Via S. Margherita 16
price：€2.5起

❶據說只要踩在公牛的生殖器上轉三圈就會帶來「性」福美滿的生活～可憐的公牛……

醒。墊墊自己口袋裡的銀兩，還是到史卡拉歌劇院旁的**Grom**吃冰淇淋比較實際。嗯～～這家冰淇淋，好幾個城市都有，但每到一個城市，還是要去吃它一口，就怕回國想念時會埋怨自己少吃了。沒遇到義大利帥哥沒關係，但絕不可少吃一口冰淇淋！

　　清醒之後，偽義大利人很識相的走進艾曼紐二世大道，這條街上的新品牌& other stories（1號）、MAX&Co.、Sisley以及教堂前的Via Torino街角的Promod，才是我展現血拼功力的地方。Upim百貨公司旁的小巷還有家頂級食品店**Peck**，可以在這裡的茶室及餐廳吃吃點心、歇歇腿；若想買各種義大利好酒，這裡的酒窖裡收藏許多美酒；若想買伴手禮，除了香醇的現磨咖啡之外，英式茶罐組合也是不錯的選擇，當然這裡還有各種義大利頂級食材，起司、松露、橄欖油等，都可一次購齊。

　　就在逛到昏天暗地之時，忽然聽到聖母的呼喚，該是參觀**米蘭大教堂**的時候了。

米蘭大教堂於1386年開始建造，1897年才完成，歷經五百多年完成的巨作，它的規模僅次於羅馬聖彼得大教堂及西班牙塞維爾大教堂。

米蘭

Peck
add：Via Spadari 7
tel：(02)2802 3161
web：www.peck.it

米蘭大教堂 Duomo
go：M1及M3線的Duomo站
add：Piazza del Duomo
time：08:30～21:00
price：主教堂及博物館€2

❷ 哥德風格自12世紀由法國開始，文藝復興之後開始流行，以尖拱、肋骨穹隆、及飛扶壁為主要特色，教堂建築還會大量採用彩色玻璃，營造出天堂般的空間。高聳的建築呈現出崇高的感覺。義大利境內最具代表性的建築包括米蘭大教堂、奧維多大教堂及西耶那大教堂。

觀看主教堂最戲劇化的一刻是從教堂前的地鐵站拾級而上，一出地鐵站，看到的是藍天白雲下一首壯麗的大理石史詩，高低錯落著135座尖塔，立著3,500多尊聖人雕像；108公尺高的尖塔，是米蘭人細心地用3,900片金箔妝點的慈靄聖母；而教堂立面的五座青銅門，刻繪著聖母生平故事、米蘭詔書等。走進細看，絕對會為它的精雕細琢所懾服。哥德式的尖塔建築❷，氣勢磅礴，但又有著能帶領世人飛往天堂的輕盈，那種直入天廳的神聖感，或許就是這座教堂救贖世人的使命吧！

馬克吐溫看到米蘭大教堂後曾說，這是座以大理石寫詩的建築。
當你站在教堂前面時，絕對會同意這句話。

　　1386年開始建造，1897年才完成，歷經五百多年完成的巨作，它的規模僅次於羅馬聖彼得大教堂及西班牙塞維爾大教堂。

　　環繞著大教堂而走，柔美的大理石畫筆雕繪出一座座讓人炫目的花窗，花窗的另一面，是各片馬賽克彩繪玻璃，陽光灑進時，淡雅的帶出繽紛的彩光，教堂裡虔心祈禱的人們啊，這是世間、還是天堂？

　　米蘭大教堂還大方的給訪客一個全然不同的欣賞角度，登上大教堂屋頂，遊走於各座尖塔間，上面是藍天，身旁是潔白的大理石，眼下是波河平原上的米蘭城。又或者，高雅的走進大教堂旁的百貨公司Rinascente，到頂樓咖啡座，點杯咖啡，坐下來慢慢體誤這座史詩要傳達的訊息。

　　Rinascente是義大利最具規模的百貨公司，不善經營百貨公司的義大利人，將它轉給日本人經營，重新打造出頂級食品超市，地下一樓的雜貨樓層，又加入了生活類圖書，1～2樓各大精品的入駐，終於有點百貨龍頭的模樣。由於這裡提供退稅服務，

Rinascente
web：www.rinascente.it
add：Piazza del Duomo
Tel：(02)885 21

Rinascente百貨樓上的食品區可買到許多優質食品及這樣優美的巧克力

Luini
web：www.luini.it
add：Via S. Radegonda 16
tel：(02)8646 1917
time：週一10:00～15:00
週二～六10:00～20:00；週日及8月休息

Brek
add：Piazzetta Giordano 1
tel：(02)7602 3379

Brek自助餐店

知名精品、中價位流行服飾、領帶、西裝、童裝、寢具……一樣也不少，倒是個快速購物的好地方。

逛到現在也該餓了，百貨公司旁的小巷內，有家米蘭最著名的**Luini**小吃店，這裡的Panzerotti起司餡餅，讓中午休息的米蘭人甘願到此排隊，咬下那一口香。外皮揉得恰到好處的有嚼勁，內餡的起司番茄交融的清香，真是令人吃得開心又滿足。如果小吃還無法滿足你的話，San Babila廣場右前方的走廊進去，有家**Brek**自助餐店，或者艾曼紐二世走廊二樓也有**Ciao**自助餐廳，都是比較平價又可嘗到義大利經典美食的用餐區。

米蘭可是與巴黎、紐約並駕齊驅的時尚都市，到米蘭無論有錢沒錢，一定要走趟米蘭精品名牌林立的黃金四邊角。

Via Montenapoleone與Via della Spiga兩條街圍成的四角街區，之間的每條小巷都是全球各大精品名牌的發聲之地，每個品牌都竭盡所能的在那方塊之窗，讓路過的人能在1/2秒一瞥間，看到自己的品牌精神。因此，即使沒錢進店當貴婦，還是可以當個快樂的Window Shopper。逛累了可到精品街區內的**Paper Moon**老餐廳用餐，尤其推薦綜合烤肉、烤鵝肝及節瓜蝦麵！

此外，Montenapoleone地鐵站旁，**Armani**開了家三層樓的旗艦店。1樓為高級的Giorgio Armani服飾，還有書店、花店，及優美不已的巧克力區、咖啡館，2樓是年輕副牌Armani Jeans、Emporio Armani及餐廳，地下一樓是家具音響。看著Armani俐落又優雅的設計，簡直就像在逛現代設計博物館。

Armani
web：www.armani-viamanzoni31.it
add：Via Manzoni 31
tel：(02)7231 8600

Ciao
add：Piazza Duomo
time：11:30～23:00
price：€6起

Paper Moon
add：Via Bagutta, 1
tel：(02)796 083

1.萬聖節活動 / 2.布雷拉區優質的夜生活 / 3.義大利冰淇淋的魅力，即使是頂著鬼臉也要吃 / 4.Miss Sixty櫥窗 / 5.由史卡拉歌劇院往布雷拉美術館走，沿路有許多獨特的高級獨立品牌、香水店及古著店 / 6.布雷拉區晚上會有許多塔羅牌算命攤 / 7.運河區耶誕燈飾 / 8.Garibaldi火車站對面一系列最新的建築作品，呈現最新都會生活概念 / 9.餐前酒吧裡快樂享受人生的人兒 / 10.玫瑰花般的美味冰淇淋店Amorino

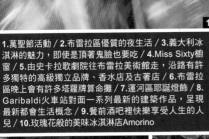

夜之天籟，歌劇、爵士、戀人呢喃

從達文西到街頭潮流創意

米蘭的夜，是史卡拉歌劇院內亦或柔情亦或高昂的樂音，
布雷拉步道區的小咖啡館裡傳出陣陣爽朗的談笑聲，
運河區小餐館內此起彼落的酒杯聲……

除了逛街看景點之外，米蘭的夜，可也是相當精采，晚上可以盛裝到艾曼紐二世走廊後面的**史卡拉歌劇院**聽場音樂會或歌劇、芭蕾舞。這是全球最重要的歌劇院之一，能登上這裡表演，就是對音樂家的一種肯定。而且這裡的觀眾也耳尖的很，只要唱錯音就會毫不客氣的噓聲四起。遊客還可以參觀二樓的歌劇博物館，這裡收藏歷年來的海報，以及威爾第與瑪麗亞卡拉斯的相關文物與樂譜、樂器(請參見歌劇篇P.15)。

又或者，往布雷拉美術館區直走，這裡是最有氣質的夜店區，沿路有許多獨特的高級獨立品牌、香水店及古著店。傍晚5點以後，是米蘭上班族最喜歡的餐前酒時間，像是老酒吧**Bar Brera**，不但氣氛好，街上又多是帥哥美女，嘴裡吃的、眼中看的，都讓人覺得人生真美好呢(即便這只是夢中的美夢)！

由這區延伸到Corso Garibaldi及Corso Como，原本不喜歡米蘭的人，來過這區之後，都開始依戀起米蘭來了。尤其是Corso Como這條小小的人行步道，**10 Corso Como**時尚概念店開張後，帶起這區的時尚風潮。若想一次吃盡義大利，那就到這區的**Eataly**吧。三層樓內有各種肉類、海鮮、蔬菜料理、酒窖、咖啡、冰淇淋！

米蘭

史卡拉歌劇院 Teatro alla Scala
web：www.teatroallascala.org
add：Via Filodrammatici 2
tel：(02)8879 7473
price：博物館€7；表演€11～250

Bar Brera
add：Via Brera 23
tel：(02)877 091
time：17:00～21:00

10 Corso Como
web：www.10corsocomo.com
add：10 Corso Como
tel：(02)2900 2674

Eataly
add：Piazza XXV Aprile 10
time：12:00～23:00
go：地鐵2號線Garibaldi站

如果你喜歡街頭文化的話，那麼Corso di Porta Ticinese[3]絕對不可錯過。以往米蘭的街頭文化都從這裡發起。不過現在已經有點改變了，多了許多年輕品牌的潮流店，以及許多小披薩店及日本餐廳（但，大部分是中國人開的）。由這裡往運河區走，白天河邊有個室內蔬果市場，市場對面是家香噴噴的炸海鮮攤。運河區兩岸的晚上，各家音樂酒吧及餐廳開業時，真是熱鬧非凡。推薦可以嘗嘗在運河區開業已久的**Premiata**披薩店，除了各種口味的披薩外，還推薦脆餅披薩（Focacce），尤其是灑滿新鮮番茄、Rucola生菜及生火腿的Fantasia口味。另外，老洗衣棚旁的餐廳**El Brellin**週日中午12點起還提供Brunch。

每個月的最後一個週日9點開始，運河沿岸有古董市集，平日可以逛運河兩岸的小商店，尋找各種獨特的商品或二手貨。

除了米蘭大教堂之外，米蘭城另一個重要的藝術瑰寶當屬達文西[4]的《最後的晚餐》[5]。這其實是**感恩聖母教堂**餐室牆面的一幅濕壁畫，也是達文西應米蘭大公Sforzesco之邀，在米蘭停留的16年間，留下最完整的作品，為文藝復興極盛期的起點。

達文西巧妙的將12位門徒三人成組，手抓著錢袋的猶太驚慌得

Premiata
web：www.premiatapizzeria.it
add：Via E. De Amicis 22
tel：(02)8940 6075

El Brellin
add：Vincolo dei Lavandai
tel：(02)5810 1351
time：週一～六19:30～01:00
週日12:30～14:30

感恩聖母教堂
Santa Maria delle Grazie
web：www.vivaticket.it
go：18或24號電車到Corso Magenta-Santa Maria delle Grazie站或地鐵1號線或2號線到Conciliazione或Cadorna站
add：Piazza Santa Maria delle Grazie, 2
time：週二～日08:15～19:00
price：€6.50+€1.50預訂費

往後傾，自然的與其他門徒分隔開來。中央的耶穌則一臉淡然，與門徒驚慌失措的神情形成強烈的對比。這樣的巧妙配置，也只有構思了20多年的鬼才達文西才想得到。除此之外，我們可以看到食堂兩側的牆面一格一格往後縮退，這種透視景深的運用，好像把平面的牆也打出一個三度空間。中間的耶穌形成金字塔形，後面窗戶明亮的背景，取代了以往制式化的聖人頭頂光圈畫法，並讓觀畫者自然的聚焦在耶穌身上。

可惜的是，很有實驗精神的達文西畫這幅畫時，以他自己發明的蛋彩乾畫法繪製，以便反覆修改。然而不到20年的時間，這幅畫的色彩就開始褪色，後來又遭戰爭破壞，1977年開始大整修，直到1999年才整修完畢。之後所有參觀者都要預約參觀，而且參觀時間只有15分鐘。

❸這一區以前是工人階級的主要住宅區，有許多工藝坊，因此當時許多為勞工或平民階層而發聲的活動，都是由這裡開始的。也因為有許多手工藝坊，造就了這一區獨特的街頭文化，至今仍可看到許多小店或古著店。想要挖寶，當然得來這裡。

❹李奧那多·達文西(Leonardo Da Vinci)來自托斯卡尼的小村莊Vinci，後來被律師父親帶回佛羅倫斯受教育，年紀輕輕就已超越老師的技術，為麥迪奇家族畫了著名的《蒙那麗莎的微笑》。後來轉往米蘭發展，完成了《最後的晚餐》、騎馬雕像、《岩間聖母》及大量的工程設計與機械發明。晚年又前往法國發展，逝世於法國。

❺整幅畫所展現的就是當耶穌跟他的門徒說「你們其中有一個人將出賣我」，門徒聽了之後驚慌失措地向耶穌問：「是我嗎？」的那一瞬間。推薦參觀前閱讀Javier Sierra所寫的《The Secret Supper》(祕密晚餐)，絕對會讓你15分鐘的參觀體會得更深、看得更多。

1.黃金四邊角聚集全球各地精品／2.米蘭有許多精緻的生活家飾／3.Ver-sace精品家具／4.艾曼紐二世走廊精品店／5.黃金四邊角的精品童裝店／6.布雷拉跟Corso Garibaldi街區的小巷內有許多精緻的設計小店／7.艾曼紐二世大道上多為中上價位品牌，如Zara及H&M／8.現在許多精品也推出家具設計／9.Corso Como街上的精品包包店

義大利設計搖籃

從精品時裝秀到家具設計展

米蘭的設計，早已隱藏在城裡的日常生活中，街頭一家家的設計品店，
三年設計展館裡完整的設計史，米蘭國際家具展帶領著每年全球的設計趨勢！

米蘭的另一個地標是距離米蘭大教堂不遠的**史豐哲城堡**，這原本是14世紀Visconti家族❻為了防止威尼斯人入侵所建造的堡壘，後來Francesco Sforza❻將它擴建為城堡，現則改為博物館，共有10座不同主題的博物館，收藏中以米開朗基羅未完成的《隆達尼尼的聖殤》（Pieta Rondinini）最為著名，另外還有提香、貝利尼等威尼斯畫派的作品。古代藝術博物館內則可看到古羅馬時期的古文物，樂器博物館有各種古樂器收藏，另外還有盔甲、武器、家具、埃及古文物等。

城堡後面是座廣大的綠園區Parco Sepione，夏季夜晚有許多精彩活動。公園的另一端則是米蘭重要的設計博物館——**米蘭三年展館**。這裡有許多短期展覽，主題包括建築、服裝設計、工業設計、視覺設計等，也常舉辦各種設計講座及活動，是米蘭設計人的重要活動地點。

若說佛羅倫斯是文藝復興的搖籃，那麼義大利現代設計的搖籃就是米蘭城了。城內每年2～3月及9～10月是各大精品品牌最重要的時裝秀，而1961年開始舉辦的**米蘭國際家具展**，每年4月中，引爆整個城市的設計潮，除了在**Fiera RHO**的展場外，城內各點也有不同的設計活動，一些

米蘭

43

史豐哲城堡
web：www.milanocastello.it
add：Piazza Castello, 3
tel：(02)8646 3703
time：週二～日09:00～17:30

Fiera RHO
web：www.cosmit.it
go：地鐵1號紅線Rho FieraMilano
add：Milan Fairgrounds, Rho　price：€2.50

米蘭三年展
add：Viale Alemagna, 6
tel：(02)7243 4208

米蘭國際家具展
add：Milan Fairgrounds, Rho
time：每年4月中為期5天，09:30～18:30
price：€20起

知名的家具專賣店也會舉行特展，甚至請設計大師進駐。運河區的Zona Tortona及布雷拉Zona Brera展區，更可看到各國新銳設計師的作品。這段時間裡，米蘭城內紛飛的設計因子，簡直挑動得人雀躍不已。

米蘭小道消息

好玩節慶

Oh Bei! Oh Bei!聖人節

12月7日是米蘭的守護聖人聖安勃吉歐(Sant' Ambrogio)的紀念日，在聖安勃吉歐教堂外會有熱鬧的市集，各種手工藝品、附近小農自產的農產品都會進城趕集，是相當熱鬧的傳統節慶。這一天米蘭的史卡拉歌劇院也會開始新的歌劇季，當天的座上賓當然眾星雲集。

最近幾年在Garibaldi火車站後面還發展了一個另類的新市集喔！

聖安勃吉歐教堂
Basilica di Sant' Ambrogio
add：Piazza Sant' Ambrogio 15
tel：(02)869 3839
time：07:00～12:00、14:30～19:00
週日07:00～13:00、15:00～20:00
go：地鐵2號線Sant' Ambrogio站

米蘭名人錄

聖奧古斯丁(Sant' Agostino)

聖人奧古斯丁出生於北非(354～430年)，年輕時是個放蕩不羈但卻才華洋溢的才子，19歲受到啟發，開始認真追求真理，並決定到米蘭增廣見聞。在米蘭期間受到能言善道的米蘭主教聖安勃吉歐影響很深，據說他有天在主教花園散步時聽到聖靈的聲音：「要等到何時呢？何不就在此刻，結束我污穢的過去？」於是他決定受洗為基督徒，並潛心追尋上主之道，成為神學家及哲學家。42歲時回到北非當Hippo的主教。他最著名的著作是《懺悔錄》(據說是史上第一部自傳)及《神之城市》，對世人的精神世界影響甚深。

❻Visconti及Sforza家族：米蘭光榮的過去，絕對跟Visconti家族及Sforza家族有著絕對的關係。1277～1447年間米蘭是Visconti家族的天下，後來Francesco Sforza，也就是Visconti家族的女婿開始接掌政權，1477～1499年間，轉由Sforza家族統治。他們統領米蘭時，開始規劃米蘭城，興建米蘭大教堂，延攬文藝復興時期最偉大的藝術家、科學家、文學家、哲學家到米蘭(包括達文西)，建立理想的新雅典世界。如果說麥迪奇之於翡冷翠，那麼Sforza就之於米蘭，差別在於麥迪奇是銀行家，而Sforza是十足的戰士家族。

米蘭
地鐵圖

GESSATE
CASCINA ANTONIETTA
GORGONZOLA
VILLA POMPEA
BUSSERO
CASSINA DE' PECCHI
VILLA FIORITA
CERNUSCO S.N.
CASCINA BURRONA
VIMODRONE
OSP. S.RAFFAELE
CRESCENZAGO
CIMIANO
UDINE
LAMBRATE FS
COLOGNO NORD
COLOGNO CENTRO
COLOGNO SUD
CASCINA GOBBA

VENEZIA
TREVIGLIO

S. DONATO
PIACENZA
PAVIA
ROGOREDO FS
PORTO DI MARE
CORVETTO
BRENTA
LODI TIBB
P.TA ROMANA
CROCETTA
MISSORI
DUOMO 主教堂
S. AGOSTINO
P.TA GENOVA FS 運河區
ROMOLO
ABBIATEGRASSO
FAMAGOSTA
ASSAGO
MILANOFLORI
NORD
ASSAGO

MONZA LECCO COMO
SESTO 1° MAGGIO FS
SESTO RONDÒ
SESTO MARELLI
VILLA S.G.
PRECOTTO
GORLA
TURRO
ROVERETO
PASTEUR
PIOLA
LORETO
LIMA
往布宜諾艾利斯大道
DATEO
VENEZIA
PALESTRO
S. BABILA

ASSO SEVESO

Limite tariffa urbana

GRECO FS
SONDRIO
ZARA
MACIACHINI
CENTRALE FS 中央火車站
GIOIA
REPUBBLICA
CAIAZZO

DERGANO
AFFORI CENTRO
AFFORI FN
BRUZZANO FNM
QUARTO OGGIARO FNM
COMASINA
BOVISA FNM
VILLAPIZZONE FS

VARESE LAVENO COMO NOVARA SARONNO MALPENSA

LANCETTI
P.TA GARIBALDI FS 火車站
MOSCOVA
MONTE NAPOLEONE 精品街
TURATI
LANZA Brera Piccolo Teatro
BULLONA
CONCILIAZIONE
PAGANO
CADORNA FNM Triennale/大教堂
CORDUSIO
CAIROLI
S. AMBROGIO 教堂
CERTOSA FS

RHOFiera 新展覽中心
Pero
MOLINO DORINO
S. LEONARDO
BONOLA
URUGUAY
LAMPUGNANO
LOTTO Fiera 2
AMENDOLA Fiera 商展中心
BUONARROTI
QT8
WAGNER
DE ANGELI
GAMBARA
BANDE NERE
PRIMATICCIO
INGANNI
BISCEGLIE

S.CRISTOFORO FS
MORTARA
ABBIATEGRASSO

GALLARATE
TORINO

米蘭

45

M1
M2
M3

米蘭
城市景點

布雷拉美術館
Pinacoteca di Brera

這應該是米蘭城內最重要的美術館,目前除了美術館外,還是著名的美術學院。館內最重要的收藏為拉斐爾的《聖母瑪麗亞的婚禮》、卡拉瓦喬的《艾瑪烏絲家的晚餐》、以及曼帖那以透視法創作的《哀悼死去的耶穌》。

go:地鐵2號線Lanza或3號線Montenapoleone再步行約10分鐘,或搭61或97號公車、1或4號電車
add:Via Brera, 28
time:週二～六08:30～19:15

安勃西安那美術館
Pinacoteca Ambrosiana

這座古老的美術館最著名的作品是拉斐爾的雅典學院手稿、卡拉瓦喬的《水果籃》、以及達文西的《音樂家》。一樓的老圖書館是義大利相當著名的圖書館之一,有許多珍貴的圖書收藏,以往還是座吵雜的圖書館,因為他們鼓勵在此讀書的文人學者相互辨證。

web:www.ambrosiana.eu
go:由主教堂步行約10分鐘
add:Piazza Pio XI, 2
tel:(02)8069 2221
time:週二～日10.00～17.30

聖羅倫佐教堂
Basilica di San Lorenzo Maggiore

4世紀末建造的教堂,是相當重要的羅馬及基督教早期風格的建築。15世紀又進行一次大規模的擴增。教堂前面仍保留16根科林斯式石柱,由這裡到運河區晚上有許多酒吧、餐廳,週五滿街都是時髦的潮男、潮女。

go:搭2、3、14號電車或94號公車
add:Corso di Porta Ticinese 39
tel:(20)8324 0907
time:08:30～12:30、14:30～18:30
price:免費

中央火車站
Stazione Centrale

米蘭中央火車站是義大利最具代表性的當代建築之一。1906年為了因應激增的流客量,決定擴建火車站,並開始進行設計比賽。最後

由Ulisse Stacchini的設計圖獲勝,他將這座火車站設計成皇冠狀,採用典雅卻又不過於繁複的幾何圖形及花彩為裝飾元素。2008年再次整修後,現在的中央火車站可說是煥然一新,並加入一些更便民的現代設備。

go:地鐵1、3號線Centrale F.S.站

布宜諾艾利斯大道
Corso Buenos Aires

位於中央火車站不遠處的布宜諾艾利斯大道,長長的街道連接著三個地鐵站,沿路都是中價位商店,可說是米蘭中產階級最愛的購物街區,週日時滿街逛街人潮,建議從Porta Venezia站逛起。

go:地鐵1號線Porta Venezia或Lima或Loreto站

米蘭墓園
Cimitero Monumentale

可別把米蘭墓園想成陰森森的地方,這座19世紀所規劃的公墓就像座開放式的現代雕塑博物館,每一座墓碑都充滿了戲劇張力與創意。

web:www.monumentale.net
go:地鐵2號線F.S. Garibaldi火車站,轉搭電車29-30-33到Piazzale Monumentale站
add:Piazzale Cimitero Monumentale
tel:(02)8846 5600
time:週二～日08:00～18:00

王宮
Palazzo Reale

大教堂旁的王宮，原本是米蘭領主的住宅，後改為市政廳，現則為博物館，收藏許多未來主義的作品，且常有短期展覽。

go：地鐵1或3號線Duomo站
add：Piazza Duomo 12
time：開放時間跟票價依展覽而定

科摩湖
Lago di Como

米蘭附近的科摩湖自古羅馬時期就是著名的避暑勝地，許多文人、藝術家來到此後，都深受這裡的美景所啟發。科摩湖沿岸有好幾個小鎮，像是迷人的Bellagio。可以科摩鎮為主要據點，由此搭船遊湖。而以絲料著名的科摩，鎮上也可買到各種優質絲織品。

web：www.lakecomo.it
time：由米蘭搭火車約0.5～1小時

米蘭
住宿推薦

Ostello Bello青年旅館

這家布置繽紛活潑的青年旅館，步行到主教堂僅約10分鐘，到運河區也不遠，購物及觀光均便利，附設酒吧的餐點也相當用心。

web：www.ostellobello.com
add：Via Lepetit 33
tel：(02)3658 2720

米蘭精緻民宿

台灣人開設的民宿，整體布置相當清新優雅，住宿屬於公寓式旅館，提供廚房、洗衣機，就像在米蘭有個家。

web：bettyfishitalia.pixnet.net/blog
add：Piazza Antonio Biaimonti No.5
email：bettyfish418@hotmail.com
price：雙人房110歐元起

Hotel del Corso

位於布宜諾艾利斯購物街邊的四星級旅館，淡季價格十分合理。離地鐵站近，無論是前往各景點觀光或到展覽場、火車站都很便利。

web：www.hoteldelcorsomilan.com
add：Via Pecchio, 2
tel：(02)2953 3330
price：雙人房70歐元起

米蘭
實用資訊

旅遊服務中心

火車站內二樓月台前設有旅遊服務中心；主教堂旁的艾曼紐二世走廊地下室也有旅遊中心，內有英文報Hello Milano，列出米蘭實用資訊及每日的節目。

web：www.turismo.comune.milano.it、www.visitamilano.it

對外交通

Malpensa國際機場：可由機場搭機場列車到Cadorna火車站，約40分鐘車程；或搭機場巴士到中央火車站前下車，約50分鐘車程。

Linate機場：距離市區比較近，可由Piazza San Babila旁的Corso Euorpa街搭73號公車，約25分鐘車程。

火車站：主要火車站為中央火車站Stazione Centrale，大部分列車都由此出發。機場列車在Cadorna火車站，Garibaldi火車站有前往Como的火車。

市區交通

市區共有三條地鐵線，分為紅、綠、黃三線，地鐵票為90分鐘有效票€1.50，可搭乘市區的公車、地鐵及電車。紅線可到Rho Fiera商展中心，票價為€2.50，來回票為€5，1天票€8。

web：www.atm-mi.it

Lago Maggiore
La Terra Più del Paradiso

大湖 *遺世

Domodossola
Locarno
往蘇黎世 ↗

Cannobio
Parco Nazionale
Val Grande

Lugano

Pallanza　VERBANIA

Baveno
Stresa
A26

Verese

Arona

Orta

Castelletto Ticino

A9

A8

Malpensa

← 往都靈

Novara
A4

MILANO

Walking 教你怎麼玩

　　以Stresa為據點，遊大湖小島，下午再搭纜車上山，或到附近小鎮遊逛。若時間較充裕，還可由Stresa搭纜車到Alpino及最頂端的Mottarone，Alpino有Giardino Botanico Alpinia（阿爾披尼亞植物園）。纜車站有提供健行小冊。另外也相當推薦到附近的奧爾他湖，若是能在童話般的Orta San Giulio住一晚更是理想。

必看 Isola Bella、6月中～9月的第一週有音樂祭Settimane Musicali di Stresa e del Lago Maggiore

必吃 Perisco魚及Polenta(玉米粥)

必買 瑪格利特餅

迷思 10月底～3月中許多景點都關了，所以很多人覺得大湖沒什麼看頭，但我卻覺得這時候是最安靜，最能讓秋色呈現出大湖沉靜之美

沉靜心靈的天堂之路
大湖南邊Stresa小鎮與小島之旅

在陰雨綿綿的秋末早上，來自米蘭的火車緩緩進入大湖區，
若沒有遠方白雪覆蓋的阿爾卑斯山，
諾大的湖面，會讓初訪的旅人誤以為自己來到濱海區。
火車大方的停靠在一個又一個優美的湖濱小鎮，即使窗外是綿綿的小雨，
開闊、潔淨的景色仍不停的敲跳心底的快樂因子，
讓人緊盯著這一幕幕如天堂般的大湖景緻。

火車一抵達Stresa火車站，背起行囊迫不及待的飛奔下車。Stresa火車站小巧可愛，低調的散發出一種北義老火車站的復古氛圍，秋末安靜的小鎮，讓疲憊的旅人心裡直呼著，我要在這裡待上幾天好好休息一下！走出火車站右轉，遇到第一個十字路口左轉往下坡直走。現在回想起來，這條小路就像通往天堂之路：在路的盡頭，純淨的大湖靜靜躺在阿爾卑斯山腳，簡直就是人間天堂。

Corso Italia濱湖大道上是一棟棟有如皇宮般的高級旅館，海鳥緩緩的沿著湖岸走跳著。優美的濱湖步道不斷呼喚著我的腳步，終於來到了大湖，一個可以讓人安心休息的小天堂。

大湖湖面達213平方公里，最寬處約4.5公里，沿湖總長166公里。沿岸主要城鎮包括Arona、Stresa、Verbania Intra、Verbania Pallanza等。史翠莎鎮(Stresa)可說是主要城鎮，聚集最多高級旅館，鎮內也有許多二、三星旅館，郊區也可找到幾家露營區。距離Borromee島群最近，而且還可從這裡搭纜車上車滑雪或健行，餐廳跟咖啡館選擇也相當多，因此是許多遊客的落腳處。

大湖位於義大利與瑞士交界處，有別於南義的粗獷，這塊土地

大
湖

充滿北國的純淨，當海明威來到廣闊的大湖後，決定讓這塊土地成爲《戰地春夢》（A Farewell to Arms）的故事場景。

沿著史翠莎鎮內的湖濱大道散步是我在這裡最享受的一件事，眼前的湖光秋色，有沉靜心靈的魔力；而湖色在三座Borromee小島（Isole Borromee）的點綴下更細緻了，其中尤以**Isola Bella**最令人著迷。島上精心設計的綠園及精緻的宮殿Palazzo Borromeo（1670年開始建造），彷彿就是大湖上的一顆綠寶石。Isola Bella之名還有個浪漫的起源，據說當時的島主Count Vitaliano Borromeo以其愛妻Bella（義大利文爲「美麗」的意思）來命名。因此踏上這座小島，好似就能感受到一股浪漫氣息。17世紀的宮殿內展示Borromeo家族❶最珍貴的收藏，宮外層層相疊的庭園陽台設計，讓人遙想島主夫人每天在此喝下午茶、漫步於庭園間的優雅。

Isola Madre，Madre在義大利文是「母親」的意思，這也是三個島中最長、最綠意盎然的小島，島上有16世紀的Villa Madre及廣大的綠園區，整個小島的氣息有如母親般的溫暖。

Isola Superiore dei Pescatori（漁夫島）可能是其中最不起眼的小島，但它安靜的漁村氣息、岸邊漫不經心的船隻及慵懶的貓咪，卻讓我喜愛不已。島上沒有什麼住宿旅館，不過相當適合到這裡

Isola Bella貝拉島
time：3月底～10月中，09:00～17:30
price：€15(僅參觀畫廊€9；加Isola Madre聯票€24)

Isola Madre
web：www.villataranto.it
time：3月底～10月中，09:00～17:30
price：€12

❶在大湖區隨處都可看到Borromeo的名稱，可以想見這個家族一定是大湖區的大主。Borromeo家族來自托斯卡尼，14世紀被迫離開家鄉後，落腳於大湖的Arrona鎮，自15世紀起開始為北義最強大的家族之一，左右著米蘭大公國的政治。家族中還出了位教皇，因此在Arrona附近有座教皇大雕像，遊客還可爬上雕像，從教皇的眼睛及耳朵眺望大湖風光。
Web：www.borromeoturismo.it

享用午餐，這裡的Ristorante Verbano更是浪漫晚餐的最佳地點。

6月中到9月的第一週大湖會舉辦音樂節，這些小島宮殿當然也是最有情調的演出場所。如果還有點時間，可搭火車或公車到距離史翠莎約20分鐘車程外的**Arona**，鎮內有條看似不起眼的購物街，但這裡的小店卻都用心布置，裡面的貨品也都是店家精挑細選的高級貨。因為大湖是米蘭有錢人最喜歡的度假地點，時常有些開著高級車的貴婦到此逛街。

史翠莎對岸的Verbania Intra是另一個悠閒的小鎮，這裡蜿蜒的購物街可找到一些特色小店，湖邊也有一些咖啡館，可以坐下來享受美好的時光。從史翠莎開往Verbania Intra會先經過Verbania Pallanza這個安靜的小鎮，若真要悠閒度假的話，這是相當理想的地點。附近有規劃良好的腳踏車道及慢跑道，這裡也靠近Villa Giulio，常有一些現代藝術展，鎮內的旅館也較便宜，像是湖濱的Europalace旅館就是相當理想的地點。附近還有歐洲最好的植物園**Villa Taranto**。

奧爾他湖Lago d'Orta

大湖旁還有個迷人的奧爾他湖，除了享有大湖的沉靜之外，還多了點甜美的童話感，尤其是Orta San Giulio小鎮。推薦大家在此住一晚(可考慮地點便利的Locanda di Orta旅館)，搭船到湖中央的小島，參觀5世紀所建的Basilica di Saint Giulio老教堂後，沿著島中步道遊逛修道院一圈，靜思途中所豎立的各種醒語，享一趟心靈之旅。接著搭船回小鎮，背向湖由主廣場往右走，爬上天主教朝聖地Sacro Monte，其奇特的規劃與宗教意義，已列入世界文化遺址。

go：由Stresa可搭巴士到Orta San Giulio，約30分鐘車程

Arona
web：www.illagomaggiore.com
go：從米蘭或史翠莎搭火車到Arona，約11〜19分鐘，€2

Bicico旅行社
另也可參加山中單車、Nordic雪地健行、酒莊參觀、騎馬等行程。
web：www.bicico.it

Villa Taranto
web：w ww.villataranto.it
go：可搭火車到Verbania，再轉公車，或直接搭公車前往。若從Stresa搭船，雖然只是在對岸而已，但因為會停靠各站，所以約需1小時的船程
price：€8

　　提到吃的呢，來到大湖一定要嘗嘗湖中小魚Perisco。這種淡水魚肉質嫩，因爲體積小，所以沒什麼淡水魚的土味。大部分餐廳會油煎小魚配水煮蔬菜或玉米粥Polenta。推薦到纜車站附近的湖濱餐廳**L'Idrovolante**，中午時可眺望美麗的貝拉島，有Internet Café及現場音樂。另外鎮內的**Ristorante Taverna del Pappagallo**應該是最受當地人喜愛的小餐館，推薦這裡的Perisco燉飯，以小魚、起司及酒、高湯熬煮，讓米香、魚香與起司香完美的融合在一起。若想便宜享用美食，這裡的披薩是首選。

　　同樣位於市中心的**Ristorante La Botte**餐廳，餐廳布置樸實又溫暖。最讓人想推薦的是海鮮餃，內餡毫不手軟的裹了魚漿、蟹黃及蟹肉，最妙的是上面淋著清爽的蔬菜醬，是我這趟義大利之旅中，最難忘的美食之一。

　　此外，大湖最有名的就是奶油餅乾「史翠莎瑪格利特餅」

(Margheritine di Stresa)，要吃好吃的瑪格利特餅當然要到湖邊大道上的**Gigi Bar**老咖啡館，有時間還可坐下來喝杯咖啡，享用一下這香濃的奶油餅。

L'Idrovolante
web：www.lidrovolante.com
add：Piazzale Lido
tel：0323-934 475

Ristorante Taverna del Pappagallo
web：www.taverna-pappagallo.com
add：Via Principessa Margherita 46, Stresa
tel：0323-304 11

Ristorante La Botte
add：Via Mazzini 6-8
tel：0323-304 62
price：約€10

Gigi Bar
add：Corso Italia 30
tel：0323-302 25

大湖
住宿推薦

Stresa的住宿選擇相當多，大部分集中在老城區，Corso Italia湖濱大道上是四、五星旅館的天下；老城區的街道內可以找到許多二、三星旅館。不過旺季遊客較多，要事先預訂。11月～2月遊客較少，許多旅館會關門休息。

除了旅館之外，Verbania有家青年旅館Ostello Verbania，郊區也有許多便宜的露營區，設備都非常好，也是相當理想的住宿地點。這些露營區大部分設在湖邊，相當受德國遊客的喜愛，可以親近大自然，又輕鬆自在。

Albergo Luina
史翠莎市中心較便宜的旅館，由一對老夫婦經營，房間相當整潔，樓下的餐廳則由老闆掌廚。地點也很不錯，走到湖邊只要2分鐘，又在較安靜的小巷，附近有許多餐廳及商店。

web：www.hotelluinastresa.it
add：Via Garibaldi 21
tel：(0323)302 85

Hotel Meeting
位於市中心，離火車站約15分鐘路程，走到湖邊約10分鐘，地點還算可以。房間寬敞舒適，雖然布置較老式，不過蠻乾淨的，該有的設備都有了，也含自助式早餐，服務態度親切。

web：www.stresahotels.net
add：Via Bonghi 9
tel：(0323)327 41

Hotel Primavera
附近較多餐廳及商家，也較靠近湖邊。

add：Via Cavour 39
tel：(0323)312 86

Europalace Hotel
這是在Verbania Pallanza湖濱散步無意間發現的旅館，外表看來相當古典，進房間一看發現每個房間大到可以打高爾夫球。而且許多房間都有湖濱的視野，小小的陽台，可以看到對岸的Stresa及宜人的大湖風光。

web：www.europalace.it
add：Viale delle Magnolie 16, Verbania Pallanza
tel：(0323)556 441

大湖
實用資訊

旅遊服務中心
web：www.illagomaggiore.com
Stresa旅遊網站
web：www.stresa.org

對外交通
大湖沿岸的火車站包括Castelletto Ticino、Dormelletto、Arona、Meina、Lesa、Belgirate、Stresa、Baveno、Verbania，由米蘭中央火車站或Porta Garibaldi火車站搭火車至此約60～100分鐘；08:25有一班EC，車票€9起，其他為地區火車R，車票€8.30。

對內交通
由Domodossola可以搭Lago Maggiore Express到瑞士(終站Locadino)。

web：www.lagomaggioreexpress.com
price：全程1天票為€34，2天票為€44

大湖遊船
web：www.navigazionelaghi.it/
add：Navigazione Lago Maggiore -Viale Francesco Baracca, Arona
tel：(0323)233 200、(800)551 801
price：一趟票€4.10，另也有2～3個城市聯票或往返瑞士跨國航線(約€20)

Torino
Torino, La Citta' della Magia

都靈 *魔法

(照片提供：Geir)

位於北義Piemonte區的都靈，
曾經是義大利的首都，也是義大利的工業及科技重鎮，
許多著名的義大利品牌及汽車總部都設於此，
二次世界大戰之後都靈快速發展，大量南部移民到此，
也難怪都靈人的開車方式，
總會讓人聯想到南部人豪邁的橫衝直撞。

必看	埃及博物館、安東內利塔暨國立電影博物館、古羅馬區
必吃	鷹嘴豆烤餅(Farinata)、熱可可、Bicerin可可咖啡、咖啡館餐前酒吃到飽
必買	Gianduiotti巧克力、Vini del Ghiaccio冰酒、Asti氣泡酒、Barolo頂級紅酒、Alba白松露及黑松露
迷思	主教堂附近有座號稱全歐洲最大的露天市場，不過現在80%的蔬果攤都是外國移民開設的，服務態度不是很好，服飾方面則都是中國貨。不用特地花時間去
閒聊	4號電車有免費無線網路；7號電車相當復古，行經Via Po'過河
建議	可安排2天的行程，第一天參觀古城區，第二天到Lingotto區(週末城內旅館會推出特惠價)

真愛義大利

從魔法榛果巧克力展開旅行

都靈火車站周邊

都靈各代的魔法師可能曾在巧克力上下過功夫，
因為都靈的巧克力可是媚惑著所有的義大利人，
只要一提到充滿榛果香的*Gianduiotti*巧克力，無人不點頭稱讚啊！

　　開始抵達這個城市時，你可能會發現都靈人的穿著較為樸實，臉上的笑容也比較少，不過在這些樸實的外表下，都靈可是超屬害的魔法城市！都靈人暗地裡非常沉迷於魔法研究，所以這裡有全球第三大的埃及博物館（僅次於開羅及倫敦），收藏許多神祕的古埃及文物。當你走到城中心，壯麗的巴洛克宮殿豪不保留的展現它的氣勢，宮內的裝飾更是富麗堂皇至極。

都靈是16世紀以來Savoia公國的基地，也是義大利統一後的第一個首都。17世紀時Savoia王室大興土木，依古羅馬時的城市規劃建設都靈，古城區的架構就是這時奠基的。

　　從火車站的Piazza C. Felice經Piazza San Carlo沿購物街Via Roma一路可走走逛逛到Piazza Castello，從這裡往右轉向老街Via Po'，各家獨具風味的老咖啡館，讓人忍不住想鑽進咖啡館來杯義大利咖啡。而都靈的咖啡館絕不讓遊客失望，呈出最香醇的咖啡可可（Bicerin）、熱巧克力及豐富的餐前酒（Apertivi）。

　　每次一出**都靈火車站**，我一定會先到火車站前的老巧克力店買手工切的Gianduiotti巧克力。這家1897年開業至今的老巧克力店 **A. Giordano**，只選用上好的巧克力跟Piemonte地區的榛果，由

都靈火車站
add：Via Paolo Sacchi, 5
tel：(011)5069 872

A. Giordano
add：Piazza Carlo Felice 69
tel：(011)547 121
price：Gianduiotti巧克力1包約€17，5小個約€2

於沒有添加其他材料（像是會讓巧克力變硬的成分），所以這裡的巧克力一入口中即慢慢融化，可可跟榛果混合的香，一下子蹦了出來，讓人覺得吃巧克力原來是這麼幸福的一件事！

店內的巧克力又分為機器切的跟手工切的，手工切的比較好吃，而且最好是買整大塊的Gianduiotti，回家吃的時候再現切。接著轉到**Malabar**咖啡館買個不甜不膩、充滿香氣的可頌（Brioche），心滿意足。

口慾打點好了，繼續往前走。Via Roma沿路都是一些知名品牌，像是Zara Home居家雜貨、平價百貨Umpin，接著看到兩尊大理石雕像優雅的坐臥在噴泉上，這就是都靈的雙子教堂**Chie-**

sa di San Carlo及Chiesa di Santa Cristina，兩座典雅的巴洛克小教堂，教堂本身建於1630年代，充滿巴洛克風的正面則是18世紀時Juvarra所設計的。面向兩座雕像，會看到右側有一座大型建築，這是義大利唯一可稱得上百貨公司的La Rinascente，裡面有一些中價位的服飾、皮包，4樓有最重要的免費洗手間！

都靈

Malabar
add：Piazza Carlo Felice 49

Chiesa di San Carlo及Chiesa di Santa Cristina教堂
add：Piazza San Carlo
time：08:00～12:45，15:00～19:00

從法老墓室中生還，嘗口冰淇淋感覺生之喜悅
埃及博物館周邊

都靈這個魔法城市，竟然讓義大利有著埃及以外的大規模埃及古文物收藏，
記得走進博物館，讓法老王震撼一下吧！

還記得第一天走進都靈市區，是個雨過天青的美好週日。許多都靈市民不是坐在雙子教堂兩旁的露天咖啡座，就是坐在廣場上的公共座椅上，心滿意足的向著陽光，就像是幾百年沒有曬過太陽的吸血鬼，終於重新轉為世人，可以盡情享受太陽似的（整個人都被都靈的魔法所媚惑，看到的一草一木都往這方面想）。不過這也讓我發現，都靈真是個友善的城市，因為城內的廣場隨處可看到許多公共座椅，讓市民們走到哪裡，都可坐下來休息，在市區各角落也可看到一些政府積極設置的現代藝術。

　　廣場上的每家咖啡館或是金碧輝煌、或是充滿古樸風味，看完教堂後選家咖啡館，品嘗一下道地的都靈咖啡。像是**Caffe San Carlo**從1882年開業至今，一直都是知識分子及政治運動者聚集的地方，而**Caffe' Torino**在水晶燈的照耀下，滿室輝煌，可以在這裡享受頂級歐風，或者在吧台跟當地人擠個位置，品嘗一下Lavazza咖啡。

Café Torino咖啡館外有隻黃銅牛像，據說鞋子在上面擦一下，就可以帶著好運繼續往前走囉！

Caffe San Carlo
add：Piazza San Carlo 156
tel：(011)532 586

Caffe' Torino
add：Piazza San Carlo 204
tel：(011)545 118

埃及博物館 Museo Egizio
web：www.museoegizio.it
add：Via Accademia delle Scienze, 6
tel：011-561 7776
time：週一09:00～14:00，週二～日
08:30～19:30
price：€13，18～25歲優惠票€9，18
歲以下及65歲以上免費

走到聖卡羅廣場盡頭往右轉，到第一條巷子再往左轉，走到這裡時請先停下腳步，有沒有開始感受到一股不同的能量呢？因為這裡越來越靠近神祕的**埃及博物館**。館內大部分為拿破崙時期駐埃及副領事Bernaardino Drovetti的收藏，共有5千多件文物，後來館長Schiaparelli又到埃及挖掘了好幾座墳墓，目前共有2萬6千多件收藏，是開羅之外唯一較具規模的埃及博物館。整座博物館分為地面樓層、地下樓層及1樓（也就是台灣的2樓）。

暗紅磚色的大建築外擺著兩尊威武的法老雕像，自1824年開始在此迎接大眾。博物館的參觀路線規劃得很好，只要跟著指示參觀即可。首先會看到一些日常生活古文物、神廟遺跡及雕刻，最令人震撼的是走進滿室巨大法老王雕像、獅像的展場，完全能感

受到古埃及王國的力量，尤其別錯過阿蒙霍特普二世（Amenhotep II）的法老王雕像，完美的比例與神情，真讓人開始相信真有外星人幫他們建造這些遺跡了。

來到二樓又是另一種震撼，各尊木乃伊一一擺在眼前，其中有一尊還非常聳動的讓人看到他千年不老的頭髮；有趣的是，這裡還有許多動物木乃伊，像是鱷魚（象徵Bobek神）、鷹（象徵Horo神）、牛（象徵Hapi神）等。而二樓的紗草紙上的文字、圖案，文字的律動有種令人著迷的美感。另外還有西元前14世紀完整的Kha及Merti陵墓，可看到當時陪葬的各種珍寶、食物、工具等。

博物館樓上還有座Galleria Sabauda美術館，展示Savoia家族的收藏，沒有時間可略過。

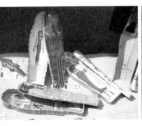

Palazzo Carignano是卡里納諾(Carignano)家族於1679年建造的居所，也是義大利首位國王Vittorio Emanuele II出生的地方，後來成為義大利統一後的第一座國會大廈，目前則為義大利統一博物館(Museo Nazionale del Risorgimento)，展示義大利統一過程。宮殿前的廣場，假日常有熱鬧的現場表演。

　　參觀完埃及博物館後，出博物館沿著這條人行道往城堡廣場（Piazza Castello）走，首先會經過以紅磚及星號裝飾的Palazzo Carignano，然後經過誕生於都靈的**Grom**冰淇淋店，這應該是目前最著名、品質最好的冰淇淋店，大部分的口味都是當季最新鮮的食材做的，夏天也有西西里冰(Granita)，冬天則有都靈著名的熱巧克力。喜歡吃奶油的，還可在冰淇淋或熱可可加上他們自製的鮮奶油(Panna)！

　　出Grom繼續往前走一點就會看到古老的拱廊街道，這裡有些平價商店，往右走就是最有特色的波街(Via Po')，不過建議這之前可先參觀城堡廣場上的Palazzo Madama及皇宮。想先用中餐者可到Via Po'的**Mood Café**，這區的咖啡館中餐都相當便宜。

Grom
web：www.grom.it
add：Via Accademia delle Scienze, 4
(Via Garibalidi 11也有一家)
tel：011-557 9095

Mood Café
將書店與咖啡館結合在一起，有許多學生及教授中午都會到此用餐，南瓜起司飯(Risotto Zucca Mascapone)或法國鹹餅Qiche都相當推薦。這裡還有免費的無線網路。
add：Via Cesare Battisti 3/E
tel：011-518 8657
time：週一～六08:00～21:00
price：€4～8

1.都靈咖啡館是一家又比一家漂亮 / 2.埃及博物館 / 3.卡里納諾廣場上的開放式展覽 / 4.埃及博物館 / 5.週末廣場上的表演 / 6.Mood書店咖啡館 / 7.隨處都可找到公共座椅 / 8.都靈咖啡館

黑白魔法分界點

皇宮周邊的宮殿群

據說白魔法金三角就是都靈、法國里昂跟捷克布拉格，
而黑魔法金三角是都靈、英國倫敦跟美國舊金山，都靈的皇宮入口
剛好就是黑魔法的交會點，一邊為良善的白魔法、一邊為邪惡的黑魔法，

皇宮的地板、擺飾、收藏，都是17世紀的原件，為了保存起見，需跟隨導覽人員參觀，參觀時也只能走在紅地毯上，以免破壞老舊的木質地板。

Palazzo Reale皇宮最神奇之處就是它門口的兩座雕像，據說黑白魔法的分界點就在此。因此當我走進皇宮的庭院時，竟然看到一位穿著橘色外套的男子坐在庭院正中間，認真的將自己的位置調整到最有能量的方位，開始靜坐。真想跑過去問他到底有沒有感受到什麼神奇的魔法！

這座金碧輝煌的宮殿是17世紀為Savoia王室建造的，每間房間奢華的程度，真是令人驚歎。參觀時你會發現門好像有點斜斜的，看來好像壞掉，其實這是主人特別設計的，關門時才不會刮到木板。而房間的床也特別小，因為當時的人怕飽食後躺著睡覺會飽死，所以都是坐躺著睡覺。牆壁上的針織畫，畫中人物的眼睛都細細長長的，不像歐洲人，倒是比較像東方人的眼睛，因為當時這些針織畫都是在中國訂製的，中國人不了解歐洲人的眼睛到底長什麼樣子，所以畫中人物都是細長的中國眼囉！

城堡廣場上另一棟較精巧的皇宮建築是**瑪丹瑪宮殿**，這裡原本是中世紀建築，後來特別為法國的克麗絲丁瑪麗夫人改建。法國夫人的居所當然也是奢華至極，所有的壁飾、大廳的雕像都充滿

皇宮 Palazzo Reale
web：www.beniarchitettoni
cipiemonte.it/reale.htm
add：Piazzetta Reale, 1
(Piazza Castello)
tel：(011)436 1455
time：週二～日08:30～19:30
price：€12，優惠票€6

瑪丹瑪宮殿
web：www.palazzomadamato
rino.it
add：Piazza Castello
tel：(011)4433 501
time：週一、三～六10:00～
18:00；週日10:00～19.00
price：€10，階梯及中世紀庭院
免費

華麗的巴洛克風格，二樓有個可看到廣場的小咖啡館。宮殿目前也是中世紀藝術博物館，收藏相當豐富，有許多中世紀宗教畫、雕刻、陶瓷，最頂樓還有大量的茶具收藏。不想入內參觀者可從大門走上階梯，這兩座階梯和諧的比例與開闊的氣勢，呈現出典雅、令人著迷的氣息。這裡也常舉辦音樂會，有些是免費的喔！

有時間的話還可以到皇宮旁的圖書館(La Biblioteca Reale)，館內藏有達文西的紅色自畫像。

　　皇宮西側是**施洗約翰主教堂**。這座教堂最著名的就是耶穌的裹屍布(Santa Sindone)，教堂也企圖展示一些科學鑑定來說服大家這裹屍布的真實性(有些科學鑑定這條亞麻布是12世紀的產物，有些則認為是1世紀的)。裹屍布上一次展示時間是2010年4月。

　　站在皇宮旁就可看到都靈的地標**安東內利塔**，是出現在義大利錢幣上的著名建築。Mole，義大利文意指巨大的建築，當都靈還是義大利首都時，委託建築師Alessandro Antonelli將原本的猶太教堂改建成塔。高達167公尺，1897年完工，當時這座塔是全球最高建築。建築本身的高度在於其次，最令人驚艷的是優雅的尖頂，散發細緻的美感，無論白天或夜晚都有它獨特的魅力。

　　由於這裡也是**國立電影博物館**，遊客可購買套票搭乘透明電梯到塔上鳥瞰都靈城(選天氣好的時候上去，可看到白雪靄靄的阿爾卑斯山，否則可考慮不用上去)，好玩的是在電梯往上升或下降時，可看到博物館的展示廳。電影博物館的大廳設有躺椅，讓遊客躺著看電影，相當特別的景象。電影博物館將電影的演變過程完整呈現，最後則有不同場景的電影院，像是復古的咖啡館電影院，或是坐在馬桶上的馬桶電影院，讓年輕人玩得不亦樂乎。館內的咖啡館設計相當前衛，透明的桌面還有小螢幕放電影。

施洗約翰主教堂 Duomo
都靈的主教堂建於1498年，是城內唯一的文藝復興建築，正面為Juvarra於1720年所設計的。
web：www.sindone.org
(線上預約參觀裹屍布)
add：Piazza San Giovanni

安東內利塔 Mole Antonelliana
add：Piazza San Giovanni
time：週日〜一、三〜五09:00〜20:00；週六09:00〜23:00
price：€7，博物館套票€14

國立電影博物館 Museo Nazionale del Cinema
web：www.museonazionaledelcinema.org
time：週日〜一、三〜五09:00〜20:00；週六09:00〜23:00
price：€10，學生€8

1.皇宮廣場夜景 / 2.瑪丹瑪宮殿樓梯 / 3.都靈地標安東內利塔 / 4.瑪丹瑪宮殿 / 5.坐在Vittorio Veneto廣場咖啡座的人潮 / 6.瑪丹瑪宮殿 / 7.附近的Asti小鎮盛產氣泡酒 / 8.令人看了會食指大動的甜點 / 9.春秋季有Piemonte區最頂級的黑松露及白松露 / 10.義大利最好吃的麵包盡在Eataly / 11.Garibaldi街上古老的藥局

Attention

克麗絲丁瑪麗夫人
Madama Cristina Maria

克麗絲丁瑪麗夫人是法國亨利四世與佛羅倫斯麥迪奇家族Maria de' Medici夫人生的女兒。她後來與Savoia爵士Victor A-madeus結婚，在都靈期間主要居住在瑪丹瑪宮殿，據說郊區的瓦倫提諾城堡(Castello del Valentino)及市區的皇宮都是她主導重建的。她的風花雪月史也跟法國老爸亨利四世如出一轍，而且一面還忙著督促丈夫盡快成為國王，自己才能晉升為皇后（可惜並未如願）。

Day 1

09:00～09:30	早餐及巧克力店
09:30～10:30	雙子教堂及咖啡館
10:30～12:00	埃及博物館
12:30～14:30	Mood Café中餐或鷹嘴豆烤餅
14:30～16:00	皇宮
16:00～17:30	瑪丹瑪宮殿
17:30～19:30	Via Garibaldi購物
19:30～21:30	Via Po'、Vittoriio Venetto廣場餐前酒及晚餐

Day 2

09:00～11:00	蘇培加大教堂
11:00～12:30	中古世紀村
12:30～15:00	Eataly超市及用餐
15:00～	搭車離開

都靈

牽腸掛肚的散步美食
從Via Po'到河邊、再迺回城堡廣場

Via Po'是都靈最有特色的街道，除了街上有許多咖啡館外，
這裡也是大學區，因此有許多奇奇怪怪的小商店，騎樓下有些老書攤，
也不難找到一些便宜的小吃店。

出博物館後可往Via Po'盡頭的Piazza Vittorio Veneto廣場走，廣場就在河邊，春秋時的河濱景色相當迷人，河岸邊更是都靈最熱門的夜店區I Murazzi。雖然可能會遇到一些人過來兜售毒品，但是這裡的現場音樂表演卻是愛樂者不可錯過的。

來到Via Po'當然要找一家咖啡館坐下來喝餐前酒，每家咖啡館可是卯足勁準備下酒菜，只要花5～8歐元點一杯飲料，所有下酒菜都任你吃！一般吃完這餐，可以相當飽足的繼續逛街，直到晚上8點半、9點跟上義大利人吃晚餐的時間。

來到都靈，不可錯過Linguria這區才有的鷹嘴豆烤餅Farinata（又稱爲Torta di Ceci），這種烤餅是將鷹嘴豆磨成粉，加水及橄欖油倒在大鐵盤上，放進材燒烤爐中烤。剛出爐時，充滿鷹嘴豆的香氣，讓人一吃再吃，無法停嘴。而且這是這區才找得到的烤餅，當然要卯起來吃，否則到別區想吃，也吃不到（超市有賣鷹嘴豆粉，也可買回家自己做），眞是令人念念不忘的美食啊！

除了Via Po'街上的小吃店外，還要特別建議大家逛回城堡廣場，走到Via Garibalidi街，這條街也是都靈的主要街區，從這條街直走在右手邊會看到Via Sant'Agostino小巷裡的**Osteria della Cima**，不但鷹嘴豆烤餅好吃外，店內的布置在樸實中帶著甜美溫馨感，就跟這裡的食物與價格一樣平易近人。這裡有鷹嘴豆

Osteria della Cima
add：Via Sant' Agostino, 6
tel：(011)436 5091
time：週一休息

烤餅，以及各種起司火腿烤餅（Focca-cia）及義大利美酒（可單點一杯）。

除了必嘗美食鷹嘴豆烤餅，以巧克力聞名的都靈還有一種特殊的咖啡叫做Bicerin，底層是熱可可，中間是咖啡，最上層則是奶油，香氣十足的咖啡與溫純的可可融合在一起，在可可的甜中又可嘗到咖啡的苦香，而奶油就好像是這兩者的中和調劑，真是相當巧妙的組合。這種可可咖啡在各家咖啡館都可喝到，不過也相當推薦大家到1763年開業至今的創始店 **Al Bicerin**，它位在Via Garibaldi不遠處的小廣場上，一進門就可看到地板上有個凹洞，想必是這幾百年來的客人不斷踩出的成果。店內的大理石小桌安靜的排列在老木牆邊，吧台後面一罐罐的玻璃瓶內裝著各色糖果及巧克力，旁邊的小玻璃木櫃則細心的放著當天現烤的小甜點。

除了咖啡館外，隔壁是Al Bicerin的小商店，可購買當地的巧克力及特產，隔壁又是一間百年老藥局，老木櫃上擺放著歐洲草藥及各種特選茶葉。

這區是著名的古羅馬區(Quadrilatero Romano)，小小的巷道間，佇立著各家老商店，或是小雜貨店，或是老鞋店，充滿老歐洲的復古風情，這也是都靈最迷人之處。

除了古城區，都靈還有家絕不可錯過的超市，也是我到都靈的首要目標——**Eataly**。一家超市，有什麼好看的呢？因為這家超市以慢食組織所推動的概念經營，選用依照傳統方式製作的義大利優質產品，尤其以Piemonte地區的產品居多。因此，想要選購

Al Bicerin
web：www.bicerin.it
add：Piazza della Consolata, 5
tel：(011)436 9325
time：09:00～19:30

義大利最棒的食材，到這裡就對了。這家超市內還有烹飪學校，定期舉辦各種美食活動，跟著美食教授一起訓練自己的味蕾。

超市內設有9個不同的餐區，共分為：蔬食區、肉類區、披薩及麵包坊，最厲害的是它現烤的各種麵包，開業以來，這裡的烤爐從未熄火過，24小時持續燒烤，可想而知這座大烤爐烤出來的麵包是一天又比一天香，而且他們用的麵粉是依照古法磨製的，麵粉較粗，鹽也是特選的上等鹽，在種種講究的程序與選材下，它的麵包幾乎是義大利最好吃的麵包（放三天依然好吃）。

此外，書區會有一位美食顧問進駐，因為他們認為並不一定要買最貴的魚或肉才能煮出美味的菜餚，即使買一些不起眼的小魚，只要掌握好烹煮方法，依然可以呈出一道美食。這位顧問的功用就是在此讓顧客免費諮詢各種食材的最佳料理方式。

超市內有家咖啡館，採用自家烘焙的咖啡豆，每天供應鮮咖啡；還有甜點區及冰淇淋區，這裡的冰淇淋可是全國比賽第四名，由於他們用的牛奶品質相當好，所以到這裡可別忘了嘗嘗牛奶冰淇淋（Fiori di Latte）。更妙的是，這裡還有台生乳機，裡面都是每天牧場直運的生奶，因為只要知道如何自己處理生奶，就可以喝到最優質的牛奶。這麼有趣的一家超市，難怪一位冰島朋友到這裡直呼這是一座博物館！博物館也罷、超市也好，Eataly的麵包是我離開都靈最不捨的牽掛。

Eataly
web：www.torino.eataly.it
go：由Stazione Porta Nuova前搭1、
35、18號公車，約20分鐘車程
add：Via Nizza, 230/14
tel：(011)1950 6801
time：10:00～22:30

蘇培家大教堂
Basilica di Superga

這座大教堂位於都靈的東側郊區，Vittorio Adedeo II 爵士為了感謝聖母幫助爵士擊退法國軍隊，特別委託建築師Juvarra於1717～1731年建造。這棟黃白色的壯麗大教堂散發著古典神廟的優美。薩丁尼亞島國王及許多Savoia家族的成員都葬在這裡。1949年在此飛機失事的都靈足球隊隊員也都葬在大教堂後面。到這裡最有趣的方法是搭乘復古老火車上山，喜歡健行者也可以選擇徒步上山或下山。

web：www.basilicadisuperga.com
go：由市區搭15號公車到Sassi火

（照片提供：Geir）

（照片提供：Geir）

車站，轉搭79號公車或tramvia老火車到山上的Superga站。
（時刻表請參見：www.comune.torino.it/gtt）
add：Strada Basilica di Superga 73
tel：(011)899 7456
time：週一～五09:00～12:00、15:00～17:00；週六～日09:00～12:45、15:00～17:45
price：皇室陵墓及寓所€5

（照片提供：Geir）

喬凡尼與安晶里美術館
Pinacoteca Giovanni e Marella Agnelli

飛雅特所設立的美術館，位於Q8購物中心四樓，其實收藏不多，但是有Modigliani及馬諦斯相當精采的畫作。頂樓也有Renzo Piano所設計的泡泡球建築及屋頂餐廳。

go：就在Eataly對面
add：Via Nizza 230
tel：(011)006 2008
time：週二～日10:00～19:00
price：常態展€8，短期展聯票€10

梵倫提諾公園
Parco del Valentino

這是一片廣達55萬平方公尺的綠地，園內有17世紀的法國別墅「梵倫提諾城堡」（Castello del Valentino）。但晚上最好不要到都靈的公園區閒晃，有點危險。

web：www.borgomedievaletorino.it
add：Corso Massimo d'Azeglio
tel：(011)669 9372

（照片提供：Geir）

中世紀村
Borgo e Rocca Medievale

展示中世紀以來Valle d'Aosta山谷區的建築及生活情況，也常舉辦一些全家可一起參與的活動。

web：www.borgomedievaletorino.it
add：Viale Virgilio 107, parco del Valentino
tel：(011)4431 701
time：週一～日09:00～19:00

（照片提供：Geir）

阿斯提葡萄酒一日遊

建議由都靈搭火車到阿斯提(Asti)附近一日遊,這區以Asti的氣泡酒、Barolo的頂級紅葡萄酒及Alba最珍貴的白松露聞名;而慢食組織的總部則設在Alba附近的Bra小鎮,每年都會舉辦各種美食節,尤其以兩年一度的起司節最熱鬧(9月,下一次為2011年)。沿路的山丘都是優美的葡萄園,遠方還可望見白雪覆頂的阿爾卑斯山,景色與法國南部非常相近,整個地景有一種清新、優美的律動感,春天滿山野花,秋天則林葉繽紛。喜歡大自然者還可以沿Langhe湖健行或騎自行車;這區也適合參觀酒莊。

松露節

time:10月初~11月有熱鬧的松露節,週六下午15:00~19:00有免費導覽團

Asti附近酒莊搜尋

web:www.piemonteonwine.it

阿斯提Asti

web:www.astiturismo.it
go:由Torino搭火車約45分鐘
add:Piazza Alfieri, 29或Corso Alfieri 328
tel:(0141)530 357
time:週一~六09:00~13:00、14:30~18:30;週日09:00~13:00

慢食組織總部 Longhe Roero

web:www.langheroero.it
go:先到阿爾巴(Alba):由Torino搭火車約70~90分鐘,Asti到Torino約40分鐘);再到布拉(Bra):由Torino搭火車約40~45分鐘,Alba到Bra約20~30分鐘
add:Piazza Risorgimento 2, Alba
tel:(0173)358 33

對酒有興趣者也可參觀酒銀行La Banca del Vino。

1.Piemonte郊區風光 / 2.松露節場內有各種松露產品 / 3.各種美味的起士產品 / 4.Alba主教堂廣場 / 5.市區古樸的美食雜貨書店 / 6.Alba白松露節 / 7.只要買門票加購品酒費,就可將一只杯子掛在脖子上,品嘗場內的各種美酒

都靈
住宿推薦

　　都靈平日大多是商務旅客，所以許多四星級旅館週末都有特惠價，有些是「兩天住宿＋Torino Card＋早餐」有些還有第三晚優惠價（約€35～40）。

B&B Foresteria degli Artisti

　　位於大學區附近安靜的住宅區，到Via Po'步行約10分鐘。這是一對退休夫婦所開設的小公寓，房客享有獨立空間（一房一廳一衛一廚），並設有廚房。在原本的老木屋頂上開設小天窗，讓房客舒服的躺在客廳的懶骨頭上，一面聽著音樂，一面欣賞都靈的夜空。整體布置得相當溫馨、有格調，而且還提供有機早餐。2009年底在Piazza Vittorio Veneto附近的Via della Rocca 2開設另一家新民宿。

web：ww.foresteriadegliartisti.it
add：Via degli Artisti 15
tel：(333)820 7827

Ostello Torino 青年旅館

　　環境相當優美，房間也很乾淨。但不是座落在非常市中心，需搭乘公車往返，從火車站到青年旅館約20分鐘。

web：www.ostellotorino.it
add：Corso Giambone, 87/34
tel：(011)660 2939
price：€17～20

Hotel Bologna 平價旅館

　　背向火車站，在對街的左側，方便行李較多者。大廳剛重新整修過，還蠻有設計感的。不過房間的布置較為老式，但乾淨且空間還算寬敞（尤其是浴室），有免費無線網路。

web：www.hotelbolognasrl.it
add：Corso Vittorio Emanuele II 60
tel：(011)562 0193
price：雙人房€75起

都靈
實用資訊

▌旅遊服務中心

　　提供大張的免費市區地圖（小份的地圖要收€0.5）

web：www.turismotorino.org
　　　www.torinocultura.it
add：Piazza Castello及Stazione Porta Nuova火車站內，及Caselle國際機場
tel：011-535 181

▌對外交通

　　由米蘭搭普通火車到都靈約2小時，每小時一班，主要火車站為Stazione Porta Nuova，次要火車站為Stazione Porta Susa；由都靈搭普通火車到Genova約2小時。

Torino＋Piemonte Card
2到7天通行證，可免費參觀160多個點及使用地面上的公共交通運輸，包括Mole觀景電梯、Sassi往返Superga的老火車，以及前往郊區城堡的公車。
price：€35，青年2天通行證€15

▌市區交通

市區交通公司GTT
web：www.gtt.to.it(地鐵路線圖www.metrotorino.it)
price：票價為€1.50，90分鐘有效。一天票為€5，包括公車、電車及地鐵；4小時Shopping票€3

（照片提供：Geir）

▌巧克力通行證

　　可品嘗城內10種巧克力（Gianduiotti）、杏仁糖（Praline）、熱巧克力、餅乾、蛋糕等甜點（可在旅遊服務中心或線上購買）。另外，旅遊局也和當地餐廳共同推出Gourment Tour。

Verona
La Citta' Romantica

維諾那 *樂音

從波隆納搭火車到維諾那時，因為這條路線的月台位置相當隱密，
所以準備在茫茫人海中找個人問。
迎面而來一位面善的阿伯，一臉準備讓我問的樣子，我當然就不客氣了。
沒想到這位義大利阿伯竟然會說一點中文，
而且還是鐵路局退休的火車駕駛，
就這樣一路聽著他介紹義大利火車，驚喜的抵達這美麗的小鎮。

必看	維諾那音樂季
必吃	紅酒燉飯、馬肉、驢肉、義大利麵疙瘩Gnocchi
迷思	《羅密歐與茱麗葉》的故事其實部分是杜撰的，但是這部戲劇的名氣實在是太大了，所以維諾那政府也樂得找出任何相關的蛛絲馬跡讓遊客浪漫一下。好好享受這虛幻的浪漫也無妨
閒聊	維諾那這個省份的人自古就是以精明的生意人著稱(光是一個羅密歐與茱麗葉，他們就可以打造出人人必訪的茱麗葉之家)，所以這個城市很有錢，商店也是一家又比一家漂亮，讓人走進這個城市自然也跟著優雅了起來。感覺上維諾那人要你看的就是這些表面的優美，似乎不想讓外人往裡挖，因為挖到的，可能就是茱麗葉這樣的虛幻真相吧

教你怎麼玩

　　維諾那位於威尼斯跟米蘭之間，建議可以在此停留一晚，甚至可以考慮住在這裡，安排威尼斯當日來回一日遊(威尼斯什麼都貴)。維諾那古城晚上很有活力、也有得逛街，還有許多美麗的餐廳、咖啡館。這裡到Garda湖區也很近(25英哩)，也可以此為基地做一日遊。維諾那市區大部分景點週一休息，可以安排城外行程。

09:00～10:00	古羅馬劇場
10:00～11:00	Via G. Mazzini及Via Stella逛街
11:00～12:00	茱麗葉之家
12:00～14:30	到Terrazza Bar Al Ponte或Torcolo餐廳用餐
14:30～15:30	鐘樓
15:30～17:00	聖彼得城堡
17:00～19:30	逛街及餐前酒
10:30～21:30	Osteria al Duca晚餐

滿溢愛情的浪漫之路
從古羅馬劇場到茱麗葉之家

浪漫的維諾那，帶著你從古羅馬的老石路，走向深情款款的茱麗葉之家，
再穿過老巷，進入充滿活力的廣場，感受維諾納人的熱力。

由於這次到訪的時間是浪漫的秋天（春、秋應該是拜訪這個城市最棒的季節），由**維諾那火車站**沿著Porta Nuova大道走，路面鋪的是剛落地的黃葉地毯，沿路是動人的林木，維諾那要搞浪漫，真是連大自然都跟著配合了起來。

走進古城門就是維諾那最著名的**古羅馬劇場**。維諾那城的大器，盡在這廣大的Piazza Bra'廣場上。這是1世紀建造的羅馬劇場，12世紀曾經歷一場大地震，大體架構仍保留完整，現在看到的劇場是20世紀初重修完成的，這也是現今全球規模最大的露天劇場。共有44個階層，可容納22,000人，現仍可看到維諾那這區特產的粉紅色大理石。每年夏季的**維諾那歌劇季**就是在此舉辦的，最推薦在老劇場裡聽《阿伊達》這部歌劇（《卡門》或《托斯卡》也很適合），整個氣勢完全能在這個古老的劇場中展現出來。（詳細資訊請參見歌劇篇P.12）

由古羅馬劇場再往前走就是主要購物街Via G. Mazzini，沿路都是豪華的古宅，裡面座落著寶格麗、班尼頓、Furla等知名品牌，晚上也常有街頭藝人表演。讓你在古羅馬劇場的大器之後，開始看到維諾那的細緻。

維諾那火車站 Porta Nuova
web：www.trenitalia.com
add：Piazzale 25 Aprile

維諾那歌劇季 Verona Opera Festival
web：www.arena.it

Povia
add：Via Anfiteatro 12
tel：(045)800 2284
time：週二休息

古羅馬劇場 Arena
tel：(045)800 3204
time：週二～日08:30～19:30
　　　週一13:30～19:30
price：€10

Panzarotto起司餅

　　與這條街平行的Via Stella，則顯得較為柔和，同樣是人行步道，街上多了些全家大小坐在一起享用咖啡、老先生老太太在熟食店購物的溫馨畫面。這樣的溫馨，可以從街頭1904年開業至今的食品店兼咖啡館**Povia**開始體驗。介紹這家店的朋友說，小時候最期待爸爸帶他們到這裡吃炸起司餅（Panzarotto），因此這家店可是許多維諾那人的美好回憶，而這些小朋友如今長大了，也帶著他們的下一代到這裡大口咬起司餅、嘗炸飯團、披薩、脆餅這類的南部小吃。

　　再往前直走正式進入Via Stella，你會看到漂亮又有氣質的咖啡甜點店**Flego**，這裡最特別的甜點是造型像一顆愛心的香吻餅乾（Baccio），店內的布置以及蛋糕造型，都展現出維諾那人絕佳的美感與優雅。甜點店的隔壁是家食品雜貨店**Gastronomia Stella**，許多媽媽會到這裡採購優質食材，有許多這區所產的葡萄酒醋、葡萄酒、起司等，也可買到熟食，像是蝸牛鑲肉、義大利醬等。

　　Via G. Mazzini或Via Stella的盡頭銜接Via Cappello，這裡的23號就是大名鼎鼎的**茱麗葉之家**。羅密歐與茱麗葉的愛情故事是16世紀義大利作家Luigi da Porto所寫的詩歌，莎士比亞將它改編後成為名聞天下的浪漫故事。

維諾那

Flego
add：Via Stella 13A
tel：(045)803 2471

Gastronomia Stella
web：www.gastronomiastella.it
add：Via Stella 11
tel：(045)800 4998
time：08:00～13:00、16:00～19:40
(週二下午及週日休息)

茱麗葉之家 Casa Giulietta
web：casadigiulietta.comune.verona.it
add：Via Cappello 23
tel：(045)803 4303
time：週二～日08:30～19:30
週一13:30～19:30
price：€6

茱麗葉之家門口貼滿
情侶的小情書

維諾那政府也眞是厲害，明明是虛構人物，硬是找出了茱麗葉之家跟羅密歐之家（沒有對外開放），讓它成了名聞天下的浪漫景點。

這裡最常見的經典照片就是門口貼滿情人甜蜜愛語的牆面，以及中庭右胸被摸得金亮的茱麗葉雕像。對於老建築架構有興趣者，可以進屋參觀，整體架構相當典雅，從一些細節的裝飾，可以看出維諾那人的典雅美感來自哪裡，不過裡面只有一些畫及戲服、床具，收藏並不多。城內也有茱麗葉之墓，但我還眞不明白參觀的意義何在？

維諾那卯足勁要將自己打造成愛之城，市政府還特別准許新人申請在茱麗葉之家舉行婚禮，這應該是新人最浪漫的見證地點吧！在茱麗葉之家的庭院裡，還有一間新的高級旅館**Il Sogno di Giulietta**。新人可在此宴客、度蜜月，所有房間的布置，根本就是讓人覺得來到夢幻之地；而且他們所用的衛浴保養品可都是寶格麗精品，全義大利只有20家旅館採用這種精品！

每年2月13～14日情人節期間，維諾那都會舉辦「**Verona in Love**」的活動，整個城市各角落都會精心擺上愛的飾物，就是要讓來到這裡的情人，全都跌入甜蜜蜜的浪漫中。別忘了，獨具美感的維諾那人，「搞浪漫」可是他們的專長！

由茱麗葉之家走回藥草廣場，會經過小巷內的**Chocolat**巧克力店，裡面的裝潢好甜美，這裡的杏仁巧克力最是特別，另外還有包裝精美的婚禮糖果Boboniere。也可購買結婚紀念日禮物，老闆會將糖果與紀念品包裝得非常漂亮喔！

Chocolat
add：Vicolo Crocioni 4A
tel：(045)800 5478

Verona in Love
web：www.veronainlove.it

Il Sogno di Giulietta旅館
web：www.sognodigiulietta.it
add：Via Cappello 23
tel：(045)800 9932

1.由聖彼得城堡可欣賞古城風景，沿路風景宜人／2.古城街景／3.茱麗葉之家夜景／4.河岸對面的羅馬劇場／5.藍貝提鐘樓內部／6.庭院中的茱麗葉雕像及其被摸得金亮的胸部／7.藍貝提鐘塔上的風光／8.藥草廣場環繞著美麗的宅邸／9.藥草廣場上的市集

爬上爬下東張西望，看見維諾那的美麗

沿著河岸散步體驗美食

鐘樓上的Veneto風光，老拱門下的陳年葡萄酒香；
聖彼得城堡山腳的古羅馬劇場，老橋下的潺潺流水聲；
伴隨著訪客在各家精美的餐廳裡，享受維諾那的特色美食。

維諾那藥草廣場❶最顯目的當屬藍貝提鐘樓，可搭電梯上鐘塔欣賞附近的景色，還蠻不錯的；不過高84公尺，即使是沒有懼高症的人，到了上面仍覺得膽戰心驚。鐘樓下面的建築理性宮（Palazzo della Ragione）地下室是古羅馬遺跡，現改為攝影展覽中心，很酷的展覽場。建議晚上市集收攤之後，選家咖啡館坐下來聽聽維諾那人晚上有多活躍。或到附近的**Osteria del Bugiardo**酒吧，享受小酒館風味。

鐘樓後面就是領主廣場（Piazza dei Signori），廣場上有座但丁雕像。因為當年但丁被佛羅倫斯外放後，流浪到維諾那備受禮遇。但丁後面是15世紀的議會迴廊（Loggia del Consiglio），這是城內文藝復興建築的典範。維那諾真正蓬勃發展的時期應該是從1263年Scaligeri家族開始統治維諾那開始，在領主廣場後面可看到Scaligeri家族墓園（Scavi Scaligeri）。

墓園後面的Via Arche Scaligere是羅密歐之家，它的隔壁是家很棒的餐廳**Osteria al Duca**，以維諾那地區的美食聞名，熱情的老闆讓餐廳用餐氣氛非常好，可以嘗嘗燉驢肉、蝸牛玉米粥（有中

❶藥草市集以前是蔬果市集，只可惜現在的攤販都改成紀念品攤，少了市民生活的淳樸，多了觀光化後的市儈。我們不妨將眼光拉到環繞著廣場的各棟豪宅，發現每一棟都有精心繪製的濕壁畫，因為當時政府為了鼓勵市民一起建造美麗的城市建築，房子外觀越漂亮，稅收就越少。

藍貝提鐘樓 Torre dei Lamberti
這是12世紀的鐘樓，15世紀曾進行大整修，鐘面則是1779年才加上去的。
web：www.tourism.verona.it
add：Via della Costa 1
tel：045-927 3027
time：11:00～19:00
price：€8

Osteria Giulietta e Romeo的醃燻馬肉刨絲　　　　　Osteria al Duca的蝸牛玉米粥

文菜單），這裡的甜點讓人看了忍不住一道又一道的點。附近還有家平價的**Osteria Giulietta e Romeo**，最推薦的是它的煙燻馬肉，將馬肉刨絲放在生菜上，再撒上帕拿馬起司，吃的時候淋上橄欖油及葡萄酒醋。不能說這道菜非常非常美味，但相當特別，而且知道點這道菜的，絕對會讓隔壁桌的維諾那人對你點頭稱讚。

接著可以往Via Sottoriva走，這條街仍完整保留老拱廊建築，拱廊下的老酒店，就是特別有股老歐洲風味。若想買酒的話，這裡有家專業的酒店**Enoteca Storica dell' Istituto Enologico Italiano**。再往前直走就會接到Via Ponte Pietra，這是城內相當迷人的一區，較為靜謐，而且有許多老店及風格獨特的服飾店。

Scarabocchio就是個美麗的例子，以獨特性格的色彩裝潢店面，裡面的產品都是他們自己特選或設計的，每件都有著自己的個性。這家店對面的**Fiori e Fiabe di Gabriella Munaro**有許多可愛的嬰兒用品及佛羅倫絲老藥局Santa Maria Novella的保養品。

旁邊的**Terrazza Bar Al Ponte**就位在城內最老的石橋Ponte Pietra旁，最適合在此享用中餐，潺潺流水帶來輕鬆的氛圍，對岸的山丘景色及城堡則是最佳的配菜。這裡的餐點更是美味，無論是燻鮭魚沙拉或維諾那特產的義大利麵疙瘩（Gnocchi）都做得非

維諾那

Osteria del Bugiardo酒吧
add：Corso Porta Borsari 17A
tel：045-591 869

Osteria al Duca
add：Via Arche Scaligere 2
tel：045-594 474
time：週日休息

Osteria Giulietta e Romeo
add：Corso S. Anastasia 27
tel：045-800 9177

Torcolo的紅酒燉飯　　　　　　　　　　　Torcolo的焦糖奶烙甜點

常到位。尤其是它的Gnocchi，飽滿又有嚼勁！

　　河對岸是建於1世紀的羅馬劇場(Teatro Romano)，許多國際級的戲劇及音樂會在此舉辦，比如莎士比亞節(Shakespearian festival)。由劇場旁的階梯可爬上S. Pietro聖彼得城堡，雖然稱為城堡，但其實只是座堡壘，不過這裡的風景很棒，傍晚時可以看到籠罩在夕陽餘暉下的古城及河景。

　　維諾那城區有許多購物街道，除了Via G. Mazzini之外，Corso Porta Borsari也有許多高級服飾品店，例如H&M的姐妹牌Cos就位於Via G. Mazzini上。這附近還有家美麗的咖啡館**Aquila Nera Café**，除了提供優質的茶飲外，中餐也有豐富的Buffet。隔壁的**Du de Cope**披薩店，相當受到好評。靠近古羅馬劇場的**Torcolo**餐廳，整個餐廳布置真是精緻，這裡還有種特別的紅酒燉飯(Risotto al Vino Amarone)，這是用這區所生產的紅酒Amarone料理的，也有這種紅酒燉的牛肉。餐廳的斜對面有家**Mario Bruschi**，店內有各種精選的休閒品牌。

Enoteaca Storica dell' Istituto Enologico Italiano
add：Via Sottoriva 7b
tel：(045)590 366

Scarabocchio
add：Via ponte pietra 25
tel：(045)929 8048
time：10:00～13:00、16:00～19:30

Fiori e Fiabe di Gabriella Munaro
add：Via Sottoriva 52
tel：(045)801 0565

Terrazza Bar Al Ponte
web：www.terrazzabaralponte.eu
add：Via Ponte Pietra 26
tel：(045)569 608

維諾那景點介紹

▍Sirmione溫泉鎮

維諾那距離Garda湖並不是很遠，這區最著名的小鎮是Sirmione溫泉鎮，整個小鎮散發著祥和的氣息，悠閒啊！圍繞著古城的是彷如童話世界般的城門，門前的護城河延伸到平靜如波的Garda大湖中。古城內的老街道相當迷人，碼頭邊、草地上都是無所事事、靜坐著曬太陽的遊客，直讓人想長久停留在此。城內還有座溫泉中心，大眾溫泉游泳池並不是很貴，裡面還有各種SPA按摩療程。還可以由鎮內碼頭搭公船遊各個湖濱小鎮。

Sirmione旅遊服務中心
web：www.visitgarda.com
go：可從米蘭或維諾那(約30分鐘)搭火車站Desenzano站，再轉公車或搭船(推薦搭船)前往Sirmione；或可直接從維諾那搭公車，1小時車程
add：Viale Marconi, 2
tel：(030)916 245

維諾那住宿推薦

▍Hotel Torcolo 二星旅館

就位於古羅馬劇場前的小巷內，算是這附近較平價、且房間布置還算清雅的小旅館。

web：www.hoteltorcolo.it
add：Vicolo Listone 3
tel：(045)800 7512
price：€70～160

▍Casa Coloniale 民宿

位於藥草廣場附近的小巷內，既有設計感又溫馨的民宿。每個房間都有自己的色彩，家具也相當有品味，含早餐。

web：www.casa-coloniale.com
add：Via Cairoli 6
tel：(337)472737、(393)940 8687
price：€60～110

維諾那實用資訊

▍旅遊服務中心

火車站內設有旅遊服務中心，可先索取免費市區地圖及市區活動資訊或購買Verona Card參觀聯票，就可由火車站免費搭公車到古城區。

web：www.tourism.verona.it
add：Via Degli Alpini, 9(Piazza Bra)
tel：(045)806 8680

Verona Card參觀聯票
Verona Card：24小時有效票€18，48小時有效票€22。在旅遊服務中心、各大景點、旅館、菸酒雜貨店都可買到。

▍對外交通

到威尼斯搭火車約70分鐘；到米蘭搭火車約1.5小時；到波隆納搭火車約1.5小時。

▍對內交通

火車站位於古城區南方約1.5公里處，沿著火車站右前方的Corso Porta Nuova直走約20分鐘可抵達古羅馬劇場的Piazza Bra'廣場，由這裡再往前就是維諾那古城區。

維諾那

Aquila Nera Café'
web：www.aquilaneraverona.com
add：Galleria Pellicciai 2
tel：(045)801 0172

Du de Cope
add：Galleria Pellicciai 10
tel：(045)595 562

Torcolo
web：www.ristorantetorcolo.it
add：via Carlo Cattaneo 11 / B
tel：(045)803 3730
time：週一休息

Mario Bruschi
add：Via Dominutti 20
tel：(045)591 777

Marina Menegoi
曾到過台灣，也很喜歡台灣的一位維諾那導遊，相信她一定會很熱心的招待來自東方的朋友
web：www.marinamenegoi.com

威尼斯
*燦光

關於威尼斯的淒美傳說，關於戀人們在威尼斯的浪漫，
關於旅人對於威尼斯的迷戀，關於那種可能成為絕響的水都傳言，
說也說不完……這麼傳奇的城市，威尼斯是許多旅人的必訪之處。
然而，我想提醒大家，這是個不怎麼友善的城市。
首先，它的生活消費幾乎是全義大利最高的，
許多當地人早已搬離這鬼魅般的觀光城市，留在城內的一草一木，
幾乎都是為觀光客所設的，古城屋裡住的，是迷戀這個城市的英國人、美國人；
這裡的交通費更是貴得匪夷所思，而且是一年比一年高，
曖昧地阻止遊客拜訪這個城市。

真
愛
義
大
利

Venezia
La Citta' dell' Acqua

必看	聖馬可大教堂
必吃	墨魚麵、提拉米蘇、Prosecco氣泡酒、Bellini水蜜桃雞尾酒
必買	面具、彩色義大利麵、玻璃製品
迷思	威尼斯有兩個火車站，第一個火車站是威尼斯的衛星城市Mestre，火車站名為Venezia Mestre，可別看到威尼斯的字樣就下車，威尼斯古城須經過長長的跨海鐵道，到Venezia Santa Lucia才是威尼斯古城火車站
閒聊	威尼斯11～1月期間常發生水災，當聖馬可廣場被水淹沒時，商家會架起木台方便路人行走。自1990年起，威尼斯已經下沉了20多公分，現在已組成拯救水都委員會，希望未來大家不需要穿著潛水衣到海底看威尼斯

Stazione
S. Lucia S.F.
聖塔露西亞車站

Hotel Guerrini

Riva di Biasio

S. Marcuole

Campo
San Felice

Ferrovia

San Stae

黃金屋美術館

Santa Crocet

Ca' Pesaro
佩薩羅之家

Ca' d'Oro

FMTA. Santa Lucia

Ponte Degli Scalzi

Fondamenta San Simeon Piccolo

Ferrovia

Chiesa San Giacomo
dell'Orio

Strada Nova

Campo
San Ape

Corte Canal

Santa Croce

Ostaria al Garanghelo

Pescheria

漁市場

Giardino
Papadopoli

Rialto Market

Campo
Bartolo

Corte Degli Amai

IUAV大學的
建築學院

San Polo

Ponte di Rialto
高岸橋

Calle D. Chiovere

Ruga Degli
Orefict

RG Vecchia S Giovanni

聖保羅廣場

Rialto

Fondamenta Minotto

榮耀教士聖母教堂

Calle dell' Ovo

聖洛可大會堂

Calle Saoheri

San Silvestro

Ex Scuola Calegheri
圖書館

Calle Vinanti

Calle del Fabbri

Campo San
Pantalon

Tonlon甜點店

Sant' Angelo

San Toma

Calle Foscari

Spezier Mandola

San Marco

聖瑪格麗塔廣場

法斯卡利宮

Osteria alla Bifora

C. Delle Carrozze

Campo San
Angelo

Frezzeria

柯雷博物館

雷佐尼科宮

Palazzo Grassi Spa

C. Del Frati

Calle Caolorta

鳳凰歌劇院

Pantagruelica

San Samuele

Campo San
Stefano

聖史蒂芬諾教堂

Sai San Moise

Ca' Rezzonico

Calle Lunga San Barnaba

Dorsoduro

Campo San
Maurizio

San Ma

Campo San
Vidal

Accademia

學院橋

Calle Vallaresu

Art Academia B&B

Gigllo

學院美術館

Salute

佩姬古根漢美術館

Palazzo Dario
達里歐館

della Giudecca
帝卡運河

Basilica di Santa Maria
Della Salute
安康聖母大教堂

奇蹟聖母教堂
● Osteria Barababao

zzada San Cangiano

ponte Antonio

San Lio

Calle Larga San Marco

聖薩卡利亞教堂

鐘塔
Basilica di San Marco
馬可廣場　聖馬可大教堂
鐘樓　總督府博物館
花神咖啡館　　　　● Hotel Danieli
嘆息橋　🚪 San Marco

Canare di San Marco
聖馬可運河

北

● 景點　● 商店
● 餐廳　● 旅館

Attention

幾個重要日期不要錯過

威尼斯嘉年華會通常在二月，但每年日期都不一定。每年9月第一個週日會舉辦傳統賽船會(Regata di Venezia)。威尼斯雙年協會每兩年舉辦一次藝術雙年展，隔年則為建築雙年展。每年9月會舉辦威尼斯影展。

威尼斯雙年協會 La Biennale di Venezia
web：www.labiennale.org

你怎麼玩

在火車站購買一日票。

09:00～10:00	由火車站走路或搭船到高岸橋
10:00～11:00	高岸橋市集
11:00～12:00	沿路逛街走到聖馬可大教堂
12:00～13:00	午餐
13:00～14:00	總督府、嘆息橋
14:00～14:30	廣場上的咖啡館
14:30～16:00	學院美術館
16:00～17:00	安康聖母教堂及古根漢美術館
17:00～19:30	搭船至布拉諾或穆拉諾小島
19:30～20:30	聖馬可廣場咖啡館聽音樂

威尼斯

85

1.從學院木橋可看到這樣的大運河景觀，傍晚景色尤其迷人／2.嘆息橋／3.迷人的 S. Mose橋畔(精品街區尾端)／4.遊客如織的威尼斯／5.靜謐的水巷風光／6.橫跨大運河的高岸橋／7.聖馬可大教堂／8.大運河兩岸豪宅林立／9.Ponte Pugni的水上蔬果市場／10.聖馬可廣場夜景可別錯過了／11.緊鄰著主教堂的總督府入口／12.遊客最喜歡搭搭鳳尾船一圈水都夢／13.歐洲最古老的咖啡館Caffe' Florian

沿著廣場兜轉，看見威尼斯的靈魂

聖馬可教堂周邊

橋的魅力，威尼斯詮釋得最是淋漓盡致；水巷風情，又有哪個城市比得上；
威尼斯的獨特，還真不是空穴來風。

雖然水都一直散發著許多訊息要遊客不要再來了，卻又有許多活動讓遊客不得不來，威尼斯就在這樣的矛盾中，一面詛咒著遊客，一面又千方百計的讓遊客湧入這不再屬於威尼斯人的水上迪士尼。

我知道、我知道，無論威尼斯有多少的缺點，還是阻擋不了旅人對它的種種遐想。那好吧、就去吧！不過，去去就走。昂貴的住宿，讓我們單單來趟威尼斯一日遊，走趟威尼斯的祕密角落、看看威尼斯觀光化以外的一面，在鬼魅般的威尼斯之夜來臨之前，趕快跟著當地人的腳步，回到附近的帕多瓦大學城或浪漫的維諾那吧！（建議安排兩天的行程，在意猶未盡的遺憾中離開威尼斯，絕對會是最美麗的水都記憶！）

《天使墜落的城市》中提到，「對威尼斯人來講，橋是過渡，
我們過橋總是走得很慢；橋是律動的一環，連接一齣戲的不同
環……第一幕到第二幕的鋪陳，我們的角色就在過橋之際轉換，
從一個現實……跨越到另一個現實。」

整個威尼斯城❶有117座小島、150條運河，以490座小橋將這些散落在海上的島嶼串聯起來。橋樑之於威尼斯人、之於旅人，都是走不完的心情轉換。當然，當你拉著沉重行李越過一座座橋樑

❶威尼斯原本只是羅馬人打獵的潟湖區，後來因北方民族入侵，當地人只好逃到潟湖區避難，在軟泥上建屋定居下來，後來竟然利用十字軍東征之勢(西元十世紀)，發展成海上霸王，成功的打通了東西貿易，從中賺取暴利。於是，威尼斯城的規模越來越大，城內的建築開始一棟比一棟華麗，人稱它為「亞得里亞海女王」。據說新總督都要搭船出海，將一只戒指拋向亞得里亞海，與大海舉行一場婚禮，向大海宣示他對這個海域的掌控權。

時，絕對會是揮汗的難忘體驗。

　　威尼斯城大概除了11～1月這短短的3個月之外，都塞滿觀光客，嘉年華會時，更是被全球各地的朝聖者推著走；聖馬可大教堂在哪裡，無須看地圖，人潮將你推往哪裡，那裡就是城內最熱鬧的聖馬可廣場（Piazza San Marco）。

當拿破崙率領大軍來到威尼斯時，他稱聖馬可廣場為「歐洲最美麗的大客廳」，聖馬可廣場的美，是無論老女老少都認可的美。

　　西元9世紀時，當威尼斯人在亞歷山大城發現威尼斯守護聖人聖馬可的遺體後，決定將祂藏在回教徒不敢碰的豬肉中運回威尼斯，並建造**聖馬可大教堂**來安放聖馬可遺體。大教堂上的5座大圓頂，散發著濃濃的東方美學，原來這教堂的圓頂建築靈感就是來自土耳其伊斯坦堡的聖索菲大教堂（威尼斯人偷得還真徹底）。

　　教堂正門有5幅金碧輝煌的鑲嵌畫，描繪著聖馬可的生平事蹟，從屍體運回威尼斯、到安放進聖馬可大教堂，最中間的大門上則是《最後的審判》。正門上面還有4座青銅馬（這是複製品，真品放在教堂內），威尼斯人從君士坦丁堡奪回後，又被拿破崙搶去巴黎，後來才又歸還給威尼斯。

　　進入教堂後，馬上會被金輝燦爛的拜占庭鑲嵌畫❷震懾住，整座教堂內部以5座圓頂大廳及2座前廳構成，絢麗的鑲嵌畫描繪著12使徒的傳教事蹟、基督受難、先知與聖人。它所要展現的，就是要讓信徒覺得進入天堂聖殿中。

　　大教堂對面最醒目的就是高98.5公尺的鐘樓（Campanile），鐘樓12世紀就已存在，不過目前看

聖馬可大教堂
Basilica di San Marco
web：www.basilicasanmarco.it
go：由火車站或羅馬廣場搭1、52、82號公船，1號公船約35分鐘，其他約25分鐘，步行約30～45分鐘
add：San Marco 328, 30124
time：11～3月；教堂09:45～16:45，週日14:00～16:00（夏季～17:00），鐘樓09:00～19:00
price：教堂免費、聖馬可博物館€5、黃金祭壇€2、寶藏室€3、鐘樓€8

❷拜占庭風格(Byzantine)：結合東西方文化的拜占廷藝術，受回教文化的影響，馬賽克鑲嵌畫加入金銀色彩，讓教堂裝飾更為富麗堂皇，藉以榮耀神並吸引教徒進教堂。

到的是16世紀重建的，19世紀又重修過。遊客可搭電梯上鐘樓欣賞潟湖風光。大教堂的側面還有座美麗的天文鐘，我覺得非常有參觀價值。遊客可以預約參觀，由導遊統一帶上鐘樓，沿路詳細解說15世紀老鐘樓的架構。這座鐘樓可顯示年、季節、月、日、時。它的技術發明，在15世紀時造成轟動，吸引了全球各地的科學家到此參觀。鐘樓上面有兩尊摩爾人，一尊是少年雕像，一尊則是老年雕像，據說老年雕像幾百年來從未停擺過。鐘面上還刻了一句有趣的拉丁文「我只計算快樂的時光」。當你站在鐘樓最頂端時，看著陽光反射在聖馬可大教堂、反射在廣場上的人潮間，何謂真？何謂假？可真讓人摸不清眼前的浮光掠影。

廣場邊的建築2樓還有座**柯雷博物館**，收藏13～16世紀的畫作（包括Carpaccio、Casanova的作品）、軍甲武器、古地圖、古錢幣等，不過這兩排建築中最受矚目的應該是各家華麗的咖啡館。威尼斯人自中東將咖啡引進歐洲，並在威尼斯廣場上設立了歐洲第一家咖啡館**Caffe' Florian**。這是1720年Floriano所設立的，1840年成為反奧地利的愛國者聚集地，19世紀更吸引許多文人雅士，著名的風流才子Casanova，在這家咖啡館的風流韻事可以寫成一本書。而對面的Caffe' Quadri咖啡館則是奧地利統治者監視對面這些愛國者動靜的據點，兩家咖啡館的競爭可說是沒完沒了。Caffe' Quadri 2樓還可享用高級的威尼斯料理，威尼斯嘉年華會時也會舉辦化妝舞會。

晚上別錯過聖馬可廣場的免費交響樂，廣場上3家咖啡館都有專屬樂隊，一家演奏完後，另一家的樂音就從另一個角落響起。廣場上許多不想花昂貴咖啡錢的遊客，就會隨著樂音的位置移

柯雷博物館 **Museo Correr**
web：www.museiciviciveneziani.it
add：Piazza S. Marco 52
tel：(041)2405 211
time：冬季10:00～17:00
夏季10:00～19:00
price：聖馬可群通行證€18
優惠票€11

總督府博物館
Museo di Palazzo Ducale
web：www.museiciviciveneziani.it
add：San Marco 1
tel：(041)271 5911
time：冬季08:30～17:30
夏季08:30～19:00
price：聖馬可廣場群通行證€18，
另有總督府秘密路線€20

動，享受免費的浪漫。

　　大教堂旁粉紅色的大理石建築是威尼斯大公國的**總督府博物館**，9世紀時原本爲拜占庭風格，發生二次火災後，15世紀改建爲現在所看到的哥德風。第一層由36座拱形建築排列而成，第二層則爲71根石柱所構成的鏤花拱門，第三層以粉紅色及白色大理石拼接出幾何圖形。由這種較理性的裝飾可以看出它已受到文藝復興的理性主義影響，捨棄了哥德式的繁複裝飾。

　　由中庭爬上2樓，首先會看到以24K金打造的黃金階梯(Scala d'Oro)，從2樓開始就是總督府博物館的各廳室，3樓有許多重要作品，如：四門室(Sala della 4 Porte)裡提香(Titian)的肖像作品，候見室(Sala del Collegio)中維諾聶斯(Veronese)所畫的《歐洲大浩劫》，大會議廳(Sala del Maggiore Consiglio)的一整面牆是提托列多 [3] (Tintoretto) 的曠世巨作——《天堂》。這是當時全球最大的畫作，寬7公尺、長21公尺。

　　接著還可走過小小的嘆息橋(Ponte dei Sospiri)，這座典雅的大理石橋是巴洛克早期的作品，相當優雅，但卻是當時被判刑的犯人由總督府通往不見天日的地牢時，最後可看到藍天的機會。因此犯人總會不自主的嘆出憂怨的哀息，這座橋因而取名爲「嘆息橋」。

經過歲月的移轉，美麗的橋，總有美麗的傳說來改變它抑鬱的過去。電影《情定日落橋》中說，只要戀人在午夜鐘聲響起時經過嘆息橋深情的一吻，彼此的愛情便會長長久久。付80～100歐元搭鳳尾船，就可以換取傳說中的長長久久，你要不要試試呢？

威尼斯

Caffe' Florian
web：www.caffeflorian.com
add：Piazza San Marco
tel：(041)5205 641
time：09:30～23:00
price：€3起

❸提托列多的個性較爲孤傲，但對藝術抱持著熱情與執著。他的原名是Jacopo Comin，但因爲他是染工(Tintore)之子，Tintoretto(小染工)後來就成了他的稱號。他的繪畫風格並不注重細節，擅長利用光源挑動觀者的目光，清楚的看到畫中的某種情緒或事件。例如聖喬治大教堂內的《最後的晚餐》，他巧妙的以縮視法排列出坐在長桌上的12使徒與耶穌，並利用長桌的形狀與光源切割出兩邊的對比性，左邊明亮處代表著神蹟的顯現，右邊陰暗處則是可以看到小狗與平民的人世間。(請參見聖喬治馬喬雷教堂介紹P.100)

漫步橋上，望見黑色小船悠盪而來

大運河、小運河

熱鬧的魚市場，小餐館裡的海味料理；
聖馬可大教堂與總督府的富麗堂皇，美術館中藏在畫裡的波光斂影；
就讓鳳尾船帶你遊遍這神迷的水都。

高岸橋是欣賞大運河
夜景的最佳地點

————百多座小島組成的威尼斯城，由長3.5公里的S型大運河貫穿整座威尼斯城。15世紀時，大運河沿岸是所有富商展現自己財力的地方，兩旁豪宅林立，其中最著名的包括黃金宮、佩薩羅宮、雷佐尼可宮（Ca' Rezzonico）及佩姬古根漢美術館。只有3座橋橫跨大運河，分別是靠近火車站的Ponte dei Scalzi、美麗的大理石橋**高岸橋**及靠近學院美術館的學院橋（Ponte dell' Accademia）。其中最豪華的橋樑當屬白色大理石打造的高岸橋，這是16世紀所建造的，當時是威尼斯最熱門的社交場所。現在橋上都改為小店鋪，隨時擠滿遊客，也是欣賞大運河夜景的好地點。

聖馬可廣場的天文鐘與高岸橋之間，有許多中價位商店，過了高岸橋後可看到蔬果市場。再往前走是威尼斯的魚市場，市場天頂有美麗的雕飾，旁邊則有家精緻的熟食店**Pronto Pesce Pronto**，以當日新鮮漁獲料理成各種精緻熟食，每一道菜都讓人看了垂涎的漂亮，是個享用午餐的好地點。威尼斯古城內有許多小酒館，找家自己喜歡的小店，鑽進去享受威尼斯道地小菜，像是墨魚配上玉米糕、炸鱈魚、洋蔥鰻魚酸豆等。

菜單快點

墨魚配上玉米糕
Moscardini in guazzetto
con polenta

炸鱈魚
Baccalà fritto

鱈魚泥
Baccalà mantecato

洋蔥鰻魚酸豆
Sarde in saor

石葷蝦燉飯
Risotto di scampi
e porcini

Pronto Pesce Pronto
web：www.prontopesce.it
add：Pescheria Rialto San Polo 319
tel：(041)822 0298
time：週二～六09:00～15:00，19:00
～23:30，每個月的第二個週日也營業

學院美術館
Galleria dell' Accademia
web：www.gallerieaccademia.org
go：公船1、82號到Accademia站
add：Campo della Carit, Dorsoduro 1050
tel：(041)522 2247；預約電話(041)520 0345
time：週一08:15～14:00；週二～日08:15～19:15，
6～12月中每週六夜間20:00～24:00特別開放參觀5間展覽室(€3)
price：€15(另加預約費€1.5)，優惠票€12

Pronto Pesce Pronto

除了聖馬可廣場外，學院美術館區到安康聖母教堂這區獨具文化藝術氣質，尤其在木製的學院橋還可欣賞大運河出海口的風光。學院橋邊的**學院美術館**原本是慈悲的聖母教堂（Santa Maria della Carita'），後改爲美術館，收藏許多威尼斯畫派❶的作品。尤其是提香的得意門生Giorgione的作品《暴風雨》（The Tempest）最爲著名，畫中的自然景觀不再只是背景，無論是雷光、雲彩、甚至空氣，都與人物的情緒結合在一起，這是首次出現的牧歌式繪畫。此外，這裡還有達文西依照古羅馬建築師維特魯威人所繪製的完美人體比例，以及提托列多的「聖馬可事蹟」系列、維諾聶斯（Veronese）的《李維家的盛宴》（Feast in the House of Levi）。

由學院美術館後面走向**佩姬古根漢美術館**，沿著小運河，是

威尼斯靜謐的小角落，沿岸有一些小工藝品店，這裡的藝術氣息，彷彿將威尼斯商人的市儈之氣消減了不少。接著來到這棟威尼斯人口中的「未完成的建築」，因爲這棟建築只有一層樓，看起來就像未完成的建築。不過這棟白色的現代建築，與大運河沿岸的老宅邸相較之下，有一股特別的清

威尼斯

❶《天使墜落的城市》裡這樣形容著：「映照在運河上的陽光反射，透過窗戶落在天花板上，再從天花板落在花瓶上，又從花瓶反射到玻璃或銀碗上。哪一個是真正的陽光，哪一個是真正的反射？」威尼斯畫家就是擅長利用這樣撲朔迷離的色彩來表達情感，統整整幅畫的情緒。威尼斯畫派的代表人物提香在這方面，可說是達到登峰造極之境。

佩姬古根漢美術館
Collezione Peggy Guggenheim
web：www.guggenheim-venice.it
go：搭1、82號水上巴士到ACCADEMIA站
add：Dorsoduro 704
tel：(041)240 5411
time：週三～一10:00～18:00
price：€15，26歲以下學生票 €9

新感。這裡曾是奇女子佩姬古根漢之家，她長期居住在此，遺體也葬在這裡的庭院中。古根漢是紐約富商之女，生平結識許多藝術家，也大量收藏藝術品。在她過世之後，將米羅、畢卡索、瑪格利特、康丁斯基等人的作品在此展出，庭院小巧可愛，也有雕刻作品。

由古根漢美術館再往前走，則來到外形像奶油蛋糕的**安康聖母大教堂**。這是經過黑死病的大難後，威尼斯人為了感謝聖母的護祐而建的，因此取名為「Salute」（健康之意）。教堂呈現華而不奢的巴洛克風格，教堂的聖器室內有提香及提托列多的作品。

逛完這區，不妨坐在這裡的階梯享受威尼斯式悠閒，然後由此搭船到聖馬可廣場或其他區域。

若想用餐，可到美術館附近的平價老餐廳**Taverna San Trovaso**，這裡提供美味威尼斯餐點，中午還推出超值套餐，另還特別推薦Antipasto di pesce海鮮前菜。這區的商店也很值得逛。

安康聖母大教堂
Basilica di Santa Maria della Salute
go：1號水上巴士到SALUTE站
add：Campo della Salute
tel：(041)522 5558
time：09:00～12:00、15:00～17:30
(聖器室僅下午開放)
price：免費；參觀聖器室€2

Taverna San Trovaso
web：www.tavernasantrovaso.it
add：Dorsoduro 1016
tel：(041)520 3703

威尼斯嘉年華會 (Carnivale)

　　嘉年華會(Carnivale)，拉丁文的意思是「Farewell, meat！」以白話來說就是「別了，我的大魚大肉！」因為嘉年華會舉辦的時間正是耶穌復活齋戒月前40天，大家趁著齋戒之前盡情狂歡。

　　這樣的狂歡會在中世紀時相當盛行，因為當時階級分明，但只要帶起面具，王公變乞丐、乞丐變公主，這40天可說是最平等、最夢幻的日子(這個世界要平等，當然是夢幻)。然而，18世紀後慢慢式微，再加上19世紀全民總動員投入毫無情調的工業大躍進中，不但嘉年華會沒戲唱，威尼斯的手製面具工藝幾乎失傳。

　　所幸，念舊又愛玩的義大利人，又將這個歡樂的節慶救了回來，1977年重新開張。嘉年華會期間，整個水都陷入瘋狂狀態，大街小巷人潮洶湧，平日在威尼斯會迷路，這下連路都不用認，自己就會被人潮推著往前進了。

　　從第一天到最後一天，每天的節目滿檔，當然最後一天的聖馬可廣場，最是熱

鬧。嘉年華會的第一個週日12:00，在聖馬可廣場前的鐘樓有個「天使之翼」重點表演，14:30由San Pietro di Castello開始古裝遊行到聖馬可廣場，讓嘉年華會的氣氛逐漸加溫。廣場上的Caffe' Quadri會有午後的化妝舞會，隆重登場；Gran Caffè Lavena則有18世紀延續下來的熱可可化妝舞會。

　　第二個週末，總督府旁邊的老牌旅館Daniele，以一艘艘似詭又魅的鳳尾船(Gondola)載著穿著華服前來赴宴的賓客，由旅館旁的水道優雅入場。平民一樣可以享受嘉年華會，聖馬可廣場上有熱鬧的化妝遊行。來不及準備的遊客，可以坐在任何一位化妝師前，來個便宜的半臉或全臉妝。

　　而最後一夜，在燦爛的煙火下，到聖馬可廣場瘋狂到清晨，威尼斯嘉年華會暫時落幕，靜待來年再來瘋狂一回！

威尼斯嘉年華會
web：www.carnevale.venezia.it
time：2～3月，每年時間不一定
place：有許多免費的公共活動

最後一塊非觀光的威尼斯人保留地
大運河左岸私路線

如果你跟我一樣厭倦了威尼斯擁擠的觀光客，
不妨跳過熱門景點，去尋幽探訪威尼斯人的地道生活。

威尼斯除了人擠人的路線外，還有一些較安靜的區域也值得參觀。像是位於火車站對面的威尼斯**IUAV大學建築學院**，這裡原本是棉花工廠，後來改為建築學院，有些教授還將教室搬到庭院裡，在綠園中討論學生的建築圖，多美的教學環境！威尼斯雙年展時這裡也會有展覽。由建築學院前的小巷再往前走，會先來到**聖洛可大會堂**。由於聖洛可在威尼斯發生瘟疫時治癒無數眾生，信徒特地建造這座教堂獻給這位聖人。提托列多曾在18年間，每年送3幅畫給這座教堂，因此教堂內共有50多幅這位大師的作品，提托列多的墳墓也在此。

大會堂前面的紅磚色建築為**榮耀教士聖母教堂**。這座12世紀的聖方濟教堂，雖然15世紀改為哥德式建築，但仍秉持著聖方濟一貫的儉樸風格。教堂內最著名的是提香的《聖母升天圖》，這位繪畫大師也安葬於此。另外還有一座白色的三角形大理石墳墓，這是雕刻家Canova之墓。原本是Canova為提香設計的新古典風格墳墓，後來這位大師過世後，他的徒弟用這個設計圖建造他的墳墓。這個天才設計很諷刺的在墓碑前放了隻沉睡的飛獅，以沈睡的飛獅象徵淪為拿破崙統治的威尼斯。

這附近有家**Tonlo甜點店**幾乎所有顧客都是當地

大學建築學院 IUAV
web：www.iuav.it/architettura
add：Santa Croce 191 Tolentini
tel：(041)257 1735

聖洛可大會堂
Scuola Grande di San Rocco
web：www.scuolagrandesanrocco.it
go：S. Toma'站
add：San Polo 3052
time：09:30～17:30
price：€10

Tonlo甜點店深受當地人喜愛　　　　Barababao餐廳

人，有許多傳統甜點及蛋糕，不妨前往一試！

接著沿Calle del Mandoler小巷直走，可看到一座小小的**Ex Scuola Calegheri圖書館**，這裡原本是製鞋工會。門上有座精緻小巧的帶冠聖母，意味著聖母將保護所有人（包括阿拉伯人，可看到包著頭巾的人像雕刻）。現已改為市立圖書館。

威尼斯城內還有個迷人的運河小區Ponte dei Pugni，橋邊有艘船載著各種蔬果在此販賣，小運河上則停靠了許多小船及鳳尾船，沿岸是迷人的威尼斯建築，呈現出一幅最經典的威尼斯風情畫。過橋往前直走就是Campo S. Barnaba，廣場上有個香噴噴的炸海鮮小攤。若想買一些較好的義大利食品，附近的**Pantagruelica**

應該是威尼斯最好的食品雜貨店，這裡也有彩色義大利麵，他們賣的都是以天然食材製作、不參雜化學品，另外還有各種起司及義大利酒。

由此越過大運河是聖瑪格麗特廣場（Campo Stanta Martherita）及聖天使廣場（Campo Sant'Angelo）。如果說聖馬可廣場屬於觀光客，那這一區算是少數保

威尼斯

97

榮耀救士聖母教堂
Santa Maria Gloriosa dei Frari
web：www.basilicadeifrari.it
go：S. Toma'站
add：San Polo 3072
time：09:00～18:00；週日13:00～18:00
price：€3

Ex Scuola Calegheri 圖書館
add：Sestiere San Polo 2855

Tonlo甜點店
add：S. Pantalon 3764, Dorsoduro
tel：(041)523 7209
time：週一休息

Pantagruelica
add：Campo S. Barnaba 2844
tel：(041)523 6766
time：10:00～20:00(週日休息)

留給威尼斯人的地方。廣場上有幾家很不錯的小餐館，**Osteria alla Bifora**是相當受歡迎的一家，晚上總聚集當地學生及死守家園的威尼斯人。廣場後面的**聖史蒂芬諾教堂**，是一座13世紀的老教堂，15世紀擴建時將天頂蓋成諾亞方舟的樣式，非常特別及古樸的建築風格。

在奇蹟聖母教堂附近有家很值得推薦的餐廳**Osteria Barababao**，它的鮮蝦義大利麵、墨魚麵都相當美味，千層麵上還創新的放上炸麵條，讓整體口感更為立體。甜點更是精采，有最經典的提拉米蘇，還有兩片脆餅夾著蘋果薄片、再淋上香醇的義大利蜂蜜，光看那擺盤，喔，口水都要流下來了！

除了本島的美食之外，還特別推薦繽紛小島布拉諾島上美麗的**Riva Rosa**高級餐廳及最熱門的**Al Gatto Nero**小餐館。

鮮蝦義大利麵

墨魚麵

提拉米蘇

布拉諾港口邊就可吃到美味的炸海鮮

Osteria alla Bifora
add：Campo Santa Margherita
tel：(041)523 6119

Osteria Barababao
web：www.barababao.it
add：Cannaregio 5838
tel：(041)522 1061
price：有民宿，雙人房約€95～130

聖史蒂芬諾教堂
Chiesa di S. Stefano
add：Campo Francesco Morosini, 30124

Riva Rosa
web：www.rivarosa.it

Al Gatto Nero
web：www.gattonero.com

1.小廣場上乾淨的海鮮攤 / 2.即使是破敗的角落,在旅人眼中都是迷人的 / 3.安康聖母教堂前是很悠閒的休憩地 / 4.小巷內仍可看到這樣的老水井 / 5.現在有許多老宮殿轉為展覽場 / 6.榮耀教士聖母教堂 / 7.威尼斯水巷 / 8.飛獅是威尼斯的象徵

威尼斯城市景點

黃金屋
Ca' d' Oro

這應該是大運河上最燦爛的建築，建於1420年，立面細緻的拱門及尖頂建築，呈現出威尼斯哥德風格。據說全盛時期外牆還貼滿了金箔，因此稱爲黃金屋。現已改爲博物館，收藏有提香的《鏡中的維納斯》以及曼帖那的《聖巴薩提諾》(S. Sebastian)，描繪出這位聖人想摧毀偶像、讓眞理重現的信念。

web：www.cadoro.org
go：1號水上巴士到Ca' d' Oro站
add：Cannaregio n.3932
tel：(041)520 0345
time：週一～六08:15～14:00(閉館前30分鐘停止入場)
price：€6；優惠票€3

佩薩羅之家
Ca' Pesaro

這是17世紀富商佩薩羅家族豪宅，現改爲現代美術館及東方藝術館。在現代美術館中可看到克林姆著名的《茱蒂斯二》，另外還有米羅、康丁斯基、夏卡爾之作。最頂樓的東方藝術館則收藏許多日本、中國、柬埔寨、印度支那的生活文物。

web：www.museiciviciveneziani.it
go：1、82公船到San Stae站
add：Santa Croce 2076

tel：(041)721 127
time：冬季週二～日10:00～17:00；夏季週二～日10:00～18:00(閉館前1小時停止售票)
price：€8.5；優惠票€8

奇蹟聖母教堂
Santa Maria dei Miracoli

典雅的圓弧形教堂立面，利用彩色的大理石裝飾，整體就像個美麗的珠寶盒，這是文藝復興早期的建築，也是當地人最喜歡的結婚教堂。據說教堂內有幅聖母聖嬰圖，曾顯靈讓一位溺斃的男子死而復生。

add：Campo Sant' Alvise 30121
tel：(041)275 0462
price：免費

聖喬治馬喬雷教堂
Chiesa di San Giorgio Maggiore

這座教堂位於聖馬可廣場對岸的小島上，教堂旁停滿了遊艇，是相當悠慢的區域。教堂內有提托列多的作品《最後的晚餐》。

add：Isola di san giorggio Maggiore 30133
tel：(041)522 7827
price：免費參觀

穆拉諾島、布拉諾
Murano & Burano

威尼斯以製作玻璃聞名的穆拉諾島，以前爲了避免燒製玻璃容易引起火災，因此威尼斯政府決定將所有玻璃工坊都遷到這個離島上。威尼斯玻璃在14世紀時就已是歐洲之冠，它的特點是將玻璃高溫燒成液體，未凝固前吹製成形。

另外還有個以手工蕾絲著稱的布拉諾島，是個童話般的繽紛小島，色彩繽紛的房舍點綴著運河兩岸，整體氣氛比威尼斯本島悠閒得多。

go：由聖馬可搭41或42號公船

威尼斯住宿推薦

Hotel Guerrini
二星級旅館

位於火車站附近的小巷內，適合有大行李者，房間布置也還算溫馨。

web：www.hotelguerrini.it
add：Calle Procuratie - Lista di Spagna, 265 Cannaregio
tel：(041)715 333
price：雙人房約€90

Sarai Apartments 公寓旅館

由古城老房子改造的溫馨住宿，是體驗水都的最佳選擇。提供完善的設備及廚房、洗衣機。古城內共有4座短租公寓，其中最為推薦聖馬可廣場附近的兩房公寓，高岸橋的點也可考慮。步行到聖馬可廣場約2分鐘，到高岸橋約7分鐘，相當便利，晚上出去看夜景也不怕迷路。

web：www.saraiapartments.com

Una Hotel Venezia 特色連鎖旅館

經典的威尼斯建築改建的旅館，雖為義大利連鎖旅館，但卻很有威尼斯特色，就位在運河邊。常推出義大利火車聯票特惠價（可到Trenitalia查詢），網站上也會有不同的套裝行程。

web：www.unahotels.it
go：1號公船往Lido方向，在Cà D'Oro站下
add：Ruga Do Pozzi 4173, Cannaregio
tel：(041)244 2711
price：€175起

Alba d'Oro 露營區

這家露營區靠近威尼斯機場，設備相當完善，有游泳池、雜貨店、餐廳。除了露營區外，還可以選擇拖車式住屋及小木屋，內部設備相當完善，雖然空間不大，但仍有衛浴設備。最重要的是，價格非常便宜。

web：www.ecvacanze.it
go：由威尼斯搭5號公車到機場，再從機場搭15號公車(Ca'Noghera方向)
add：Via Triestina 214G, 30173 Ca' Noghera
tel：(041)541 5102
price：小木屋每人€14.50

威尼斯實用資訊

旅遊服務中心

火車站內及機場、聖馬可廣場上都有旅遊服務中心（在聖馬可教堂對面的拱廊左側角落）

web：www.turismovenezia.it

對外交通
威尼斯國際機場(Marco Polo)

威尼斯國際機場距離市中心約20分鐘車程，可從Piazza Roma搭5號公車前往。

web：www.veniceairport.it

火車站

主要火車站為Stazione Santa Lucia，由米蘭過來約2.5～3.5小時；到維諾那約1～1.5小時；到翡冷翠約2～3.5小時。

市區交通

聯外的公車停靠在火車站附近的羅馬廣場(Piazza Roma)，由此可轉搭威尼斯市區的公船到市區各地及離島。但船票非常昂貴，75分鐘有效票€7.5、24小時€20、48小時€30、72小時€40、7天€60。

- 14～29歲可購買3天：青年票(72 ORE GIOVANI：ROLLING VENICE)€22。
- 路面公車則有75分鐘有效票€8，含一趟船票90分鐘有效票€14。
- 由火車站步行到聖馬可廣場約40分鐘。

web：www.actv.it

威尼斯水上計程船

上公船前要先在機器上打票

Padova
La Citta' dell' Universita'

帕多瓦 *哲學

淳樸的帕多瓦，站在艷麗的威尼斯旁，看似不起眼，
淡淡的散發自己的氣質，毫不爭寵，只是大方的歡迎被他吸引的人。
這裡有歐洲第二古老的大學，也有神聖的聖安東尼大教堂，
城裡的某個角落，總有學生古靈精怪的活動，
叫人忍不住停下腳步，欣賞這些年輕人的生命熱力。

必看　聖安東尼大教堂、Scrovegni禮拜堂

必吃　Colli Euganei葡萄酒、Bigoli義大利麵、Pedrocchi咖啡館

迷思　若只在火車站附近會覺得這個城市沒看頭，一定要努力走到古城區，進了古城區就會全然改觀

開聊　威尼斯光是一趟船票就要6.50歐元，所以我們就不要逗留太久了，建議可以住在帕多瓦。從這裡搭火車到威尼斯只要半小時，食宿也比較便宜，城內的大學生讓這座城市比威尼斯還要有生命多了

真愛義大利

🚉 **Piazzale Stazione**

Viale Codalunga

Via N. Tommaseo

Via Trieste

Viale Codalunga

Viale Mazzini

Via Giotto

Piazza
Petrarca

Corso del Popolo

Riviera Mugnai

Via Matteotti

Via Dante

Via S. Fermo

**Scrovegni
禮拜堂**

Via Porciglia

Via Loredan

Piazza
Eremitani

Via Portella

Corso Garibaldi

Via Eremitani

● **Osteria del
Re Fosco**

Via Morgagni

Corso Milano

Via Verdi

Via Livello

Piazza
Garibaldi

Via Altinate

Via Patriarcato

Piazza
Dei Frutti

Piazza
Cavour

Piazza
Dei Signori

● **Pedrocchi**

Via Fallopio

主教堂 ●

Via Tadi

Piazza
Delle Erbe

● **Palazzo Bo'**

Via S. Biagio

Via S.

Republica dels Estels

理性宮

Via VIII Febbraio 1848

Via S.
Francesco

Via C. Battisti

Via Vescovado

Via Roma

Riviera Tito Livio

Via S. Chiara

Via del Santo

Via Marsala

Via N. Giustiniani

Via X X Settembre

Via S. Gregorio barbarigo

Via Rogati

● **Pago Pago**

Riviera Tiso Da
Camposampiero

Via Rialto

Via Umberto I

● **Gelateria Friso**

Via Gattamelata

Via Dimesse

**Ostello
Citta' di
Padova**

Via Acquette

Belludi 37

Piazza
del Santo

**聖安東尼
大教堂**

● **Hotel Giotto**

Piazza
Pontecorvo

**Palazzo
Salgari**

Via Belludi

Via M. Sanmicheli

北

Via Cavalletto

Prato
della Valle

● 景點　　● 商店
● 餐廳　　● 旅館

B&B Al Santo ●

**W🏃lking
教你怎麼玩**

白天遊威尼斯，夜宿帕都
瓦，隔天再開始遊帕多瓦。

帕多瓦

103

Day 1

`09:00～10:30` Pedrocchi咖啡
館早餐＋藥草市
場早市

`10:30～11:30` Scrovegni禮拜
堂(需先預約)

`11:30～13:00` 聖安東尼大教堂
＋冰淇淋

`13:00～15:00` Pago Pago午餐

`15:00～16:30` 參觀大學校園

`16:30～17:30` 參觀主教堂

`17:30～19:30` 猶太區及
市區逛街

`19:30～21:00` Osteria del Re
Fosco晚餐

`21:00～` 夜宿Albano溫泉
旅館

Day 2

`09:00～11:00` Abano泡溫泉＋
Check out

`11:00～14:30` Valsanzibio花園

`14:30～17:30` 佩脫拉克村

`17:30～` 前往車站

1.古城市中心 / 2.大學建築 / 3.城內有許多拱廊建築 / 4.城內的老咖啡館Caff Pedrocchi / 5.古城市中心 / 6.聖安東尼大教堂旁的著名冰淇淋店Gelateria Friso / 7.聖安東尼大教堂迴廊庭院 / 8.領主廣場是當地人晚上喜歡聚集的地方

理性之始，感性之源
威尼斯專屬城外度假村

如果說維諾那是學音樂的氣質美女，那麼帕多瓦就是一位
不甚注重外表的哲學系學生：古城區內的老磚頭建築，自然的散發出學者的涵養，
但又不失年輕學子的批判精神與對生命的熱切期盼。

距離火車站約5分鐘路程的**Cappella degli Scrovegni禮拜堂**，外表看似平凡，但許多遊客就是為了看裡面精采的喬托❶濕壁畫而來的。由於之前這些畫嚴重褪色，好不容易修復完成後，為了不需太快又進行一次修復工程，所以開始控管參觀人數，遊客都需24小時前先預約，40分鐘前到場(可先參觀旁邊的博物館，有許多希臘、羅馬、埃及考古文物)。這座禮拜堂建於1303年，是帕多瓦的富商Enrico Scrovegni在他父親過世後命人為父親建造的禮拜堂，以期救贖生前放高利貸的父親，免於被打入地獄的命運。

當初他特別聘請喬托於1303～1305年繪製禮拜堂的濕壁畫，而喬托也善用這塊偌大的畫布，為人類的藝術史留下劃時代的巨作。

喬托在左牆首先畫出聖母的一生，右牆則繪出聖母結婚、天使報喜、耶穌在馬廄誕生、三王朝聖、出埃及記、將水轉為酒的神蹟、最後的晚餐、耶穌被抓、耶穌復活、返回天國，以及最後的審判等，各個故事環繞著整個禮拜堂鋪陳出來。畫中甚至可看到當時罕見的聖母流淚、天使傷心欲絕的神情，這都是畫家自己對畫中角色所詮釋的情感，並利用鮮豔的色彩、流動的線條，來傳達出情緒，這在當時都是前所未有的創舉。而我們在《最後的審判》

帕多瓦

Cappella degli Scrovegni 禮拜堂
web：www.cappelladegliscrovegni.it
add：Piazza Eremitani
tel：(049)201 0020
time：09:00～19:00，需線上預約
price：€13+，€1預約費

❶喬托(Giotto di Bondone，1266～1337年)生於佛羅倫斯，可說是文藝復興的新驅。當同期畫家還在二度空間之時，他已經擺脫了拜占庭呆板的宗教畫束縛，在創作中藉由臉部表情及手勢來展現內心的情感，將繪畫史帶向生動的三度空間，成就了革命性的自然主義畫風，引爆文藝復興蓬勃發展。阿西西(Assisi)的聖方濟大教堂(Basilica di San Francesco d'Assisi)也有喬托精采的畫作。

中，還可看到教徒祈求聖母拯救靈魂，這也就是蓋這座禮拜堂最大的意義所在。

由禮拜堂前的Corso Garibaldi街可搭電車或步行到古城市中心，走過Porta Garibaldi古城門就是Via Cavour，再往前走就是小廣場Piazza Cavour，廣場上有Rinascente百貨公司及對面美麗的白色建築Piano Nobile，也就是帕多瓦最著名的咖啡館**Caffé Pedrocchi**。這座咖啡館是Antonio Pedrocchi所創立的，19世紀中義大利受奧地利統治時，大學教授與學生以此為復興運動的據點。這座愛國咖啡館還將室內規劃為三廳，分別以義大利國旗的顏色為各廳主調。最令人感動的是，最前面的綠色房開放給所有市民進來歇息，不需點任何餐飲。咖啡館外也常有人在此高談自己的政論，並與路人辯論。帕多瓦最美麗的城市精神，你看到了嗎？

Caffé Pedrocchi不遠處就是帕多瓦大學的主建築**Palazzo Bo'**，這是歐洲第二老的大學，伽利略也曾在此教學。遊客可以參加每天三次的導覽團參觀古老的大學建築，大學牆壁上的徽章都是知名畢業生的家族徽章。在「四十大廳」（Sala dei Quaranta）中，有14位英、法、德等國的知名學者雕像，象徵著帕多瓦是個多麼自由的學術殿堂，無論甚麼國籍，都可到此學習，並將在此學到的知識帶回國發揚光大。全球第一位女大學生愛蓮那就是畢業於此。這裡還有座有趣的解剖劇場，現在所看到的是1919年重建的

Palazzo Bo'
web：www.unipd.it/en/university/palazzo_bo.htm
add：Via VIII Febbraio 2
tel：(049)827 3044
time：週一、三、五下午場15:15、16:15，週二、四、六早上場09:15、10:15，3～10月增加11:15及17:15兩場
price：€5

Caffé Pedrocchi
web：www.caffepedrocchi.it
add：Via VIII Febbraio, 15
tel：(049)878 1231

四十大廳 (照片提供／Padova觀光局)　　解剖劇場 (照片提供／Padova觀光局)

樣式，教學的解剖大體放在圓形劇場的中間，300多位學生沿著環形階梯而坐，座位的設計相當巧妙，前面的觀眾不會擋到後面的視線，座位前的欄杆則用來防止學生看到大體，昏倒摔下樓。

由大學旁邊的Via S. Francesco直走右轉Via del Santo就可看到帕多瓦守護聖人**聖安東尼大教堂**，市民一般稱這座教堂為Il Santo。教堂建於1232年，將這位以治癒眾人聞名的聖人遺體放在教堂內，據說他的舌頭從未腐爛過，因此是天主教徒重要的朝聖地。藍色星空的天花板設計是喬托創新使用的風格，後來蔚為14世紀教堂天頂設計風潮；主祭壇上的雕刻都是佛羅倫斯偉大的雕刻家唐納太羅(Donato di Niccolò di Betto Bardi)之作，廣場上的騎馬雕像也是出自他之手。教堂側門走出去共有4個迴廊庭院，目前開放3個，安靜的迴廊區，可供朝聖者在此休息。

大教堂旁還有家好吃的冰淇淋店**Gelateria Friso**，可別錯過！附近的平價餐廳**Pago Pago**，則以披薩聞名，常看到學生到此外帶熱呼呼的披薩，也可坐在店裡面享用當地美食。

帕多瓦

聖安東尼大教堂
Basilica di Sant' Antonio
add：Piazza al Santo
tel：(049)878 9722
time：07:30～19:00
price：免費

Gelateria Friso
web：www.gelateriafriso.it
add：Via Cesarotti 29
tel：(049)661 531

Pago Pago
add：Via G. Galilei 59
tel：(049)665 558

聖安東尼大教堂前的Via Belludi直走就是讓人看了心曠神怡的大草坪❷。沿著大草坪前的Via Umberto I直走，可回到藥草廣場（Piazza delle Erbe），這裡早上是熱鬧的蔬果市集，市民快樂的挑選新鮮蔬果，牽著狗和巧遇的朋友聊天。而拱廊下的老雜貨店，可說是市場界的博物館，數十年如一日的提供頂級食材給市民。

廣場上的**理性宮**是座華麗的哥德式建築，二樓有歐洲最大的大廳Salone。這裡以前是法院，旁邊原本有座小拱廊可通往隔壁建築，也就是以前的監獄。西側的領主廣場（Piazza dei Signori）有威尼斯統治者的宅邸Palazzo del Capitanio，這裡的天文鐘是1344年所建造的。廣場夜晚可是熱力四射，許多市民及學生聚集在此，尤其是週三的學生夜，成群的學生會到酒吧點杯這區特產的氣泡酒（Prosecco），享用橄欖下酒菜、小三明治等。

往鐘樓後面走，穿過城內另一個大學區，左轉進大學建築旁的小巷就可來到帕多瓦的**主教堂**。主教堂9世紀就已存在，1552年委託米開朗基羅設計，不過後來16～18世紀擴建時，已經和原本的設計相背離。旁邊的圓頂洗禮堂（Battistero）仍是12世紀的建築，裡面有Menabuoi於1378年繪製的精湛濕壁畫，很值得參觀。

❷大草坪(Prato della Valle)，這裡原本是古羅馬劇場，後來積水變成沼澤地，造成市區衛生問題。1767年時決定將水放掉，變身為現在這美麗的綠地區。橢圓形的大草坪由小運河環繞著，沿岸立著78尊帕多瓦的名人雕像。現在是大學生休息、聚會的最佳場所。

理性宮
add：Palazzo della Ragione
tel：(049)820 5006
time：09:00～18:00

主教堂 Cattedrale
add：Piazza Duomo, Via dietro Duomo 3
tel：(049)656 914

這些濕壁畫的色彩運用特別精采，以新約及舊約聖經故事為主題，像是創世記、各種神蹟、耶穌受難及耶穌復活。並大量採用「7」的元素，以代表完滿之意。是非常值得參觀的地方。注意！裡面不可照相。

　　主教堂前的Via dei Soncin街區是以前的猶太區（Il Ghetto），以往猶太人都集中在這區，擁擠且居住品質不佳，現在則是城內最有趣的區域，有許多特色小店及老餐廳。**Republica dels Estels** 的西班牙籍老闆娘原是心理系學生，十幾年前到此當交換學生，自此愛上這個小鎮，決定在此開店，每年都會回去西班牙各地尋找特別的設計品。小店布置得很甜美，不論是衣服、項鍊或包包，真想通通帶回家。附近的**Osteria del Re Fosco**應該是城內最有風味的小酒館，大木桌椅、老吧台、美味的料理、粗黃的

餐巾、各行各業的顧客，種種個性酒館必備的元素，這裡都齊備了。雞肝麵、豆子湯、南瓜麵、沙丁魚麵、牛排、綜合起司，盤盤都是帕多瓦地區的特色料理。

帕多瓦

Republica dels Estels
add：Via dei Soncin 11
tel：(049)657 539

Osteria del Re Fosco
add：Via Cassan 5
tel：(049)877 4159

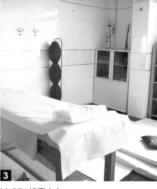

1.有醫生進駐的診療中心,有些療程需醫生開單才能進行 / 2.溫泉旅館內設有水療中心 / 3.SPA按摩中心

溫泉鎮阿巴諾

　　若想放鬆身心,建議到附近的溫泉鎮**阿巴諾**,這裡自羅馬時期就是著名的溫泉鎮。城內有許多溫泉旅館,其中的老旅館**Grand Hotel Trieste & Victoria**算是最經典的一家,教皇、總理等名人都曾住過這裡。許多義大利、德國老先生、老太太喜歡到此住上好幾天,享受健康的假期。旅館內有完善的溫泉設備、溫泉池、按摩療程,也有專職醫生進駐,協助各種療程。

　　這裡著名的溫泉泥取自附近高達70多度的天然溫泉池,運載回來後放在旅館內特別設置的泥漿池6個月的時間,仔細分析其質素後才使用(由帕多瓦搭車過去時會經過)。

阿巴諾 Abano
web:www.turismotermeeuganee.it
go:搭火車到Terme Euganee站(Padua-Bologna線)或從帕多瓦搭計程車約20分鐘
add:Via Pietro d' Abano 18
tel:(049)866 9055

Grand Hotel Trieste & Victoria
web:www.triestevictoria.info
add:Via Pietro d' Abano 1
tel:(049)866 5100

1.迷人的Arqua' Petrarca小村莊 / 2.佩脫拉克之家 / 3.可購買Giuggiole果子酒或Giuggiole果子花蜂蜜

佩脫拉克村

　　佩脫拉克村位於帕多瓦郊區最迷人的Colli Euganei丘陵區，沿著Z字型的小山路往上直爬，就可進入這小小的佩脫拉克(Petrarca)天地。佩脫拉克(Francesco Petrarca)是義大利的詩人、人文主義者，與但丁、薄伽丘並列為14世紀三大文學家。其詩文極具啟發性，且生平積極推動人文主義，因此被稱為歐洲的人文主義之父。佩脫拉克生於托斯卡尼的Arezzo，後來曾長時間停留在法國亞維農，晚年遷居到此，潛心深思生命的意義。也因此，在他過世後幾百年來，一直造福著這美麗的小村莊。

　　除了佩脫拉克之家(Via Valleselle 4)外，村莊內隨處可見各種佩脫拉克紀念品。村莊內還有一種快要絕種的果子Giuggiole(義大利文唸起來相當可愛)，味道像我們東方的紅棗，村民以這種果子做成酒，也有專採Giuggiole花的蜂蜜，而且還有Giuggiole節(義大利人愛熱鬧的個性真是隨處可見，什麼都可以拿來搞個熱鬧的節慶)。

帕多瓦

佩脫拉克村 Arqua' Petrarca
web：www.arquapetrarca.com
go：可搭火車到Montegrotto Terme站(Padua-Bologna線)，
再轉搭公車約15分鐘抵達，或由帕多瓦的公車總站搭前往
Este的巴士

Alloggio Franciscus 農莊住宿
add：Via Valleselle 13-20
tel：(0429)718 188

(照片提供/ Padova觀光局)

Valsanzibio花園

附近的山區還有座相當有靈性的**Valsanzibio花園**，這座美麗的巴洛克花園，是由威尼斯貴族Barbarigo所建造的，以前的貴族可以從威尼斯直接搭船到別墅門口，如今運河已不復存在。

花園主人爲了要感謝上主讓他平安度過黑死病之難，決定建造一座花園，讓走進來的人都能隨著這裡的設置思考，尋找生命的本質，獲得救贖。首先是獵神門——黛安娜門，讓門上的黛安納女神雕像來保護這塊淨土；接著可看到噴泉，因爲水代表生命的泉源，也代表著受洗、重生的意思。在園內散步時，我們也發現這座花園內只有綠色植物、沒有任何花朵，原來這是爲了讓人靜下心來看向內心。園內還有座背著石頭的時間雕像，象徵著時間穿越時空飛逝，怎麼也無法將之攔截下來，我們只要隨著生命往前走，找到生命的昇華。接著可看到代表著7顆星球的台階噴泉（因爲當時只知道7顆星球），旁邊有許多詩人雕像頌讚著天主。而迷宮花園則象徵人類生命中的所有曲折，均需靠自己慢慢去克服，尋找出路。所有的規劃都反映出天主、宇宙的完美，充滿哲思，眞可說這是座詩文般的哲學園地。

自行開車者還可前往**Trattoria Antico Molino**用餐，這家餐廳依其古老的水磨坊命名。雖然位於鄉間，但許多上班族仍不遠前來享用美食。

Valsanzibio 花園
web：www.valsanzibiogiardino.it
add：Via Barbarigo 15, Galzignano Terme
tel：(049)805 9224
time：10:00～13:00、14:00～日落
price：€10

Trattoria Antico Molino
web：www.anticomolino.it
add：Via Palù Superiore, Pernumia (Padova)靠近Monselice
tel：(0429)779 071
time：週日晚上及週一休息

Hotel Giotto
三星級旅館

商務型旅館，提供免費的停車位，服務算是蠻親切的，房間設備是很典型的歐洲三星級旅館，該有的設備都有了。也很適合觀光客住宿，這區算是比較僻靜，步行到聖安東尼大教堂也只要10分鐘路程。

web：www.hotelgiotto.com
add：Piazale Pontecorvo 33
tel：(049)876 1845
price：€65～120

B&B Al Santo
民宿

同一區還有另一家有點英式鄉村風格的民宿，民宿老闆在5個孩子長大後，決定將房間改為民宿，結交來自各方的朋友。客廳的布置相當溫馨、有品味，廚房的設備也很齊全，天氣好時還可以在後院享用早餐。

web：www.BBalsanto.it
add：Via Michele Sanmicheli 13
tel：(049)875 0267
price：€70～80

Palazzo Salgari
公寓住宿

聖安東尼大教堂前，靠近大草坪的古豪宅。一進大木門是個挑高的中庭及庭院區。民宿分為單人房及公寓式住宿。相當推薦公寓式房型，樓中樓設計充分運用空間，客廳、衛浴的空間運用也相當好。

web：www.palazzosalgari.it
add：Via Beato Luca Belludi 11
tel：(049)876 1324
price：雙人房€80起

Belludi 37
設計旅館

這家精緻的設計旅館就位在聖安東尼大教堂前，有些房間還可看到教堂。一走進大廳就能感受到這家旅館的品味，早餐溫暖樸實的布置及手工麵包，更是收買人心。房間設計相當俐落，設備也很齊全，包括DVD播放器及免費的網路。大房間的房客可選擇在房內用餐，旅館也提供免費腳踏車給房客遊覽古城；另也可代為安排品酒及美食之旅。

web：www.belludi37.it
add：Via Luca Belludi 37
tel：(049)665 633
price：€90～180

Ostello Citta' di Padova
青年旅館

若要找便宜住宿，Ostello Citta' di Padova青年旅館是很不錯的選擇，房間設備相當乾淨。

web：www.ostellopadova.it
add：Via Aleardo Aleardi 30
tel：(049)875 2219
price：€19

旅遊服務中心

火車站內
tel：(049)875 2077

市區
add：Galleria Pedrocchi
tel：(049)876 7927

聖安東尼大教堂前
add：Piazza al Santo
tel：(049)875 3087
time：4～10月

觀光網站

可以下載免費語音導覽。

web：www.provincia.padova.it

Padova Card

48小時(€16)或72小時(€21)的旅遊卡，可以搭乘大眾運輸及參觀市區與郊區景點。這附近也很適合騎單車或健行，路線規劃得相當完善，可向旅遊服務中心索取資料。

web：www.padovacard.it

對外交通

由威尼斯到此約25～50分鐘；到米蘭約2小時。

對內交通

由火車站到市中心約1.5公里，從火車站步行到Scrovegni禮拜堂約500公尺。也可從火車站租腳踏車。

租腳踏車
tel：(348)701 6373

帕多瓦

波隆納 *紅色

你若問我：義大利中北部的波隆納是怎樣的一個城市呢？

我會回答：這是一個當你說要離開時，

所有在這裡認識的朋友會誠摯地一再問著你

何時再歸來的友善城市。

Bologna
La Citta' Rossa

必看	市政廳、波德斯塔宮耳語長廊、史帝芬諾教堂、Il Quadrilatero傳統市集
必吃	義大利寬麵(Tagliatelle)、肉醬(Ragù)、義大利小肉餃(Tortellini)、義大利大方餃(Tortelloni)、火腿(Mortadella)
必買	波隆納花紋絲巾
迷思	不要以為這個社會主義大本營的紅色城市很可怕,其實它是個照顧市民又人情味濃厚的老城,到這裡記得交幾位當地朋友,絕對會成為讓你想要再回來拜訪的老朋友
閒聊	波隆納最有名的人物應該是Guglielmo Marconi,他於1895年發明無線電通訊,1901年從紐芬蘭成功接收到來自大西洋另一端的英國所發出的無線電訊,並於1909年獲得諾貝爾物理學獎。因此他可是波隆納的驕傲,連街道都以他命名

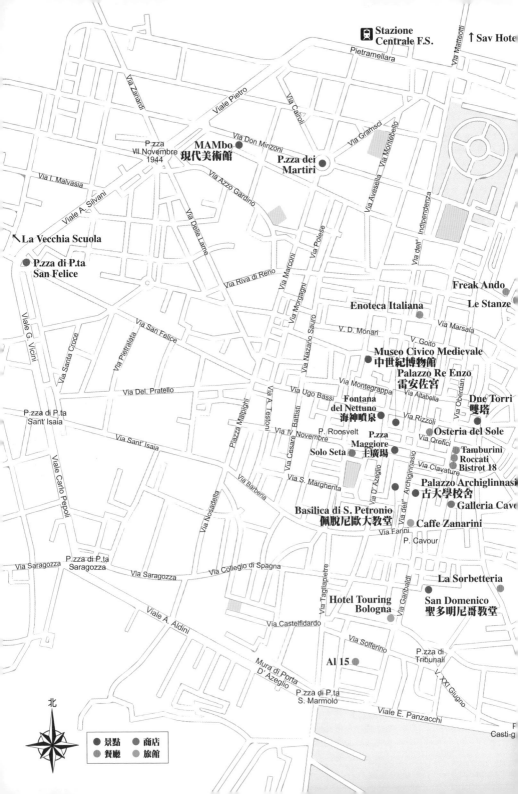

青年旅館↗

Attention

Piazza VIII Agosto廣場上週末有市集，大部分為平價的家用品、服飾及蔬果。

波隆納古城僅存的運河，以前的運河通達威尼斯

教你怎麼玩

09:00～12:00	主教堂＋市政廳博物館
12:00～14:30	Il Quadrilatero老街區＋午餐
14:30～17:30	Santo Stefano教堂＋聖路卡教堂
17:30～19:30	Galleria Cavour或Via dell' Indipenden-za逛街或現代美術館＋小酒館餐前酒
19:30～	晚餐

1.老城內的街頭塗鴉 / 2.市政廳夜景 / 3.精品林立的Galleria Cavour / 4.坐在市政廳中庭上網的市民 / 5.拱廊，就是波隆納生活的真實劇場 / 6.市立藝術博物館內的雕刻收藏 / 7.古城街巷 / 8.Palazzo Archiglinnasio是波隆納大學的老校區 / 9.波隆納最著名的布莊Solo Seta，可在此買到波隆納拱廊花紋絲巾

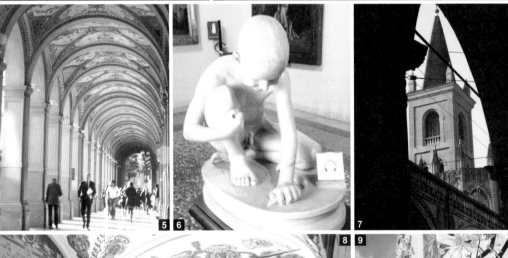

波隆納心跳活力來源

主廣場周邊

波隆納不但是個人情味濃厚的城市，還是歐洲最古老的大學城(設立於1088年)，
這裡的學生，總有辦法把一個古城搞得活力四射。

城 市各角落的小酒館、咖啡廳裡，學生以天不怕、地不怕的
神情快活談笑著，毫不畏懼地展現年輕人的自由奔放；波
隆納也是個美食之城，波隆納人愛跟家人、朋友外出用餐的習
慣，讓滿城隨處可找到價格平實的美味餐廳，而附近的上等義大
利火腿、起司、美酒，更源源不絕地滿足波隆納饕客；她還是個
中古建築保存最完整的老城，全城長達40公里的拱廊，無論刮風
下雨，都可以讓市民安心逛街。

　　活力如是、自由如是、美味如是，這就是令人難以忘懷的「紅
色波隆納」[1]。

**這樣一個中古老城，風華雖然常被大名鼎鼎的翡冷翠蓋過，但只
要來過這裡，真正感受這古城活力者，絕對會將這座人情味百分
百的紅色城市永懷心中。**

　　由波隆納的主街Via dell' Indipendenza沿路走走逛逛(有許多中
價位商店)，就可來到波隆納的心臟——**主廣場**。典雅的廣場邊
有座永遠也不會完成的主教堂，也有座帶領著波隆納向前走的市
政廳。廣場邊各棟優雅的建築，坐在噴泉邊自由談笑的學生、咖
啡座上的悠閒市民、廣場上搞笑的街頭藝人、騎著單車飛馳而過
的自由，這就是真正的波隆納氣息。

波隆納

[1] 為何說它是「紅色波隆納」？除了波隆納城的紅磚色屋頂外，也因為
這裡以前是義大利共產主義大本營，所以人稱之為「紅色城市」。由
於根深柢固的共產主義影響，波隆納市政府對於市民的照顧可說是無
微不至。城內的博物館、美術館大部分都可免費參觀(但還是要先到售
票處拿免費票券)，而且市政廳周圍也提供免費無線上網(只要到市政廳
申請帳號及密碼即可)。市政廳旁邊的交易所，現則改為一座設計感十
足的多媒體圖書館，腳底踏的玻璃板下是羅馬古遺跡，而地面上的所
有設施及設計，則充分展現出現代波隆納的活力與便民，圖書館內也
提供免費的上網中心，地下一樓還有個經常舉辦各種講座的演講廳。

佩脫尼歐主教堂　　　　　　　　　　Palazzo Archiglinnasio是波隆納大學的老校區

　　建議先到**佩脫尼歐主教堂**參觀，這可說是波隆納的宗教中心，1390年即開始興建，當時波隆納人興致勃勃的要蓋間比聖彼得大教堂還大的主教堂，但教皇得知之後，百般阻擾，將一部分的地撥為大學用地，最後連正面也未能完成，直到17世紀才勉強完成目前所看到的樣貌。不過它的面積仍然是全世界第五大，內部空間相當寬敞，尖拱柱形設計，充分展現哥德風，兩側共有22座小禮拜堂。左側的廊道有著一座巨大的黃銅日晷，是1655年Cassini所設計的，透過影子的長度，就可以推測出正確的時間，當地上的子午線正對著拱頂縫隙時，就是正午時分。

　　此外，在主教堂斜後面的大學校舍**Palazzo Archiglinnasio**也是城內的重要景點。**波隆納大學**是歐洲最古老的大學，創立於11世紀，當時歐洲各地的文人學者爭相到此感染自由的學術風氣，但丁、佩脫拉克等人都曾在此學習。建於1562年的Palazzo Archiglinnasio，充滿典雅風格，30座優美的拱廊環繞著中間的庭院，四周則掛著曾在此學習的學生家族徽章；1803年以前，大學主校園即在此（現在移到Palazzo Poggi）。這棟大樓主要分為兩邊，一為寶格利禮拜堂（Cappella dei Bulgari），另一邊則是這裡的主要景點安納托米可劇場（Teatro Anatomico）。

Piazza Maggiore 主廣場
廣場上最醒目的莫過於市政廳高聳的鐘樓，由此順時鐘算起分別是：市政廳、交易所、海神噴泉、雷安佐宮、波德斯塔宮、白齊宮、佩脫尼歐大教堂，光這個廣場至少就得花半天時間參觀了。

佩脫尼歐主教堂 Basilica di San Petronio
add：Piazza Maggiore
tel：(051)225 442
time：07:45～14:00、15:00～18:00
price：免費

Palazzo Archiglinnasio
add：Piazza Galvani 1
tel：(051)276 811
price：€3

波隆納大學
web：www.unibo.it

波隆納大學解剖劇場

雖名為劇場，但其實並不是一般的歌劇劇場，而是當時教授講解大體的解剖劇場（Padova大學也有類似的建築）。不過目前所看到的是1944年二次大戰後依原設計重建的。劇場的結構相當特殊，所有的座位層層高起，圍繞著中間的平台，學生坐在這些木椅往下看放在中間平台的大體，教授則坐在前面的講台拿著長桿子講解。走出劇場往左走是檔案圖書館，雖然目前不對外開放，但這裡的拱廊在燈光的照射下，成為整棟宮殿最典雅的角落。

走出Palazzo Archiglinnasio，在Via Farni的角落有家波隆納的老咖啡館**Zanarini**，重新裝修後，老咖啡館煥然一新，準備再風光個百年。由Via Farni直走到Piazza Cavour，沿路可說是精品店林立，尤其是Galleria Cavour，集結義大利首屈一指的精品。而在Cavour廣場對面的拱廊（Via Garibaldi街頭）是老城中最美麗的一段，Solo Seta絲品店將這些細緻優美的花紋，製成最具波隆納特色的絲巾（波隆納是義大利相當著名的絲織品中心）。

教堂左側即是**市政廳**典雅的鐘樓，這是1773年加蓋的。鐘樓這邊的建築算是市政廳較古老的部分，建於1287年，為文藝復興時期的名建築師Bramante之作。這些建築原本是波隆納大家族Accursio的居所，13世紀以後才改為市政廳。右側的新翼則是16世紀新增的教皇大使館。寬闊的樓梯是為了方便馬車載著尊貴的教皇、王公直奔2樓。上了樓，首先來到艾可雷廳（Sala d'Ercole），這裡常有短期的攝影或藝術展；接著往前直走則是古老的議會廳（Sala del consiglio），華麗濕壁畫裝飾而成的廳室裡，仍然放著古老的議員木椅，現為市政會議廳之用。

波隆納

Caffe Pasticceria Zanarini
老咖啡館
add：Piazza Galvani 1
tel：(051)275 0041

Solo Seta
add：Piazza Galileo 4
tel：(051)237 418

市政廳 Palazzo Comunale
add：Piazza Maggiore 6

紅廳 Sala Rossa
time：09:00～19:00
price：若無婚禮則開放免費參觀

市政廳中的紅廳，現為市民結婚典禮的場所　　Palazzo del Podesta'拱廊有相當有趣的耳語長廊

接著是美麗的**紅廳**，顧名思義，這名字就是取自它紅而不艷的布置。這裡算是娛樂廳，也是接見重要賓客的地方，現在則是波隆納市民許下浪漫誓言的結婚場所。

再度爬上樓梯來到3樓的部分，首先是寬敞的法爾聶斯廳（Sala Farnese），牆壁上畫了許多紀念波隆納重要事件的濕壁畫，像是第一次十字軍東征、教皇保羅三世來訪波隆納等，中間則放著長木椅讓遊客休息坐下來慢慢欣賞四周的濕壁畫，或由這裡的窗戶鳥瞰整個主廣場。這層樓原本是波隆納主教的居所，現則改為**市立藝術博物館**，展示14～19世紀的波隆納藝術品。除了這些藝術收藏之外，內部的廳室建築與天花板彩繪也相當值得欣賞，尤其是滿室雕刻、畫作及華麗家具的維多尼亞那廳（Sala Vidoniana），展現活潑的巴洛克風格。

此外市政廳內還有波隆納知名畫家Giorgio Morandi美術館，收藏兩百多幅Morandi的水彩、油畫、版畫等。

市政廳隔壁就是現改為圖書館的**交易所**，外牆的照片都是對抗德國軍隊而壯烈犧牲的游擊隊隊員。這些照片前則是為了慶祝教皇勢力入主波隆納而建的海神噴泉（Fontana del Nettuno），原本的設計者是畫家Tommaso Laureti，不過負責建造的則是16世紀著名

市立藝術博物館
Collezioni Comunali d' Arte
tel：(051)219 3526
time：週二～五09:00～15:00
週六10:00～18:30；週一休息

交易所(現為圖書館)
Sala Borsa
web：bibliotecasalaborsa.it
add：Piazza del Nettuno, 3
tel：(051)219 4400
time：週一14:30～20:00；週二～五10:00～20:00；週六10:00～19:00

的雕刻師Giambologna。由海神腳底噴流而出的四位女神代表著全球四大河（即代表四大洲），站立的海神平舉著手，意圖平復波濤洶湧的浪濤。這同時也象徵著教皇統治著陸地，猶如海神統治著大海。（地上的教皇啊，您是如何解讀上帝的旨意！？）

在海神噴泉旁有座如城堡般的宮殿，這裡曾囚禁戰敗的薩丁尼亞國王，因而以其名取為**雷安佐宮**。當波隆納打敗普魯士王國腓特烈二世之子安佐王之後，可憐的國王從1249年就一直被關在最頂樓的Arengo室，直到1272年過世為止，因此這裡又稱為「安佐的黃金監獄」。宮內的三百大廳（Salone dei Trecento）是Antonio di Vincenzo設計的會議廳，可以由隔壁的波德斯塔宮直通到此。

與雷安佐宮連在一起的**波德斯塔宮**，背後有座鐘塔（Torre dell'Arengo）建於1221年，共有49座重達百斤的大鐘，每當城裡有什麼大事時，就會用這鐘大聲地告訴大家。不過這棟建築最有趣的是1樓的耳語長廊（Voltone del Podestà），在聰明建築師的巧妙

設計下，只要在對角線的牆角小小聲說話，聲音就會清楚的傳達到另一方耳中。不信？試試看就知道有多神奇啦！

波德斯塔宮旁邊的白色建築就是廣場上最後完成的建築**白齊宮**，整個立面由15個拱廊構築而成，呈現相當和諧的高貴感，同時也將主廣場的雄偉與後面小巷中的市井小民生活隔絕開來。而它後面的市井小民生活，卻蘊藏著波隆納生命的動脈，因為這裡就是照顧著波隆納人三餐的傳統市場（Il Quadrilatero或Mercato di Mezzo）！

雷安佐宮
Palazzo de Re Enzo
2樓為當時的辦公室、禮拜堂及起居室，1樓的部分是用來停放置馬車及戰爭器具的空間。平常不對外開放，只有展覽或有活動時才開放。
add：Piazza Re Enzo, 1

波德斯塔宮
Palazzo del Podesta'
建於13世紀，1484～1494年時又改為現在的文藝復興風格。這裡原為市政辦公室，後來改為法院。
add：Piazza del Nettuno

白齊宮
Palazzo dei Banchi'
add：Piazza Maggiore

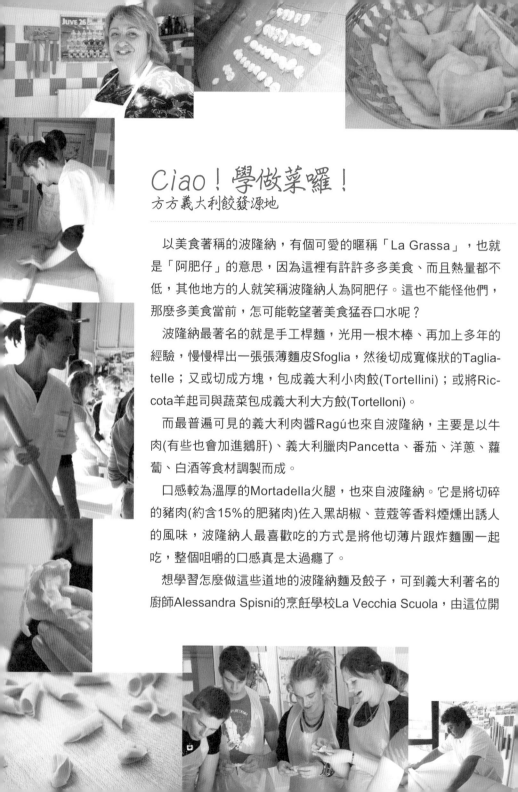

Ciao！學做菜囉！
方方義大利餃發源地

　　以美食著稱的波隆納，有個可愛的暱稱「La Grassa」，也就是「阿肥仔」的意思，因為這裡有許許多多美食、而且熱量都不低，其他地方的人就笑稱波隆納人為阿肥仔。這也不能怪他們，那麼多美食當前，怎可能乾望著美食猛吞口水呢？

　　波隆納最著名的就是手工桿麵，光用一根木棒、再加上多年的經驗，慢慢桿出一張張薄麵皮Sfoglia，然後切成寬條狀的Tagliatelle；又或切成方塊，包成義大利小肉餃(Tortellini)；或將Riccota羊起司與蔬菜包成義大利大方餃(Tortelloni)。

　　而最普遍可見的義大利肉醬Ragú也來自波隆納，主要是以牛肉(有些也會加進鵝肝)、義大利臘肉Pancetta、番茄、洋蔥、蘿蔔、白酒等食材調製而成。

　　口感較為溫厚的Mortadella火腿，也來自波隆納。它是將切碎的豬肉(約含15%的肥豬肉)佐入黑胡椒、荳蔻等香料煙燻出誘人的風味，波隆納人最喜歡吃的方式是將他切薄片跟炸麵團一起吃，整個咀嚼的口感真是太過癮了。

　　想學習怎麼做這些道地的波隆納麵及餃子，可到義大利著名的廚師Alessandra Spisni的烹飪學校La Vecchia Scuola，由這位開

朗的義大利名廚與
她兩位風趣的兒子
教大家做菜。帥氣
的小兒子負責用流
利的英文講解，搞笑的大兒子則充分發揮義大利人的幽默，
讓所有學生在快樂中學習。遊客可以參加半天、3天或5天的
課程，一天的課程是從10:00開始，首先見習麵皮Sfoglia是
怎麼形成的，接著開始自己動手做義大利麵及餃子或甜點，
中午則享用自己做好的佳餚。

　　如果沒有時間參加烹飪課程，可以到隔壁的商店購買現成
的Tagliatelle或他們特製的麵粉。

La Vecchia Scuola
web：www.lavecchiascuola.com
add：Via Galliera 11
tel：(051)649 1576
price：€40起

1.波隆納人最喜歡跟朋友在餐廳裡吃吃喝喝唱唱 / 2.古城傳統市集 / 3.Bistrot 18的咖啡應該是城內最好喝的咖啡之一 / 4.Al 15裡有許多道地的波隆納佳餚 / 5.古城傳統市集 / 6.教堂旁的迴廊總有許多偷閒的市民 / 7.Roccati手工巧克力店 / 8.老雜貨店Antica Drogheria Calzolari

向晚時分，愉悅的美食探險
白齊宮、聖史帝芬諾老教堂周邊

穿過白齊宮的拱廊即可來到布滿棋盤狀街巷的Il Quadrilatero，
主要以珠寶巷(Via delle Orefici)、鎖匠巷(Via Caprarie)為主，
最有趣的是這些小巷裡有許多的傳統老店，以及街道兩旁的各種新鮮蔬果攤。

隱於吵雜的市集中有家自1465年開業至今的小酒館Osterie del Sole，這家酒館非常有個性，只賣酒、不賣食物，客人可以自己帶食物過來下酒。平常時間進去小酒館會看到許多老人人手一杯紅酒在桌上打牌，用餐時間則會看到上班族帶著食物，點杯酒在桌邊享用午餐。剛好附近街角就是波隆納著名的熟食店**Tamburini**，不妨到這裡買幾樣熟食、點些義大利火腿之類的冷盤，跟著當地人到酒館點杯酒，就著美酒用餐、聊天。說到Tamburini，這家店也很有趣，它原本是豬肉店，店內橢圓形台上仍可見到一支女以前掛豬肉的掛勾。中午的自助餐區有肉類、義大利麵、配菜、甜點，另外也販賣各種頂級食材、熟食，以及波隆納特產Tortellino義大利餃。

隔壁街Via Clavature可說是臥虎藏龍，街上有家頂級的手工巧克力店**Roccati**，自1909年開業至今，一直認真的在店內手工製作各種巧克力，每一種巧克力的精緻度與外形，都讓人看了垂涎欲滴。而它的斜對面則有家波隆納最好喝、最好喝的咖啡館及餐廳**Bistrot 18**，這家咖啡館的咖啡師技術超凡，他煮出來的咖啡硬是比別

波隆納

Osterie del Sole
web：www.osteriadelsole.it
add：Vicolo Ranocchi 1D
time：週一〜六10:30〜21:30(週日休息)

Tamburini
web：www.tamburini.com
add：Via Caprarie 1
tel：(051)234 726
time：自助餐時段12:30〜18:00

Roccati
web：www.roccaticioccolato.com
add：Via Calvature 17a
tel：(051)261 964

Bistrot 18
web：www.bistrot18.com
add：Via Clavature 18b
tel：(051)273 014
time：週二休息

家香醇，讓人不得不豎起大拇指叫他第一名。除了咖啡之外，這裡也是家現代創意餐廳，所有的餐點都由波隆納的名廚Marcello Leoni主掌，整家餐廳的設計也相當年輕有活力，洋溢著歡樂的用餐氣氛。

走出Via S. Stefano就會看到波隆納著名的**雙塔**。其實12世紀時，鐘塔代表著家族的勢力，因此波隆納各大家族蓋的塔樓是一家要比一家高，全盛期共有180座之多，不過現在僅存15座，其中最具代表性的應該是Torre degli Asinelli e Garisenda雙塔。較高的**Torre degli Asinelli**高達97.6公尺，建於1109年，共有498階，是全義大利第4高塔。另一座Torre della Garisenda由於地基的關係，塔樓傾斜約3公尺。

接著往**聖史帝芬諾老教堂**走，我特別喜歡這座位於三角形廣場頂點的老教堂。廣場側邊古老的拱廊，在有太陽的午後，總會看到學生、上班族偷閒在此曬太陽。廣場邊各棟優美的老建築，襯托出一股沉靜的氣氛，當然榮登最佳偷閒地點。史帝芬諾老教堂由4座小教堂組成（原本有7座教堂），右邊是11世紀的羅馬式教堂Chiesa del Crocefisso（意為「耶穌受難」），內有San Pertronio聖人的遺骨。而八邊形教堂則是Chiesa del Santo Sepolcro（神聖墳墓），這也是洗禮堂之用。走廊上的拱廊廊柱可以看到一些大理石雕像，這些雕像靈感來自但丁《神曲》「罪人的懲罰」。

這一區應該算是波隆納最有趣的地方之一，附近有許多老雜貨店、酒店、冰淇淋店，像是老雜貨店**Enoteca Italiana**，販售各種義大利酒、氣泡酒、香檳，以及各種頂級義大利食材。由於這裡的酒品質相當好，傍晚時整個老店裡擠滿喝餐前酒的波隆納人，而且很有誠意的只要€5；再往前走則是另一家著名的餐前酒

雙塔 Le Due Torri
add：Via Rizzoli街底

Torre degli Asinelli
time：09:00～19:00
price：€3

史帝芬諾老教堂 Santo Stefano
add：Via Santo Stefano 24
time：09:00～12:00、15:30～18:30
price：免費

Enoteca Italiana
web：www.enotecaitaliana.it
add：Via Marsala 2b
tel：(051)235 989
time：07:30～21:30；餐前酒時段是19:30～20:30

老酒館**Antica Drogheria Calzolari**，這條街也是波隆納最有氣質的夜店街。而位於Via Moline的**Freak Ando**是一座老修道院改成的藝廊，利用老修道院原本的古老結構，擺置各種現代藝術品，令人看了驚奇連連。

再往前直走，與Via del Borgo S. Pietro交接的**Le Stanze**，又是另一家讓人驚艷的咖啡館。在褪色的濕壁畫牆裡，時髦的酒吧設計卻一點也不顯唐突，散發一股別處找不到的獨特風格，也難怪這家咖啡館酒吧一直是波隆納年輕人的最愛，再加上晚上的現場音樂，讓它躍升為波隆納最熱門的夜店。

除此之外，市區裡兩家各具風味的冰淇淋店也不容錯過！**La Sorbetteria**，13年來在波隆納盡心製作最美味的冰淇淋，年年獲獎無數，它的巧克力非常香濃，幾乎是所有客人必點的口味，清香的米(riso)冰淇淋口感相當扎實，杏仁與榛果則是絕配。也有許多自創的口味，像是米開朗基羅口味（Michelangelo）及令人看了垂涎欲滴的冰淇淋蛋糕。而**Il Gelatauro**則是既講究食材、口味又創新的冰淇淋店，他們最自豪是獨創的薑味冰淇淋（薑在義大利是相當難得的進口食材），而蘋果肉桂（Melle e Canella）口味也獨具風味。擠上香濃奶油的冰淇淋咖啡Affigativo也是這裡的特色，如果不想放冰淇淋的話，則可以點Gustavo調味咖啡。

Antica Drogheria Calzolari
add：Via G. Petroni 9
tel：(051)222 858
time：07:30～13:30
15:30～20:30(週日休息)

Freak Ando
web：www.freakando.com
add：Via delle Moline 14c
tel：(051)271 404

Le Stanze
web：www.lestanzecafe.com
add：Via del Borgo S. Pietro 1
tel：(051)228 767
time：週一休息

La Sorbetteria
web：www.lasorbetteria.it
add：Via Castiglione 44
tel：(051)233 257
time：11:30～24:30

這家冰淇淋店的San Vitale街口有家藥房**Farmacia Aicardi**，藥房內除了販賣藥妝，還可買到Aicardi家族自己調配的優質酵粉(做麵包、甜點用)。最有趣的是，這家藥房內有位藥師Federico，他可是波隆納相當有名的歌手，自己作詞曲，工作之餘還在城內的酒吧演唱。這位真摯的歌手應該是波隆納人的最佳代表，跟他走在路上，會覺得他好像認識城內所有人。也因為他誠摯的個性，竟然榮登美國驚悚小說中的角色。拜訪波隆納時，剛好這位小說家也到波隆納取材。跟他走往餐廳的路上，大家討論的竟然是哪個黑暗的波隆納街角最適合當小說中的謀殺地點、哪個角落可以用來藏屍體，讓這一晚的波隆納夜路走來是既驚險又刺激。

而我們要前往的餐廳就是位於小巷中的**AI 15**，老城內非常道地的小酒館。這裡的用餐氣氛好極了，整體布置在隨性中又具自己的個性，讓各地老饕在此快樂用餐。

波隆納既然是歐洲最古老的大學城，當然不可錯過老城內的大學區。**大學的主校區**位於Via Zamboni街上的Palazzo Poggi，裡面除了教室，還有多座大學博物館，包括軍事建築學、天文學博物館等。另外，附近的藝術學院則有波隆納最重要的**Pinacoteca Nazionale美術館**，收藏許多波隆納畫家的重要作品，還包括拉斐爾及威尼斯畫派提香之作。

Il Gelatauro
web：www.gelatauro.com
add：Via San Vitale, 98b
tel：(051)230 049
time：09:30～22:30
週一12:00～20:00

Farmacia Aicardi
add：Via S. Vitale 58
tel：(051)231 350

AI 15
add：Via Mirasole 15
tel：(051)331 806
time：週一～六07:30～01:00
(週日休息)

大學主校區 Palazzo Poggi
add：Via Zamboni 33
tel：(051)2099 988

Pinacoteca Nazionale 美術館
add：Via Belle Arti, 56
tel：(051)420 9411
time：週二～四15:00～19:00，
週五～日10:00～19:00(週一休息)
price：€4

波隆納景點介紹

市立歌劇院
Teatro Comunale

完美闡釋義大利洛可可風的歌劇院，其美韻可說是義大利劇院中的一顆珍珠。四層典雅的包廂圍繞著的舞台，自1763年開幕以來，上演過無數偉大的劇碼及演奏會，Rossini、Bellini、Donizetti及Wagner都曾在此有過精采的表演，威爾第也曾在此指揮過著名的《茶花女》。

歌劇院斜對面有座St. Cecilia小修道院，裡面有多幅濕壁畫，由15世紀的波隆納畫派畫家繪出St. Cecilia及St. Valeriano的生平事蹟。小教堂外的拱廊則屬於St. Giacomo Maggiore教堂的一部分。

web：www.tcbo.it
add：Fondazione Largo Respighi 1
tel：(051)529 958

聖多明尼哥教堂
San Domenico

西元1221年為了紀念道明修會的創始人Domenigo de Guzman而興建的教堂，教堂內有三座米開朗基羅年輕時的雕刻作品。莫札特留訪波隆納時，會到此彈奏教堂內的風琴。

add：Piazza S. Domenico 13
tel：(051)640 0411
time：09:00～12:00、15:30～18:00
price：免費

塞爾維聖母教堂
Santa Maria dei Servi

保存完整的哥德式教堂，最優美的是外面的迴廊建築。

add：Strada Maggiore 43
tel：(051)226 807
time：07:30～12:30、15:30～19:00
price：免費

聖路卡教堂
Santuario di San Luca

位於市郊的聖路卡教堂，擁有全球最長的拱廊建築(3.6公里)，沿路有666座拱門及15座小禮拜堂。

add：Via di San Luca 36
tel：(051)614 2339
time：06:30～17:00；週日12:30～14:30

音樂博物館
Museo Internazionale e Biblioteca della Musica

由於波隆納是歐洲相當著名的音樂之都，莫札特曾駐留在此，義大利各大知名音樂家也都曾在此表演。這座音樂博物館不但收藏許多音樂文物，還有各種珍貴的樂器展覽。

add：Palazzo Sanguinetti Strada Maggiore, 34
tel：(051)275 7711
time：週二～五09:30～16:00；週六、日10:00～18:30(週一休息)

通訊博物館
Museo della Comunicazione

雖然是家私人博物館，不過豐富的收藏，連比爾蓋茲都曾出價購買，但館主認為電訊之父Marconi既然來自波隆納，當然城內就要留下這樣有意義的博物館。這位館主相當有意思，他還是位魔術師，心血來潮時還會變魔術娛樂參訪者。雖然目前博物館不在古城區，但未來有可能搬進古城區(請洽詢旅遊服務中心)，參觀者可以一次看到1760～2000年間所有老唱機、電視機、甚至電影放映的演變，其中有許多相當

典雅的老唱機，就像一座迷你劇院。（預約參觀）

web：www.museopelagalli.com
add：Via Col di Lana 7N
tel：(051)649 1008

現代美術館
MAMbo, Museo d' Arte Moderna di Bologna

以前是麵包工廠，讓窮人到此自己做麵包拿回去給家人吃。現在變身為現代美術館，秉持的概念也一樣，只是換成各種具啟發性的藝術展，提供市民精神食糧。後面的紅色建築原本是屠宰場及菸草加工廠，現在則變成電影圖書館，有放映藝術電影的電影院，假日時也常有市集或電影展。

add：Via Don Minzoni 14
tel：(051)649 6611
time：12:00～18:00；週四、六、日12:00～22:00(週一休息)

中世紀博物館
Museo Civico Medievale

如果有時間，這是蠻值得參觀的博物館。館內有很多大學教授的石棺，最引人注目的是石棺上活靈活現的雕刻，雕繪出教授上課時，學生們認真聽課的景象。

add：Via Manzoni, 4
tel：(051)219 3916
time：週二～五09:00～15:00；週六、日10:00～18:30(週一休息)

波隆納
住宿推薦

Sav Hotel
四星級精品旅館

全部房間為雙人房，內部設計及設施都相當有質感，且床鋪與枕頭軟硬度也剛好。有些房間有浴缸、有些則只有淋浴，訂房時可指定房型。另外，除了內部設備外，推薦這家旅館的另一個原因是它的地點相當好，位於市區邊緣，靠近商展區，對於參展的商務客人很方便，若要到市區，搭公車僅約15～20分鐘。旅館也提供60個免費停車位，方便自己開車旅行者。1樓大廳有提供免費的公用電腦，整棟旅館也有免費無線網路；酒吧除了餐前酒時間外，全天供應免費咖啡及茶飲。

這裡的餐廳更值得推薦，主廚雖然很年輕，但經歷豐富、慎選食材，巧妙的融合傳統與創意料理，從前菜、主菜到甜點都令人相當滿意，每一季也都會依時節時蔬調整菜單。週末時商務客人較少，常推出59～79歐元的特惠房價。

web：www.savhotel.it
go：由火車站搭25號公車到Cignani站下車，約15分鐘車程
add：Via F. Parri 9
tel：(051)361 361

Hotel Touring Bologna 三星級旅館

　這家三星級旅館靠近S. Domenico大教堂，是波隆納老城內相當僻靜的地區。夏季客人可泡在頂樓的按摩浴缸，欣賞波隆納附近的山區景緻；另一邊則可以眺望紅色波隆納的市區。房間主要分為兩邊，一邊是較為典雅的布置，另一邊則重新翻修過，整體設計相當現代化，還有特別為情侶設計的浪漫套房。

web：www.hoteltouring.it
go：由火車站搭30號公車，過S. Domenico教堂在Piazza del Tribunali下車
add：Via de' Mattuiani 1/2
tel：(051)584 305

Due Torri San Sisto YHA青年旅館

　這間青年旅館位於市中心東北方6公里處，設備相當完善，有無線網路、洗衣設備、停車場，也可租腳踏車。

web：www.ostellodibologna.com
go：晚上8點以前由Via Irnerio搭93號公車，晚上20:25～00:44在火車站前的拱廊下搭往San Sisto方向的21B號公車
add：Via Viadagola 5
tel：(051)501 810
price：每人€17起

Protezione della Giovane di Bologna 修道院

　位於老建築中的修道院住宿，應該是女性遊客最便宜的住宿選擇。房間雖不大，但相當乾淨，而且位於市中心，距離各大景點都很近。

add：Via S. Stefano 45
tel：(051)225 573
time：門禁22:30
price：每人€15
一個月€280(含早餐)

其他較便宜的旅館或優質民宿推薦

San Vitale
web：www.albergosanvitale.it
add：Via S. Vitale 94

Anna民宿
web：www.bebanna.it
add：Via Orfeo 24
tel：(349)290 1981

Ca' Fosca Due Torri
web：www.cafoscaduetorri.com
add：Via Caprarie 7
tel：(051)261 221

Cristina Rossi
web：www.cristinarossi.it
add：Via Porta di Castello, 6
tel：(051)220 052

波隆納實用資訊

▌實用資訊

旅遊網站
web：www.bolognawelcome.com

旅遊中心
add：Piazza Maggiore 6
tel：(051)239 660

Piazza Medaglie d'oro火車站
tel：(051)246 541

免費導覽
info：有些旅館推出「窗外有藍天」(A Room With a View)週末免費導覽服務，由導覽員帶領房客參觀市區各大景點，預訂旅館時可以詢問是否有提供這項服務。

▌對外交通

　波隆納機場Marconi International Airport位於市中心西北方6公里處，搭計程車到市區約€15，或搭機場公車Aerobus-BLQ票價€6，車程約20分鐘，每小時一班，可在Via Ugo Bassi或火車站前搭乘。

web：www.bologna-airport.it

▌對內交通

　ATC市內公車：60分鐘有效票€1.30；一日票€5；可搭乘10趟的City Pass €12。在波隆那市區大部分可步行參觀，大概只有往返火車站跟古城區或商展區(Fiera)才需搭公車(步行約15分鐘)。

web：www.tper.it

Modena
La Citta' del Balsamico

蒙地那 *美食

提起義大利藝術，當然首推翡冷翠這個藝術重鎮，
但若談到美食，蒙地那可是毫不客氣的擠下其他大城，
這裡有義大利頂級紅酒醋、Lambrusco酒，也與北方的Parma城連成一氣，
提供陳年老起司Parmigiano-Emilio起司、義大利火腿Prosciutto r
雖然它在藝術文化上的名氣不如羅馬、翡冷翠，
但在愛好義大利美食的老饕心中，可是榮享No. 1的地位！

必看	醋莊、法拉利博物館
必吃	葡萄酒醋、南瓜方餃(Tortellini)、Zampone豬腳
必買	葡萄酒醋、Lambrusco酒
迷思	著名的義大利男高音帕華洛帝就是出生於這個小鎮，不過他後來大部分時間都住在別的地方，城內並沒有什麼相關的景點可看，倒是他也習慣喝家鄉葡萄酒醋保養喉嚨。來這裡就是專心於吃跟欣賞車這兩件大事
閒聊	這區的人感覺較為保守謹慎，樸實而認真的生活著。不過愛車人倒是非常多，連起司農莊都可找到Maserati的古董車博物館。可能地處位置的關係，融合了威尼斯跟波隆納的性情

真愛義大利

Attention

古董市集

每個月的第四個週六會有這區最大的古董市集。5月也會有古董車賽。

搶來的水桶

這水桶竟然關係到波隆納與蒙地那長達12年的愚蠢戰爭。據說14世紀時蒙地那軍人從波隆納搶來了這個水桶後，波隆納人非常生氣，於是發動了一場12年的戰爭，喪失了無數生命。但波隆納最後還是戰敗，始終無法將這水桶搶回去。因此這可代表了蒙地那永遠的勝利，所以特別放在市政廳中當寶。戰爭的理由，永遠都是一群愚蠢的人腎上腺素莫名其妙上升的結果……

Walking
教你怎麼玩

週末來玩可購買Modenatur的週末套裝行程，含三星級雙人房，每人45～60歐元。也可安排英文導遊，每團最多10人(85歐元)，導覽時間為3小時。

09:00～11:00	法拉利博物館
11:00～14:30	參觀醋莊及在醋莊午餐
14:30～15:30	主教堂
15:30～17:30	市區購物
17:30～19:30	Caffé Concerto餐前酒
19:30～21:00	Da Danile晚餐

蒙地那

1.市政廳內部 / 2.法拉利博物館 / 3.滿室醉人的醋香 / 4.釀醋師以10多年的時間細心調製出屬於自己的獨特作品 / 5.富麗堂皇的市政廳

建築物雕刻這城市記憶

主廣場周邊

蒙地那古城的主廣場是大廣場(Piazza Grande)，Via Emilia街貫穿整個古城，
與它平行的Via Taglio有許多有質感的商店，這附近也有很多餐廳。

蒙地那於西元前2世紀開始建城，後曾遭水災淹沒，所有居民遷居到新城市，9世紀才又遷回這裡，並在守護神過世的地點建造主教堂，由此爲中心點向外擴建新城，期待守護神的力量能守護這個城市世代平安。

蒙地那**主教堂**始建於1099年，爲羅馬風格建築，200年後北歐建築師又加入哥德風格。主教堂三面都有門，面向大廣場的是Porta Regia，也就是「主門」的意思。上面架了根鯨魚骨，這是以前的商人到遠洋經商時買的，但又不清楚這個東西到底是邪、是善，就把它放在教堂門上，代表萬物都可進入教堂，即使是不好的東西，也有主的護祐。門拱上有6幅浮雕。主門則爲創世紀的雕刻作品，可看到亞當夏娃等故事。面向Via Emilia的門則刻繪以前每個月份的農業生活，還可看到許多極富想像力的動物雕像。主教堂旁邊高聳的哥德式鐘塔Torre Ghirlandina，高87公

主廣場

市政廳內部

主教堂 Duomo
web：www.duomodimodena.it
add：Corso Duomo
tel：(059)216 078　　price：免費

市政廳
add：Vicolo Ranocchi 1D
tel：(059)203 2660
time：週一～六09:00～19:00；週日15:00～19:00
price：週日門票€1

❶門上有6幅浮雕，雕繪聖人S. Geminiao的生平事蹟：第一幅是聖人離開蒙地那，第二是聖人搭船漂洋過海，第三是聖人救了異國公主，第四是國王餽贈禮物給聖人，第五是聖人回到蒙地那，第六則是聖人過世下葬在這裡的場景。

Caffé Concerto，餐前酒可享用吧台上的所有點心　　南瓜餃是Da Danile的特色餐，麵皮Q、內餡香甜

尺，1999年列為世界文化遺址。教堂的牆面上可看到以前交易用的量尺。而廣場上的大理石，則是以前放屍體讓人認屍或處罰欠債者用的。

主教堂廣場邊的**市政廳**裡有好幾個漂亮的廳室，如火室(Sala del Fuoco)描繪蒙地那戰爭場景，老會議廳(Sala del Vecchio Consiglio)則還保留18世紀的木椅，Sala degli Arazzi有大幅的濕壁畫及水晶吊飾，呈現典雅的風格。

市政廳旁邊有家**Caffé Concerto**，是城內最受歡迎的咖啡館之一，中餐有Buffet、傍晚有餐前酒(Apertivo)時間，週末還常有現場音樂會，週日也有早午餐(Brunch)。

回Via Emilia往前直走，附近有許多商店，左轉Via L. C. Farini可到Piazza Roma廣場的**總督府**。1598年Este家族決定將蒙地那設為首府，開始在古城內大興土木，總督府就是1634年開始建造的，現為軍事學校。爬上2樓可參觀王子公寓，現為軍事博物館，State公寓則有Este家族的畫像及濕壁畫。

如果想吃道地的蒙地那美食，Via Taglio附近有家老餐廳**Da Danile**，一直以南瓜餃聞名，皮薄有咬勁，餡又甜美。這裡的沙拉當然都會淋上傳統葡萄酒醋，甜點不妨嘗嘗淋上葡萄酒醋的冰淇淋。

蒙地那

總督府
add：Piazza Roma
tel：(059)220 022
time：週末開放
price：由義大利文的導遊
帶領參觀€8

Caffé Concerto
web：www.caffeconcertomodena.com
add：Piazza Grande
tel：(059)222 232
time：08:00〜03:00；中餐Buffet 12:00〜15:00；
餐前酒18:30〜21:00；週日早午餐11:30〜16:00

Da Danile
add：Via Coltellini 31　tel：(059)225 498

跑車揚起醋香起士香

葡萄酒醋、起士與法拉利

那醉人的香醋室，有趣的起司工廠，令人讚嘆連連的跑車博物館，
蒙地那以各種有趣的文化，迎接他的訪客。

既然到了蒙地那，當然要來趟醉人的葡萄酒醋之旅。撰寫《開始到義大利買名牌》時，特地去參觀了蒙地那著名的醋莊San Donnino，才發現原來參觀醋莊這麼有趣，深受釀醋師對工作的堅持與付出而感動。而當你走進滿盈著醋香的釀醋室，真是醋不醉人、人自醉，絕對讓你覺得不虛此行。

蒙地那的葡萄酒醋是以這區種植的Trebbiano及Lambrusco兩種葡萄釀造的。將葡萄鮮搾成汁後，小心的控制溫度滾攪24小時、排出多餘水分，接著沉澱3個月，讓100公斤的葡萄汁濃縮為60公斤，再放入木桶陳釀、讓葡萄汁慢慢發酵。每年還要進行重要的

添桶程序，讓不同的木桶增加果香味及色澤。而這道過程就是釀造師發揮其天分的地方，就像手握調色盤的畫家，以12年的時間慢慢上色，繪製出獨具畫家特色的畫作。每一瓶醋的風味，都展現著釀醋師獨特的美感。

蒙地那傳統酒醋正式裝瓶前，需先通過酒醋釀造協會品醋師的嚴格檢驗、認定品質及年份之後，才能正式貼上「DOP」（Denominazione d'origine protetta縮寫）字樣的檢驗標籤，並將酒醋裝在釀造協會統一設計的方底圓肚玻璃瓶中，再標上「Aceto Balsamico Tradizionale」的標籤。若是Reggio Emila區域的酒醋，則以瓶肚上的標籤顏色來區分年份。

San Donnino醋莊
web：www.eshop-villasandonnino.it
add：Strada medicina 25/1
tel：(059)469 325
time：09:00～12:30，14:00～17:30
開放參觀，建議先預約

Acetaia Caselli
web：www.acetaiacaselli.it
add：Via A. Volta 16, San Vito di Spilamberto
tel：(059)798 981
price：12年酒醋約€45，小瓶醋約€9

可在醋莊享用道地美食及品醋　　　　檢驗師正拿著槌子推敲起司的成熟度

12年的酒醋是紅色標籤，銀色為18年酒醋，而25年則為金色標籤。若是蒙地那地區則以瓶頸標籤顏色來區分：鵝黃色表示為12年酒醋，25年老酒醋則以金色EXTRAVECCHIO特陳酒醋標示。

若要參觀醋莊，可連絡**葡萄酒醋公會**，或是請**Modenatur**安排參觀。第一次參觀的醋莊San Donnino位於城市邊緣，有著美麗的豪宅，電影《1999》曾在此取材。這次參觀了完全不同風格的醋莊**Acetaia Caselli**，它位於附近的小村莊，感覺較為純樸，而且還可以品嘗醋莊媽媽自己料理的鄉村菜及葡萄酒醋。

除了醋莊之外，這美食之鄉還有許多起司工廠，其中有座**有機起司工廠Hombre**，自己費心的種植有機牧草、飼養有機牛，每天以新鮮的牛奶做起司。

這香醇的起司製作首先要將下午擠的鮮奶放置過夜，隔天再加入一半的鮮奶到銅桶中（這種材質的桶子才能保溫，且不可用化學清潔劑清潔）、加熱到35度，然後把上面的部分拿來做Ricotta起司。接著加乳牛的胃乳到牛奶中，讓它自然發酵、凝固，再放進小圓桶，加熱到50～55度，加入酵母後，靜置40分鐘，用布撈起凝固的奶塊放入模具成形。接著將起司放入鹽水中靜置20天，

蒙地那

葡萄酒醋公會
Aceto Balsamico
Tradizionale di Modena
web：www.balsamico.it

Modenatur
web：www.modenatur.it
tel：(059)220 022

起司公會Consorzio del Formaggio
web：www.parmigiano-reggiano.it
add：Parmigiano-Reggiano
tel：(052)2307 741

Hombre有機起司工廠
web：www.hombre.it
add：Via Corletto Sud 320
tel：(052)510 660

這不但可增加起司的風味，也可讓起司自然熟成。最後放在陰乾處12個月熟成。光是1顆起司就需要600公升的鮮奶，一大桶鮮奶只能做成兩顆起司輪而已。

只有使用這區的牛奶做成的起司才能稱為Parmigiano-Emilio起司❷，12個月熟成後，一顆起司通常重38～39公斤，不可低於36公斤，須經專家檢查核可才能印上這區的標籤。這種起司可以放置36個月，放得越久，風味越濃郁（不過也會比較鹹）。

這座有機起司工廠內還有老闆自己收藏的義大利頂級車Maserati的**古董車博物館**，滿室的Maserati古董車，應該是愛車人的天堂。

蒙地那區域也號稱為「The Land of Motor」，這裡是許多知名汽車品牌的製造地，最著名的法拉利就位於附近的Maranello鎮。這裡應該是全球法拉利密度最高的地方，剛進入小鎮沒多久，就看到許多法拉利奔馳於小鎮街上。遊客可以參觀總部旁邊的**法拉利博物館**，陳列所有的法拉利車型。

❷Parmigiano-Emilio起司之所以這麼珍貴是因為它熟成時間相當長，讓牛奶中的過敏原都消失了，即使是過敏體質的人也可以吃這種起司。這種起司可以直接食用，淋上蜂蜜或葡萄酒醋，或者磨碎撒在義大利麵或沙拉上，也可以將起司加水給小孩喝，補充鈣質。

古董車博物館
Panini Motor Museum
web：www.paninimotormuseum.it
tel：(059)220 022
time：週一～五09:30～12:30、15:00～18:30；週六09:30～12:30；3～10月要先線上或電話預約參觀
price：免費

蒙地那
住宿推薦

Canalgrande Hotel
四星級旅館

這座老宅本來是修道院，1788年轉爲私人所有、改建爲豪宅，進而轉爲旅館，入住這裡就好像住在歐洲豪宅。還可在後面的庭院享用早餐，欣賞老教堂及修道院迷人的庭園。

web：www.canalgrandehotel.it
add：Corso Canalgrande 6
tel：(059)217 160

Hotel Estense
三星級旅館

這座三星級旅館就在主街Via Emilia的盡頭，到古城區步行約10分鐘，也提供免費停車場。旅館的房間布置典雅，衛浴設備相當現代化，早餐也算豐盛，是很理想的商務旅館，週末則有特惠價，適合一般遊客住宿。

web：www.hotelestense.com
add：Viale Berengario 11
tel：(059)219 057
price：雙人房€115起(週末通常有優惠)

San Filippo Neri
青年旅館

共有80個床位，距離火車站約300公尺。房間乾淨，床位設置感覺也不錯。

web：ostellomodena.it
add：Via S. Orsola 48
tel：(059)234 598

蒙地那
實用資訊

旅遊服務中心
web：www.visitmodena.it
add：Piazza Grande 17
tel：(059)206 660

Modenatur旅行社
web：www.modenatur.it
add：Via Scudari 10
tel：(059)220 022

對外交通
由波隆納搭火車到此約45分鐘；到米蘭約1.5小時。

對內交通
火車站位於古城區北方，有點距離，最好搭公車到市區。

法拉利博物館
Galleria Ferrari
web：museomodena.ferrari.com
add：Via dino Ferrari 43, Maranello
tel：(0536)943 204
time：冬季09:30～18:00；夏季09:30～19:00
price：€15，兒童票€5

Genova
La Citta' dei Caruggi

熱那亞 *迷港

熱那亞，曾是雄霸地中海域的海港大城，也是哥倫布探險家的故鄉，
來過之後才發現，熱那亞這個城市竟是如此風情萬種：
火車站前開闊的大道，讓人心情為之大開，一派海港式的豪邁；
古城中又小又彎的老巷道，兩旁盡是古老的小店鋪，是最純樸的風情；
老拱廊下的老海鮮店、人潮擁擠的小吃店，海邊停靠著一艘艘美麗的遊艇……
不禁令人驚訝：這海港城，究竟有多少面向？

必看	Via Garibaldi、古城小巷、水族館
必吃	Pesto松子青醬、Trenette義大利短麵、Foccacia烤餅、Farinata鷹嘴豆烤餅、榛果巧克力咖啡、Pandolce Genovese水果麵包
必買	Pesto alla Genovese(松子、橄欖油、起司、羅勒葉、大蒜、鹽巴製成的青醬)，每家都有自己的配方，味道不盡相同
迷思	很多人會覺得逛古城小巷危險，其實白天相當熱鬧，雖然夜晚會有一些流鶯，不過這對熱那亞人來講是生活文化的一部分。太晚盡量不要到Via Prè跟Via del Campo。城內有許多新設施，很適合親子旅遊
閒聊	「低調的奢華」，應該是我對熱那亞所下的定義。人說熱那亞人相當封閉、不容易親近，但當你開始接近熱那亞人時會發現，他們是友善、歡迎遊客來訪的，這種低調，可從隱於老舊巷弄中的華宅看到。當你遊逛這個城市後，慢慢會發現他是個會讓人想念的地方

真愛義大利

Galata Museo del Mare
海洋博物館

東方博物館

白宮
紅宮

土耳其宮

I Tre Merli

Antica Friggitoria

GelateriaProfumo
冰淇淋店

Acquario di Genova
熱那亞水族館

S. Pietro in Banchi

Pietro Romanengo fu Stefano

Piazza della Feste

F.LLI Klainguti

S. Luca

Galleria Mazzini

Carlo Felice
劇院

Piazza Piccapietra

Antica Sciamadda Carega

聖羅倫佐主教堂

Piazza de Ferrari

Piazza Cavour

Albergo Seana

兒童館

Caffe' degli Specchi

耶穌教堂

北

Le Terrazze del Ducale
總督府

Santa Maria di Castello

Piazza Dante

東方市場

FNAC

● 景點　● 商店
● 餐廳　● 旅館

Attention

熱那亞有兩個火車站，主要火車站為Stazione Brignole，另一個較靠近纜車站的是Stazione Principe。出Stazione Brignole直走右轉上坡道Via XX Settembre，這曾是17～19世紀時最時髦的街道，遠遠就可看到橫跨大道的白色拱橋，現在則都是年輕人最喜愛的中價位品牌戰區。

由Principe火車站附近可搭電纜車上山

Walking
教你怎麼玩

　　若時間不多，可以安排一天的熱那亞行程。若是親子旅遊的話，可以碼頭區為重點。

09:00～10:00	Via XX Settembre街道 + 東方市場 + 法拉利廣場
10:00～12:00	Via Garibaldi參觀紅宮及白宮
12:00～14:30	午餐
14:30～15:30	古城小巷往碼頭區走＋冰淇淋
15:30～17:00	碼頭區參觀水族館
17:00～18:00	老拱廊區享用熱那亞小吃
18:00～19:00	參觀聖羅倫佐主教堂、耶穌教堂
19:00～	回總督府頂樓用餐

熱那亞

143

丘陵豪宅巡禮

新街與博物館區

熱那亞位於義大利西北部Liguria省，自12世紀慢慢崛起，
16世紀在Andrea Doria的帶領下，將熱那亞推到最巔峰，與威尼斯、比薩王國
並列為地中海三雄，18世紀末被法國及奧地利占領後才慢慢衰退。

抵達熱那亞的清爽早晨，與趕著上班、上學的熱那亞人走在Via XX Settembre街上，逛過拱廊間的老藥房、Zara、H&M，再鑽進人聲鼎沸的東方市場（Mercato Orientale），跟著當地人這裡看看、那裡選選這一季的時鮮，讓小販們充滿生氣的叫賣聲，叫響我在熱那亞的美好一天。

當然，在義大利想要完全清醒，還差「那一小杯」又濃又香的Espresso。我的靈鼻帶我走向**FNAC**地下1樓的小咖啡館、到法拉利廣場邊的老咖啡館，也帶我到高級商店林立的Galleria Mazzini（法拉利廣場上Teatro Carlo Felice後面）尋找香醇的義式咖啡。

早上9時半的陽光、悄悄鑽出秋末的薄霧，伴著我神采奕奕的雙腳踩過高級商店街Via Roma，彎向熱那亞最華麗的街道Via Garibaldi。

1528年當Andrea Doria成為公爵後，成功地將熱那亞帶往最高峰，企業家、探險家、銀行家紛紛崛起，也因此，才有了哥倫布探險隊發現新大陸；也因此，這個濱海的山城，讓貴族們願意花8年的時間，把丘陵地開闢成Via Garibaldi（當時又稱為「新街」Strada Nuova），在16～17世紀期間蓋上42棟豪宅，招待來自各地的王宮貴族、教皇、大使，當地人將這區稱為「Rolli」（捲髮夾

FNAC
add：Via XX Settembre 465
tel：(010)290 111　　info：有網路設備

紅宮 Palazzo Rosso
add：Via Garibaldi 18
tel：(010)557 4972
time：09:30～18:30，夏季提早半小時，
週五到21:00
price：€9

白宮 Palazzo Bianco
add：Via Garibaldi 11
tel：(010)557 2193
time：09:30～18:30
夏季提早半小時，週五到21:00
price：€9
info：現為市立美術館
(Galleria Civic)

市區最高級的購物街區

Via Garibaldi街上都是精緻華廈，很多已改為銀行

的意思）。據說當時還曾經招待過路易十二及其300多名隨從，想想要有多少的財力才能招待這些貴客啊！（這區2006年已列為聯合國文化遺產。）

　　現在，這些豪宅不是私人住宅、就是已改為銀行，其中最值得參觀的就屬Brignole Sale家族的18世紀建築**紅宮**，以及對面的17世紀建築**白宮**。紅宮展示Brignole-Sale家族的收藏，3樓有許多是凡戴克（Anthony van Dyck）及魯本斯（Pieter Paul Ruben）為此家族成員所繪的肖像，例如Ferrari本人及其妻Maria的肖像。由於Ferrari家族曾是法國大使、也長期居住在巴黎，因此房間的裝飾散發著活潑華麗的洛可可風。這裡也收藏熱那亞巴洛克畫家Bernardo Strozzi的作品，其中以生動的《廚師》（La Cuoca）最令人印象深刻。這位修道士畫家總能生動的將平民生活帶入畫中，而且你會發現他畫中的女人都是同一個人，原來這位清修的教士只能以妹妹為模特兒。

　　另外還有威尼斯畫家Veronese及波隆那畫家Doria的作品。3樓則有豐富的印刷品收藏，2樓的收藏大部分是由熱那亞及北歐畫作所繪的異國風情畫。除了這些展覽外，紅宮最有趣的就是可以爬到頂樓平台，迎著海風，雙腳顫抖著欣賞整個古城與港口。

熱那亞

土耳其宮 Palazzo Tursi
add：Via Garibaldi 9
tel：(010)557 2193
time：09:30～18:30
夏季提早半小時，週五到21:00
price：€9

東方博物館
Museo d'Arte Orientale
add：Villetta Di Negro-Piazzale Mazzini 4
tel：(010)542 285
time：08:30～18:00，夏季09:00～19:00，週二到18:00(週一休息)
price：€5

對面的白宮原本是Maria的住宅，但她認為熱那亞需要一座美術館，決定將這裡捐出來闢為市立美術館，大眾也因此有機會欣賞卡拉瓦喬（Michelangelo Merisi detto il Caravaggio）、魯本斯、凡戴克等知名畫家的作品。另外，建於1565年的**土耳其宮**，是當時最有錢的家族宅邸，可說是新街建築中最成熟的作品。它的立面寬度是一般建築的兩倍，但由於地勢及土地有限，花園只能往上設計為2層式庭園。這裡同時也是Strada Nuova博物館，除了收藏一些裝置藝術及熱那亞大公國的重要文物外，小提琴家Paganini❶的Canone夢幻小提琴也收藏在此。

參觀完新街，若還有時間可踏著清爽的綠園小徑往上爬到公園最上方，來到僻靜的**東方博物館**。19世紀時熱那亞著名的鏑版家族Chiossone，細心的培養才華洋溢的兒子Edoardo到德國學習，後來日本人特聘他到日本，傳授鏑版技術。Edoardo自此長居日本。在日本期間，由日本、中國、韓國及暹邏地區收藏了許多頂級藝術品，像是從維新時期搶救下來的佛像、日本武士盔甲等，而精緻的唐朝銅鏡，其細緻的雕工，更是讓人讚嘆。

這座包浩斯風格的博物館共分為3層樓，開放式的展示空間，讓人爬到最後一層時，可以觀看到整座博物館內的收藏。

1808年Edoardo過世之後（葬於日本東京），將這些藝術品捐給熱那亞博物館，希望讓遠在地球另一端的家鄉，也有機會欣賞遠東文化。逛完東方博物館之後，可回到Via Garibaldi，到距離新街不遠的知名餐廳I Tre Merli。熱那亞共有4家分店，這家餐廳將老酒館重新整修過，充分展現熱那亞古城建築的特色，感覺好像是在老酒窖用餐。而且這家餐廳的菜也相當美味，推薦熱那亞最著名的青醬義大利短麵及螃蟹墨魚麵。

❶ **尼可拉帕格尼尼 Niccolò Paganini**

這位天才小提琴家因賭債而當掉的小提琴目前收藏在市政廳中，每兩年的10月會選出一位小提琴家用這把小提琴演奏。不過並不是每位得主都有這樣的殊榮，如果評審團認為那一年的得獎者技藝還不夠超凡，即使獲得第一名，還是無法用這把名琴演奏。

這把名琴跟一般小提琴不大相同，一般小提琴每一條弦的高度不同，以避免拉到另一條弦，但這把小提琴所有弦的高度都相同，因此它可以讓帕格尼尼一次拉出兩條或三條弦的音，帕格尼尼可說是將小提琴的音色發揮到前所未有的境界。

I Tre Merli
web：www.itremerli.it
add：Calata Cattaneo 17
tel：(010)246 4416
time：12:10～15:00、19:30～23:00

1.低調立於老街巷的Pietro Romanengo fu Stefano老糖果店是英國查理王子最愛的糖果店之一 / 2.熱那亞古城區就是由這些窄巷組成的 / 3.東方博物館位於這座公園的上樓 / 4.由紅宮頂樓眺望海港與古城區 / 5.曾被威爾第讚這裡的鬆餅比他的歌劇還精采 / 6.擺滿醃漬罐的老店 / 7.老牆上總能看到一些歷史故事在其中 / 8.港邊的聖喬治大樓，外牆美麗的壁畫最值得欣賞

迷人老街巷風情
古城區

酒足飯飽之後，讓我們整束儀容，正式向往歐洲最大的古城區邁進，
張開我們的耳、鼻、口、眼、心，認識真正的熱那亞。

首先可以從新街走進Vico del Ferro，因為這條小小巷裡有家熱那亞人最愛的冰淇淋店**Gelateria Profumo**，各種口味的冰淇淋仍保存在傳統的圓冰筒中，其中以Chinotto/小草莓口味最受歡迎。隨著小巷往左走就可來到Via di Soziglia，首先會看到連查理王子都喜歡的**Pietro Romanengo fu Stefano糖果店**，它的門面以精緻的大理石雕刻裝飾著，店內的手工糖果都仔細的陳列在老木櫃中。

這些甜點可是熱那亞貴族的最愛，許多人結婚週年慶都會到此購買禮品，結婚25週年慶是甜蜜的銀禮盒，50年是高貴的黃金禮盒，畢業禮物則放在喜氣洋洋的紅色禮盒中。

而這家店的不遠處是自1828年開業至今的**F.LLI Klainguti**老咖啡館。有次歌劇大師威爾第(Giuseppe Verdi)到熱那亞指揮新歌劇，但觀眾反應非常不好，隔天早上到此用餐的威爾第感嘆的跟老闆說，就連你們的可頌Falstaff都比我指揮的歌劇還要好。衝著這句話，到熱那亞當然要嘗嘗比威爾第的歌劇還好的點心囉！

咖啡館對面有家義大利平價百貨Upim，內可藏有玄機喔！這棟建築是熱那亞古城中的豪宅，現在商場的部分就是以前的大庭院改建的，所以商場內還保留之前的雕刻噴泉。這應該就是熱那亞

Gelateria Profumo
add：Vico del Ferro 14r
tel：(010)251 4159
time：09:00〜13:00，15:00〜19:30
週日09:00〜13:00(週一休息)

Pietro Romanengo fu Stefano
add：Via Soziglia 74
tel：(010)247 4574

熱那亞古城區就是由這些窄巷組成的　　　　小小巷的地窖中是當地人最愛的餐館

老城區的魅力所在吧：在時代的變遷中，完美融合著古今文化，在主婦們挑選現代設計的同時，沉浸在古老光輪的氛圍中。現在回想起來，熱那亞古城的魅力仍然縈繞在心中，好想再一次鑽進這些當地人口中的「Caruggi」[2]老巷。

由Via Soziglia往前直走，則是金銀飾手工藝匠最集中的Via degli Orefici，走到盡頭是小廣場Piazza Banchi，這裡有座小教堂S. Pietro in Banchi。我們可以看到教堂的樓下竟然有店面，原來當初要蓋教堂時資金不足，所以乾脆就把樓下的空間出租，再用租金慢慢建造這座教堂，這應該是全義大利唯一「商教合一」的教堂。教堂的右前方有棟白色建築，這棟建築以前並沒有蓋頂，是開放式的貨幣兌換中心（由於熱那亞是國際海港，這裡以前可是熱鬧的國際貿易城）。而以前匯兌鋪都是一條木板（Banchi）就可以做起生意了，所以這個廣場才會叫做「Banchi」。

教堂前的小街稱為Via San Luca，街口有家小小的**S. Luca**咖啡館，裡面的布置相當古樸，賣著各種花式咖啡，其中尤以榛果奶油咖啡最動人。再往前走會看到一些中國商店，賣著熱那亞人認為很沒特色的成衣，接著還會看到幾家很有摩洛哥、回教風味的雜貨店，裡面的彩繪瓷器讓人很想搬回家。

[2]Caruggi，是窄小巷子的意思。

S. Luca
add：Via San Luca 5r
tel：(349)794 6028
time：週一～五07:00～19:00
週六08:00～19:00

S. Pietro in Banchi教堂後面的小巷Via di Canneto il Curto，這條小小巷傍晚時超迷人的，窄窄的巷道兩旁都是些老雜貨店，熱那亞人沿街快樂的採購著。老雜貨店裡擺放著各種醬菜罐、香料，像是乾番茄、乾蘑菇、醃漬朝鮮薊、橄欖等，都是相當道地的義大利食材，別忘了買瓶風味獨特的熱那亞松子青醬及榛果醬。

接著往回走到San Lorenzo這條熱鬧的主街道，往前直走就會看到黑白相間的**聖羅倫佐主教堂**。門口兩座1840年新打造的臥獅保護著教堂，教堂建築本身結合了哥德、羅馬及文藝復興風格，細部裝飾都是12世紀法國技術最精湛的工藝師之作。教堂內收藏著熱那亞守護聖人施洗聖約翰的骨灰，每年聖人節時會先拿出骨灰玻璃瓶供人瞻仰，然後帶著骨灰繞行整個城市，祈求聖人繼續保護熱那亞。除了聖人骨灰，教堂內還很突兀的放著一顆英國炸彈，這是當時戰爭時投到這座教堂的未爆彈，還好當時並沒有爆炸，否則今天就看不到這座教堂了。

再往前走一點會看到外表樸素的**耶穌教堂**，但這座小教堂內部金碧輝煌的裝飾，卻比主教堂還漂亮。金黃色的圓頂開著小窗，當陽光灑進教堂、滿室金黃色的光輝，讓兩幅魯本斯的畫作更為鮮活跳動。

主教堂內仍保留當時差點炸了教堂的炸彈　耶穌教堂

聖羅倫佐主教堂
Cattedrale di San Lorenzo
add：Piazza San Lorenzo
tel：(010)557 4096
price：免費

耶穌教堂
Chiesa del Gesù
add：Piazza G. Matteotti Genoa
price：免費

逛完整個古城區也該休息一下了，總督府對面的小巷口有家美麗的小咖啡館**Caffé degli Specchi**，無論是戶外或室內，都坐滿喝餐前酒的熱那亞人。推薦大家到此坐坐，感受一下熱那亞下班後的悠閒氣氛。接著可以到總督府頂樓的餐廳**Le Terrazze del Ducale**用餐。在總督府頂樓用餐耶，不但地點特別，這裡的海鮮更令人讚不絕口。

還有時間的話，建議到古城區的**Santa Maria di Castello**。這座教堂位於古城最貧窮的區域，常被遊客們忽略，但這12世紀的教堂內，有3座美麗的迴廊，可向教堂管理者要求參觀。2樓的迴廊有Joos von Ravensburg於1451年所繪的天使報喜圖，優雅高貴的筆調，彷彿能拯救所有為世間事所苦的眾生。此外，這座教堂還收藏許多還願者所繪的還願圖，他們將自己祈求並獲救的情景全訴諸圖畫中，因此會看到火災、生病、海難等場景，虔誠的繪出自己的感激之情，這些寶貴的畫作全部收藏在教堂的藏畫室內。

市區最貧窮的區域隱藏著一座美麗的老修道院

藏書室中收藏還願者所繪的圖畫

熱那亞

Le Terrazze del Ducale
web：www.leterrazzedelducale.it
add：Palazzo Ducale
tel：(010)588 600
go：由總督府大門進去左轉搭電梯到3樓

Santa Maria di Castello
add：Salita Santa Maria di Castello 15
tel：(010)860 3690
time：10:00～13:00、15:00～18:00

Caffé degli Specchi
add：Salita Pollaiuoli 43r
tel：(010)256 685
time：餐點供應07:30～23:00

陽光港岸嘗海味
港口區

除了古城區，展現熱那亞活力的港口區(Porto Antico)，
港邊停滿一艘艘豪華的遊艇，與古城區截然不同地充滿熱那亞陽光的悠閒氣息。

西元1992年為慶祝哥倫布❸發現新大陸500週年，熱那亞市卯足勁翻修整個城市，港口區就是這段時間完成且最令熱那亞人驕傲的成果，其中最引人注目的當屬**熱那亞水族館**。這座水族館依著港口而建，後來要擴建時卻有地勢上的困難，熱那亞人突發奇想地利用大船來當第二展覽場，因此由第一棟的展區走到第二展區時，有種走入海洋的感覺喔！

水族館於1992年開幕後，引領熱那亞的旅遊熱潮，以71座水族箱及800多種海洋生物吸引無數的遊客。

水族館內最熱門的當屬兩隻活潑的海豚了，他們最喜歡在傍晚遊客較少時出來嬉戲，盡情的叫跳著，那種頑皮又優游自在的

神態，真是惹人喜愛。最近開設的水母區，就好像讓人走進夢中，藍色的水族缸裡是倏忽往上游的透明水母，各種不同的水母種類，彷彿是落進藍色大海的點點繁星。水族館外有個玻璃球，是熱帶雨林植物館，立於海上的玻璃球設計，晚上在燈光照射下，尤其耀眼。

出水族館往左直走到底的透明玻璃建

❸**是誰發現了新大陸？**
只要提到熱那亞，第一位讓人聯想到的人物就是發現新大陸的探險家哥倫布(Cristoforo Colombo)了。出生於熱那亞工人家庭的哥倫布，為了要打破天圓地方的理論，到處尋求歐洲各國的贊助，最後終於在西班牙的贊助下，於1492年10月12日發現美洲新大陸，美國還特別將10月12日定為哥倫布日。

熱那亞水族館
Acquario di Genova
web：www.acquariodigenova.it
add：Ponte Spinola
tel：(010)2345 678
time：09:00～20:00
price：成人票€24，4～12歲€15

由舊工廠改造的兒童館

港邊的聖喬治大樓

築是**海洋博物館**。這裡原本是熱那亞港的造船廠，館內可看到傳統的尖嘴木造船艦，船艦上一排排的座椅，據說以前的奴隸要不分日夜的坐在這椅子上奮力划船。館內還有實體船艦，展示船艙內的廚房、臥室，訪客也可以體驗如何駕駛船艦。而館內最重要的文物就屬哥倫布的航行手稿，當時的皮套筆記，現仍完整保存在博物館內。

出海洋博物館往水族館方向直走，過水族館順著碼頭直走到後方，這裡有一區紅色的建築群。這些原為棉花工廠的老建築，現已轉為活潑的商場。多媒體商店的樓上有座**兒童館**，設有各種讓2～14歲小朋友從玩中學的設施。

港口區除了這些現代化景點之外，San Giorgio散發著古典美，這裡現在已成為海關辦公室，不過San Giorgio後面的老拱廊更吸引我的注意，因為拱廊下有許多道地的小吃店，其中最不可錯過的就是鷹嘴豆烤餅及炸海鮮。

Farinata原本是窮漁夫將小魚跟鷹嘴豆粉拌在一起加上橄欖油烤的小吃，現在則成為Liguria的特色餐點，也是現代義式速食。這區的美味小吃還有Foccacia烤餅，它的拉丁文為「Focacius」，也就是「灰燼」的意思。因為以前的人會趁著灰燼還有餘溫時，將

熱那亞

海洋博物館
Galata Museo del Mare
web：www.galatamuseodelmare.it
time：10:00～19:30，冬季週二～五到18:00(週一休息)
price：€12

兒童館
La Città dei Bambini
web：www.cittadeibambini.net
add：Magazzini del Cotone 2樓
tel：(010)234 5635
time：10:00～18:00
price：€5～7，23個月以下免費

麵粉放在熱石上烤餅。據說以前的熱那亞人還會吃烤餅配卡布奇諾當早餐，這區最著名的口味是包著Recco起司餡的Foccacia Recco烤餅。在港口邊的小巷內有家老餅店**Antica Sciamadda**，小小的店面，店主人熱切的招呼著，跟熟客自在的聊天。

這裡是熱那亞最有名的鷹嘴豆烤餅鋪，現仍在店內以柴燒現烤。
除了烤餅，還有各種口味的餡餅，可以帶走吃，也可以坐在小小
的吧台享受熱呼呼的美食。

另外老拱廊上還有兩家很棒的炸海鮮店，這家**Antica Friggitoria Carega**除了各種鮮炸海鮮，也有鷹嘴豆烤餅。另一家開了120年的老店Antica Friggitoria則位於San Giorgio宮邸後面，由兩位老婆婆掌廚，它的炸蝦真是香甜酥脆啊！

港口邊的老拱廊有許多海鮮店及小吃店，這是
便宜覓食的好地點

這位阿媽的120年炸海鮮店

Antica Sciamadda
add：Via San Giorgio 14r
tel：(010)246 8516
time：週日休息
go：沿著老拱廊往San Giorgio方向走，過San Lorenzo街即可抵達San Giorgio，往上走一點點就會看到藥房對面的這家小店

Antica Friggitoria Carega
add：Via di Sottoripa 113r
tel：(010)247 0617
time：08:00～20:00(週日及週一早上休息)

熱那亞住宿推薦

Star Hotels President 四星級旅館

這棟旅館就位在主火車站外面，聳尖的玻璃帷幕建築，在熱那亞藍天下亦顯醒目。旅館形式屬於商務旅館，因此相當講究枕頭的舒適度，提供了6種不同的名枕供客人選擇呢！

web：www.starhotels.com
go：距離Brignole火車站僅200公尺
add：Corte Lambruschini, 4
tel：(010)57271

Albergo Soana 二星級旅館

位於主要商業街道Via XX Settembre路上、白色拱橋Ponte Monumentale前面，地點算是非常好，無論是逛街或參觀景點都很便利。

web：www.hotelsoana.it
add：Via XX Settembre 23-8
tel：(0010)562 814
price：單人房€60，雙人房€80

熱那亞實用資訊

旅遊服務中心

web：www.visitgenoa.it
add：Via Garibaldi(白宮對面)
tel：(010)5572903
time：週一～日09:00～18:20

熱那亞博物館資訊網

web：www.museidigenova.it

Liguria區旅遊網站

web：www.regione.liguria.it

對外交通

由都靈或五鄉地到此，搭火車約2小時

對內交通

古城區不是很大，可步行觀光。或者也可善加利用AMT市區公車。由於地勢的緣故，市區的地鐵站並不是非常完善。

AMT市區公車
web：www.amt.genova.it
price：100分鐘有效票€1.50，一日票€4.50

推薦Tour Guide

Lucia Lisei，人相當親切，說得一口流利的英文，詳細的介紹古城區許多道地的小地方。

Lucia Lisei
web：338-639 1117
e-mail：elle4elle@hotmail.com

Cinque Terre
La Terra del passeggio

五鄉地 *艱美

必看	愛之小路、單軌車
必吃	起司烤餅、醃漬鯷魚
必買	白酒、Sciacchetrà甜酒、國家公園白葡萄保養品、國家公園羅勒寬麵
迷思	並不是每條健行路線都非常困難，但也不可小覷長途健行路線，必備水、好鞋、防風防雨外套等；開車要繞山路，路程會比搭火車還遠，這區最好以火車旅遊
閒聊	如果幸運遇見教堂舉行婚禮，可以在教堂廣場附近等待新人出現在某棟建築的窗口大方丟喜糖。這是當地的習俗，與大家分享結婚的喜悅

Walking 教你怎麼玩

最好安排3天2夜，各小鎮有很多非常具當地特色的民宿。第一天抵達時可先走兩個小鎮間的步道，第二天再走另一段，否則一天走完全程會太累。體力夠的話，相當推薦Monterosso al Mare與Vernazza這段，雖然較難爬，不過這段也是最漂亮的(約2～3小時)。

也可安排時間參觀附近幾個優美的度假小鎮，例如以先到Santa Margherita，再由這裡搭公車到芬諾港(PortoFino)，若行程是要繼續往北走，也可以考慮住在Santa Margherita(從比薩到五鄉地約1～1.5小時而已，從南部的托斯卡尼地區過來可以選擇住在Riomaggiore)。

國家公園網站會隨時更新各步道的狀況，天候不佳時，出發前最好先查看網站。

迎著海風，依山壁踽踽而行

五鄉地步行道

從Genova一路搭火車到五鄉地，當火車一經過Santa Margherita這美麗的度假小鎮，
湛藍的大海、濱海大道濃濃的濱海度假氣息，
毫不客氣地滲入車廂，讓人好想跟著這種氣息飛出車外。
當火車緩緩開進濱海隧道、到達五鄉地的第一個火車站Monterosso al Mare之後，
整個地景又大不相同。因為五鄉地之所以特別，並不單只是這裡的自然景觀，
而是自然環境所造成的特殊人文景觀。

五鄉地是由五座濱海小村落組成的，由於這裡的地勢相當崎嶇[1]。五鄉地人為了生活，竟然在陡峭的山壁上慢慢闢出田地種植葡萄。但這些田地太過陡峭，根本無法將採收的葡萄運下山，因此1973～1975年間，當地人開始利用一種特殊的單軌火車來運送工人及葡萄（目前仍有50條軌道、60公里長）。當我健行時看到這種單軌軌道，馬上立正站好對農民致敬。因為這些單軌火車的軌道相當單薄，運載車就像雲霄飛車般懸在約100公分高的軌道上。若是大海風一吹或載滿葡萄的單軌車一偏，該如何是好！

五鄉地人就在這樣艱難的自然環境中，形成獨特的人文環境，因此五鄉地被聯合國列為世界文化遺址，而不是自然遺址。更特別的一點是，遺址不只包括陸地而已，還包括天然海域，在Moterosso及Riomaggiore各有一個保護區，保育海中的生物。

除了當地生活文化令人感動之外，更令我感動的是國家公園為這片土地所付出的努力。雖然這座國家公園僅成立10年，但他們在這10年間積極推動各種保護措施，為了鼓勵當地居民保持當地文化繼續種植葡萄園，他們更積極向農家收購農作，幫農民製造出最棒的葡萄酒、保養品來銷售。

五鄉地

157

[1] 由於五鄉地是不同地質的交會區，各區的地質環境造就了各村莊的獨特風情。例如這裡的石塊隨著地勢及風向而建，所以Riomaggiore的石牆較低，Moterosso的石牆較高。而為了防海風，農夫會仔細的紮起乾草牆來保護葡萄。每個村莊都很小，大概1小時就可以逛完，大部分都只有小教堂跟堡壘而已。跟羅馬、佛羅倫斯比起來，這裡的歷史景點並沒有什麼看頭，重點還是在於這裡的自然環境。大部分遊客會選擇一天搭火車逛所有村莊，每個村莊的火車車程都7～10分鐘而已。接下來幾天可以找自己最喜歡的路段健行。

五鄉地之所以這麼受歡迎，還在於它規劃了許多條健行步道，讓遊客更親近這裡的土地，慢慢欣賞它特殊的植被、蔚藍的海岸，穿過一畝畝農夫辛勤耕作的葡萄園，爬上山頂、眺望多彩濱紛的小村莊（尤其是由Varnazza往Monterosso走時，回望Varnazza村莊這段）。這裡的健行步道中最著名的就屬**No.2**的濱海步道（Sentiero a mare），不想走太遠的話，可以選擇Riomaggiore及Manarola之間的「愛之小路」（Via dell'Amore），20分鐘就可以浪漫走完全程，途中還有個懸崖洞穴般的小咖啡館供遊客休憩（上面有個野餐桌，視野相當好）。不過愛之小路旺季時可是寸步難行，遊客爆多！

　　其實整個國家公園內共有11條步道，旺季可選擇其他步道，例如山線No.1，可從另一個角度欣賞五鄉地，或者也可以選擇搭船巡遊五鄉地。（10～11月遊客最少，若是沒遇到下雨天或寒流來襲，也是最佳的拜訪季節；5月1日、8月、復活節時遊客相當多，甚至可能上不了火車，盛況應該跟平溪看天燈時一樣。）

健行步道
No.1

Montreeosso
al Mare

健行步道
No.2

Vernazza

Corniglia

Manarola

Riomassiore

La Spezia

濱海步道No.2需付費，進入前會經過這樣的收費亭

RIOMAGGIORE 4°15'
VERNAZZA 1°15'
2

最熱門的No. 2濱海步道各村莊間之步行時間：
Riomaggiore→Monterosso：5～7小時(全長，9公里)
Riomaggiore→Manarola(愛之小路)：20分鐘(1公里)
Manarola→Corniglia：1～1.5小時(1公里)
Corniglia→Vernazza：1.5～2小時(4公里)
Vernazza→Monterosso：2～3小時(3公里)

1

2

1.快接近Monterosso時有座小巧的老石橋，靜靜的散發出一股悠古風情／2.唯一有沙灘的Monterosso al Mare／3,4.醃漬鯷魚是這裡的特產，配上麵包或烤餅(Foccacia Recco)就成簡單的中餐／5.五鄉地居民艱苦的生活呈現在壁畫中／6.五鄉地最聞名的就是它多彩繽紛的村莊與壯麗的海岸景觀／7.幾乎一眼就可望盡Riomaggiore村莊／8.五鄉地位於地質交會處，地勢相當特別／9.濱海步道No.2上Vernazza往Monterosso的景色是我認為最美的一段，但也較難爬

3

4

5

7

6

8

9

1.愛之小路上的愛情鎖與情人雕像，旺季還得排隊拍照呢／2.輕鬆的愛之小路，到隔壁村僅需20分鐘／3.特別推薦這裡綠色鯷魚醬，最適合塗在麵包或加在義大利麵中

Corniglia、Manarola

　　Corniglia、Manarola及Riomaggiore都是較小、也較安靜的村莊，同樣也有許多民宿。Corniglia位於山脊上、三面葡萄園環繞，主街為Via Fieschi，得爬377階才能抵達市中心，不推薦行李較多者住在這個村莊，不過五鄉地唯一的青年旅館Ostello Corniglia就在這裡（冬季不開放）。

　　Manarola距離Riomaggiore僅20分鐘而已，步上愛之小路就可輕易往返這兩個村莊。而Manarola最值得參觀的莫過於國家公園的商店及工作室了。這裡有國家公園自製的葡萄酒及橄欖油，尤其是Sciacchetrà，是義大利最著名的甜酒之一，比其他甜酒更為溫醇，香氣的層次也相當豐富。再往內走還有個小工作室（若剛好工作人員在製作產品，遊客可參觀製作過程），他們重拾當地人常使用的花草，研發出各種優質保養品，其中尤以白葡萄面霜最值得推薦。除此之外，五鄉地的醃漬鯷魚品質也絕佳，而這裡利用羅勒葉揉製的義大利寬麵，那種飽實的口感真是料好實在，必買！鯷魚與香草搗成的鯷魚醬（Salsa di Aciughe）也是這裡的特產，很適合抹在烤麵包上吃，而清香的檸檬醬及蜂蜜，也是必購極品，一趟下來真是滿載而歸啊！這些產品都算是義大利的優質品，若對這些產品有興趣，最好就在這裡買，否則在別的城市很難買到。

1 **2** **3**

1.由國家公園經營的溫馨民宿,位於Riomaggiore景色絕佳的碼頭區
2,3.Muscoli Rippieni是這裡的特殊料理,魚餃也是不錯的選擇

那些我喜歡的小村莊

Riomaggiore

　　而最南端的Riomaggiore,到站時火車會驟然停在隧道內,要記得下車。旅遊服務中心就在火車站旁,較特別的一點是,這裡的火車站也是國家公園經營的,所以服務人員穿的是國家公園的制服,也提供旅遊訊息諮詢喔!推薦預訂國家公園管理的度假公寓。到站後直接到火車站旁的服務中心,服務人員帶我穿過村內的隧道、爬上爬下經過碼頭區,終於來到溫馨的黃色度假小屋。這棟度假公寓是碼頭區的第一棟黃色建築,位置絕佳,每晚聽著海浪聲入眠,一開窗就可望見五鄉地的山海景色!公寓的布置更是溫馨,房內的老木床、老廚櫃,散發著小村莊的樸實感,而浴室的水晶燈及亮麗的色彩卻又呈現出摩洛哥的繽紛風格,廚房也是一應具全,外面還有個小庭院,夏天在此享用晚餐、望海,最是理想了!

　　如果不想自己煮菜,想嘗嘗這裡的海鮮料理,那麼碼頭區的**Dau Cila**酒吧餐廳是相當理想的地點。餐廳跟這區的房舍一樣,鑿在山壁內,用心的設計,營造出簡潔的現代感。推薦這裡的魚餃及炸海鮮,如果想嘗嘗五鄉地的特色料理,Muscoli Rippieni理當是最佳選擇。這道菜在鮮美的淡菜內鑲入魚肉,然後再與番茄醬及香草烹煮,讓海鮮的鮮美與番茄的清香融合在一起。每次嘗到新菜,都不得不佩服義大利人的料理天分。

Dau Cila
add：Via San Giacomo 65, Riomaggiore
tel：(0187)760 032
price：主菜 €12起

五鄉地

161

Vernazza

　　走出Vernazza火車站就是村內唯一的主街，各色細長的老房舍，如堅竹般立於街巷間，房舍裡躲的是小咖啡館（**Blue Marlin咖啡館**的卡布奇諾超好喝）、雜貨店、冰淇淋店及絕不可錯過的鷹嘴豆烤餅店Farinata。走過狹窄的主街巷，豁然地出現村民聊天的教堂廣場，廣場旁有個可帶著愛犬踏沙逐浪的小角落、一個可以坐下來眺望大海發呆的碼頭區。這麼一個精緻的小鎮，讓原本住在Riomaggiore的我，趕緊鑽進雜貨店問老闆娘哪裡有好民宿。

　　就這樣讓我們找到溫馨的度假公寓**Affitacamere Francesca**。布置溫馨的小公寓雖然要爬點階梯，但就在市中心，也剛好位於濱海步道往Monterosso al Mare的入口。小公寓共有兩間雙人房、衛浴及廚房，很適合多位朋友同住或家庭住宿，還可自己到街上的雜貨店買些義大利食材回來大展身手。親切的民宿媽媽在主街上有家**Enoteca Sciacchetrà**商店，可買到當地美酒。

　　民宿媽媽好心的告訴我當天剛好有當地人舉行婚禮，可以過去

看看：當教堂鐘聲一響起，親友們早在教堂外等候，拿著一把把的米準備撒向新人以表祝福。接著所有人耐心的在廣場上等候，當新人出現在早已布置好的浪漫窗邊時，愛熱鬧的義大利人開始鼓譟，新人也毫不吝嗇地奮力撒著喜糖，村民及幸運的遊客則努力的湊熱鬧搶糖果，把整個婚禮氣氛搞得好熱鬧，也讓所有人感受到新婚的喜氣！

Affitacamere Francesca
web：www.affittacamerefrancesca.it
e-mail：moggia.willmes@libero.it
add：Via S. Francesco 12, Vernazza
tel：(0187)821 112，812 210
手機338-638 5952
price：€100～120
另有B&B民宿

Blue Marlin咖啡館
add：Via Roma 43
tel：(0187)821 149

Enoteca Sciacchetrà
add：Via Roma 19, Vernazza

五鄉地住宿推薦

▌國家公園遊客中心

可透過國家公園遊客中心訂房，有許多具當地特色的民宿。

add：Piazza Cesare Battisti 19, La Spezia
tel：(0187)258 690
e-mail：agenziaviaggi@parcon-azionale5terre.it

有Eco Quality標示的商家表示他們以尊重當地文化的理念經營

▌Il Maestrale

位於Monterosso市中心的民宿，非常有設計感，房間及客廳、餐飲都很有質感。共有6間房，含早餐。

web：www.locandamaestravle.net
add：Via Roma 37, Monterosso al Mare
tel：(0187)817 013
手機338-453 0531
price：雙人房€110起

▌Ivana Pollicardo

如果想找更便宜的住宿，可考慮這家位於Monterosso al Mare市中心的小民宿，有廚房、一間房，客廳也可睡一人，布置還算不錯，又靠近海灘。（但沒有電梯，要爬高高的樓梯）

add：Via Zuecca 4, Monterosso al Mare
tel：338-1724 180

▌Ostello Corniglia 青年旅館

位於Corniglia村，提供簡單的住宿，冬天不開放。

web：ww.ostellocorniglia.com
go：出火車站後搭公車到青年旅館，否則往上坡走約1公里
add：Via Alla Stazione 3, Corniglia
tel：(0187)812 559
price：€24，雙人房每人€30

五鄉地實用資訊

▌五鄉地國家公園 旅遊服務中心

web：www.parconazionale-5terre.it

Riomaggiore(火車站旁)
tel：(0187)920 633

Manarola(火車站旁)
tel：(0187)760 511

Corniglia(火車站旁)
tel：(0187)812 523

Vernazza(火車站月台上)
tel：(0187)812 533

Monterosso(火車站下)
tel：(0187)817 059

La Spezia(中央火車站旁)
tel：(0187)743 500

旅遊服務中心大多設在火車站旁

▌對外交通

最近的機場爲比薩機場，由比薩搭火車到五鄉地的Riomaggiore約1小時；由北部的Genova到Moterosso al Mare約2小時。有兩站火車會停在隧道內，需特別注意：Varnazza及Riomaggiore。

▌對內交通

國家公園安排綠色巴士往返五鄉地境內的各鄉鎮，購買Cique Terre Card即可免費搭乘公車及火車(火車不用繞山路)。濱海步道No.2需付費進入，可從入口處的票停購買，Cinque Terre Card也含步道門票。

▌Cinque Terre Card

共分爲1、2、3、7天有效票，另有2大2小的家庭票。可免費搭乘公車，也可免費租3小時的登山腳踏車及參觀博物館、水族館，免費進入濱海步道No.2。另還有Cinque Terre Treno Card，可在有效時間內無限搭乘五村之間的火車。

翡冷翠 *藝術

Firenze，總偏愛徐志摩為它取的中文名字——
「翡冷翠」(英文直譯為佛羅倫斯)。
每次想到它，腦中浮現的是古城中溫黃色的老建築，
老橋上寶藍色天空間的黃昏彩霞，
迴盪於古城磚石間的教堂鐘聲，
隨著單車奔馳的髮絲，飄揚於老窄巷間……

真
愛
義
大
利

Firenze
La Citta' dell'Arte

必看 烏菲茲美術館、百花聖母大教堂、舊橋、彼提宮

必吃 翡冷翠牛排、牛肚三明治

必買 皮件、葡萄酒、橄欖油

迷思 米開朗基羅的大衛雕像名氣之大,很多遊客都會將學院美術館列入翡冷翠的行程,但說實在的,館內最有看頭的就是大衛雕像而已

閒聊 這個城市的門牌號碼分為「r」(紅)跟「b」(藍)兩種,若在號碼後面加上「r」者,為商家的門牌號碼,若為「b」則為私人住宅。翡冷翠人自認為是義大利文化中心,因此在翡冷翠人身上可看到一種「傲氣」。不小心受氣的話,就是這傲氣使然,理解一下囉

Plus Hostel

Viale Fratelli Rosselli

V. Iacopo da Diacceto

V. Luigi Alamanni

V. Faenza

Ostello Archi Rossi
青年旅館

V. Cennini

V. Nazionale

V. Guelfa

Lazzi
巴士站

V. Fiume

中央市場

V. dell' Ariento

Chiti
Annibal

Trattoria Mario

SITA
巴士站

Stazione
Centrale F.S.
S.M. Novelle

Nerbone
牛肚攤

Via Ginori

V. Cavour

Garabe

Via ili Prato

Piazza
S. Lorenzo

V. della Scala

Piazza
della Stazlone

麥迪奇家族禮拜堂

麥迪奇宮

S.M.N.
老藥房

新聖母教堂

聖羅倫佐教堂

Eataly

V. Palazzuolo

Via Panzani

Biffoli

Piazza
Santa Maria
Novella

Hotel Universo
Hotel Rosso 23

V. de' Cerretani

Duomo
百花聖母
大教堂

Lungarmo Amerigo Vespucci

Borgo Ognissanti

J.K. Place Hotel

V. della Sole

V. d. Belle Donne

Battistero
聖喬凡尼洗禮堂

Piazza di
S. Giovanni

Piazza del Du

Amon
口袋餅

喬托鐘樓

Ponte
Amerigo
Yespucci

V. de' Fossi

V. del Campidoglio

La Rinascente Pegna

Lungarmo Soderini

V. d. Vigna Nuove

共和廣場

Il Corso

V. d. Parione

V. de' Tornabuoni

V. Pellicceria

Coin

Zara

但丁之家

Borgo San Frediano

Lungarmo Corsini

Salvatore
Fergamo

V. Porta Rossa

V. del Calzaiuoli

巴傑羅
博物館

Ponte
Alla Carraia

Lungarmo Guicciardini

Ponte
S. Trinita

野豬市集

H&M

Calimala

Furla

V. dell' Anguillara

Borgo San Frediano

V. di San Spirito

ARNO

Lungarmo Acciaiuoli

Corso Santa Maria

The
Bridge

Piazza
di Signoria

舊宮

領主廣場

V. dei Serragli

Borgo S. Iacopo

烏菲茲美術館

Ponte Vecchio
舊橋

Lungamo Gener

V. S. Agostino

聖靈教堂

Lungarmo Torrigiani

Piazza
S. Splrito

有機市場

V. Guicciardini

V. del Campuccio

Piazza
de Pitti

Torrigianii
公園

V. Mazzeta

V. Toscanella

Palazzo Pitti
彼提宮

Giardino di Boboli
波波里花園

北

V. Romana

● 景點   ● 商店
● 餐廳   ● 旅館

翡冷翠有許多有趣的節慶：
●4月復活節：復活節當天上午會牽兩頭白牛到主教堂廣場，然後由主教堂射出爆竹、點燃牛車上的煙火。
●5月音樂節：每年5月會在市立歌劇院舉辦音樂節，有許多國際級的音樂會、歌劇。
●6/24聖若望節：為了慶祝翡冷翠的守護聖人節，會在聖十字廣場舉辦傳統足球賽，當天晚上還會施放煙火。

6月的傳統足球賽 (照片提供 / APT FIRENZE)

Walking 教你怎麼玩

古城區不是很大，大部分景點均可步行參觀。

09:00〜10:00	火車站周邊(新聖母教堂、老藥妝店)
10:00〜11:00	參觀百花聖母大教堂(沿路有一些平價商店)
11:00〜12:30	逛逛中央市場(13:30就關了)，順道在此午餐
12:30〜14:30	參觀領主廣場、烏菲茲美術館
14:30〜15:00	散步過舊橋
15:00〜16:30	參觀彼提宮
16:30〜17:30	遊晃波波里花園
17:30〜18:00	前往舊橋或共和廣場
18:00〜20:00	共和廣場附近逛街(有很多中價位品牌專賣店及百貨公司)、精品街區、主教堂旁購買保養品及巧克力

翡冷翠

1.由米開朗基羅廣場可眺望整個翡冷翠古城(照片提供：Apt Firenze) / 2.中央市場 / 3.共和廣場上的旋轉馬車 / 4.百花大教堂大理石拼花地板 / 5.百花大教堂 6.6月在聖十字廣場舉辦的傳統足球賽(照片提供：Apt Firenze) / 7.舊橋(照片提供：Apt Firenze) / 8.百花大教堂圓頂的最後的審判 / 9.大衛雕像複製品 / 10.共和廣場的拱廊過去就是翡冷翠的精品街區 / 11.海神噴泉 / 12.領主迴廊 / 13.Lorenzo Ghiberti所設計的洗禮堂「天堂之門」

文藝復興之旅
百花大教堂廣場周邊、烏菲茲美術館

初抵義大利時，就是在這裡學義大利文的。還記得當時買火車票前，
總要先在旁邊翻字典找到「Biglietto」(票)這個字，暗自練習幾遍後，
以生硬的義大利文向購票員買票。那種即使講得生硬，還是硬要講的氣魄！

翡冷翠，讓我有初生之犢的勇氣，也是大方將米開朗基羅作品放在廣場上，讓我感動的城市。在每天的生活中，從街角、從教堂，引領著我進入義大利藝術殿堂，讓我心甘情願的頂著艷陽、踏著老石板路，找尋城中的私密藝術；它更在每天上學的路上，讓咖啡館中飄出的咖啡香、市場中的滷牛肚香，叫我開始垂涎義大利美食，讓每天的上學之路，變得飽足又愉悅；它更是爽朗的週日早晨，騎著我的老鐵馬，穿梭在大教堂的遊客間、此起彼落的教堂鐘聲裡，看著旅人與居民構築的鮮活浮生繪。

如果說，藝術是翡冷翠迷人的引子，那麼古城內熱鬧的日常生活，絕對是讓人心繫於此的魔藥。古老建築架構的老巷道，典雅老橋下悠悠低吟的亞諾河，總在午夜夢迴時，任性的闖進思念它的人心中。翡冷翠！

文藝復興運動[1]時，剛好出現了集財力與權力於一身的麥迪奇家族(Medici)，積極培育藝術家、哲學家、文學家、科學家，造就了許多萬世不朽的作品，翻開了人類史上最光輝燦爛的一頁：如文藝復興誕生的《維納斯的誕生》與《春》、百花聖母教堂與羅馬聖彼得大教堂的大圓頂、達文西《最後的晚餐》及《蒙娜麗

❶文藝復興運動 Rinascimento

西元14～16世紀的文藝復興時期，字義本身「Born Anew」，就是重生之意，就好像是歐洲人經過黑暗時期的沉睡後，隨著春天來臨緩緩甦醒，百花齊放，重現古希臘時代哲學、科學、藝術的理想世界。

當時商業開始蓬勃發展，財富讓人們覺得自己好像越來越能掌握些什麼，於是，他們試著將世界的中心重新拉回到人身上，而不再一昧的受宗教所控制，人文主義如潮水般擴展開來。畫家不再只是畫匠，開始思考創作的意義，將自己的思想融入畫中，並以更精確的構圖，呈現出合諧、理想的畫面。而雕刻就如米開朗基羅所講的，是在釋放鎖在石頭裡的靈魂，其精熟的技藝，讓人已然忘了它是藝術品。

翡冷翠百花大教堂　　　圓頂內最後的審判

莎的微笑》、米開朗基羅在梵蒂岡西斯汀禮拜堂所繪的《最後的審判》與《創世紀》、及拉斐爾的《雅典學院》（最能展現文藝復興盛況）等。

百花聖母大教堂，是文藝復興時期理性主義的體現。13世紀時，翡冷翠人因商致富後，為了展現自己的財力，決定將市中心的San Reparata教堂拆掉重建翡冷翠的主教堂。由於翡冷翠自古就有「百花城」之稱，因此將這座教堂命名為「百花聖母大教堂」。然而教堂建造工程卻因黑死病而中止，1418年由建築師布魯聶斯基（Filippo Brunelleschi）接手後，採用由下而上的魚刺式建造方式，以圓拱形的「拱鷹架」堆築出舉世聞名的紅色大圓頂。據說當時的技術難以做到，這還是布魯聶斯基參觀了羅馬古老的萬神殿後才有了靈感，順利打造出這完美的八角形圓頂。圓頂完成於1434年，教堂則於2年後全部完工。

主教堂結合了羅馬風格與哥德風格，正面是1887年完成的哥德式建築，跟喬托鐘樓❷一樣採用白、綠、紅大理石及聖人雕刻、三角形造型與門上的馬賽克鑲嵌畫裝飾而成。

教堂內部則呈拉丁十字型，由立柱將內部空間分為三個殿，高而寬敞的空間，給人一種雄偉的氣勢。大門上面有三扇玫瑰花窗，下面是1443年設計的機械鐘，地板則以理性的幾何圖形拼

百花聖母大教堂 Basilica di Santa Maria Fiore
web：www.duomofirenze.it
go：由火車站步行約10分鐘
add：Piazza Duomo 17
tel：(055)215 380
time：10:00～17:00；圓頂08:30～18:20；
鐘樓08:15～18:50
price：主教堂免費，圓頂、喬托鐘樓、聖喬凡尼禮拜堂聯票€10

❷喬托鐘樓 Campanile di Giotto
　　主教堂旁挺拔的喬托鐘樓，以設計者喬托命名，高84.7公尺。這是喬托1334年所設計的，他去世前只完成第一層，後由Andrea Pisano接手，完成第二層，1348～1359年Talenti捨棄喬托原本的尖塔蓋頂，改以皇冠般的平頂蓋。鐘塔表面以幾何圖形裝飾，下半部有精緻的先知、聖人雕刻及浮雕。

百花聖母大教堂內的老鐘面　　　　　　　　洗禮堂

接而成。所有遊客仰著頭仔細觀看的巨大圓頂畫作，是Vasari於1572～1579所繪的《最後的審判》；若不想拉長脖子看畫，可爬上463級階梯，沿著圓頂內圈近距離欣賞這幅巨作，還可走到圓頂外面欣賞翡冷翠古城風光。左殿堂可看到一幅關於但丁手拿神曲的木板畫，畫的背景中，一邊是翡冷翠15世紀的樣貌，另一邊則是神曲中的三界。

　　洗禮堂（Battistero）是主教堂廣場上最古老的建築，西元4世紀就已經存在，11世紀又重新修建。這裡有三座大銅門，其中以Lorenzo Ghiberti所設計的「天堂之門」最為著名（真跡歷經27年的修復，現展於教堂博物館中）。當米開朗基羅看了這座美麗的銅門後說道：「穿過了這扇門，就是天堂了。」因此稱之為「天堂之門」。這可說是文藝復興的開端，漸擺脫哥德風格，並採用建築透視法，在10個方格中刻繪舊約聖經故事。洗禮堂內部最引人注目的是拜占庭風格的天頂鑲嵌畫，五圈馬賽克鑲嵌畫分別敘述著不同的神蹟故事。

　　沿著主教堂旁的Via Calzaiuoli直走就可來到翡冷翠的政治中心——舊宮與領主廣場及其旁邊的烏菲茲美術館。

　　自古以來，翡冷翠各種殘忍、重大的政治事件幾乎都是在領主

舊宮(又稱領主宮)
Palazzo Vecchio(Palazzo Signorelli)

舊宮原名為「Palazzo della Signoria」，是「領主宮殿」之意。由於科西摩一世命人建造烏菲茲為新市政辦公室，這裡便成了舊宮。舊宮就像座城堡建築，鐘樓高聳其上，外表則是鄉村風格的石板貼面。義大利統一後，還曾為聯合政府的臨時辦公室，1865～1871年翡冷翠為義大利的首都時，這裡轉為眾議會及外交部。

web：www.firenzemusei.it
go：由主教堂步行約5分鐘
add：Piazza della Signoria
tel：(055)2768 325
time：週一～三、週五～六09:00～19:00，週四09:00～14:00
price：1樓可免費參觀(但需通過安全檢查)，2～3樓門票€10

廣場（Piazza della Signoria）發生的，現在的廣場則充斥著快樂的觀光客、馬車、咖啡座，沖淡了不少歷史的沉重感。廣場上有麥迪奇家族的科西摩一世騎馬雕像，以及一座雄偉的海神噴泉，象徵著大公國對於海權的野心。另一邊則是美麗的領主迴廊，正面為三座優雅的拱門，天花板則是交叉穹窿設計，這樣優美的設計風格，早已超過哥德風的纖細，又多了文藝復興的和諧感。

這座小小的領主迴廊簡直就是開放式的雕刻博物館，有1583年 Giambologna的《劫持薩賓婦女》雕像作品，其人物表情與形體的線條流動，真是表現得淋漓盡致。

在**舊宮**大門口前可看到米開朗基羅的大衛雕像複製品及《大力士與卡庫斯》，這兩座雕像完美展現了人體的力與美。舊宮一樓的迴廊簡直就是金碧輝煌，原來這是為了慶祝麥迪奇家族的Francesco I與奧地利公主Giovanna結婚時所繪的，除了一些人物故事

外，還有奧地利主要城鎮的風景畫。中庭則有抱著海豚的男孩噴泉。

舊宮現在是翡冷翠的市政辦公室，遊客可上樓參觀各廳室的收藏、麥迪奇一世的書房、小禮拜堂、百合花大廳等，其中以「五百人大廳」最為著名。據說建造這座大型會議廳時，還曾邀請米開朗基羅及達文西在兩邊的牆壁上競畫，只可惜後來兩人各奔東西，並沒有完成這項美事。現在兩旁的巨幅畫作是翡冷翠征服比薩及西耶納的戰爭畫。

隔壁的**烏菲茲美術館**，可說是全球最重要的美術館之一。「Uffizi」的意思為「辦公室」，當時為了將所有市政辦公室集中在同一個地方而建造這棟建

烏菲茲美術館
Galleria degli Uffizi

這座馬蹄形的美術館，儘管重要作品很多，但由於面積不是很大，逛起來並不會很累，最後還可在頂樓的咖啡館休息。不過旺季時參觀人潮相當多，若沒有事先訂票，需要花很長的時間排隊。建議大家出發之前先在網路上訂票，或者抵達當地後請旅館幫忙預訂，參觀前到預訂櫃檯取票即可。

web：www.firenzemusei.it
add：Piazzale degli Uffizi, 6
tel：(055)2388 651
time：週二～日08:15～18:50
price：€8(線上預訂另加預訂費€4)，每個月第一個週日可免費參觀所有國立博物館、美術館

波提伽利《春》

築。建築師Vasari巧妙的利用長廊建築，將舊宮、烏菲茲、經舊橋上的長廊，連接到領主的私人住宅彼提宮，規劃出一條領主專用道。積極推動藝文發展的麥迪奇家族，在其主政的300多年間，收藏了許多重要的藝術品，現全部都陳列在此。

目前美術館以年代陳列作品，從古羅馬、早期義大利藝術、文藝復興時期、巴洛克及近代作品，不但可以欣賞重要的藝術品，還可了解整個藝術的演變。其中最著名的當屬《春》及《維納斯的誕生》。

這兩幅畫作都是15世紀時波提伽利的作品，雖然題材取自神話故事，但畫家受到當時文學家與詩人的新詮釋觀點影響，以細緻又優雅的筆法，將他心中的美一點一滴的展現在大家眼前，世世代代傳承著這雋永不朽的美。

《春》所畫的是象徵著愛與美的維納斯女神，她就好像是世間萬物的創造者，讓春天降臨大地，開創一片美好的天地。女神旁三位分別象徵著美麗、青春、與歡樂的女神，上方則是矇著眼睛的愛神邱比特，準備將手中的箭射出，看誰將先嘗到愛情的果實。畫中所有人物優雅的神態與活潑的神情，悄悄讓藝術界的春

波提伽利《維納斯的誕生》

達文西《天使報喜圖》

天降臨了大地。

　　而《維納斯的誕生》則繪出剛誕生的維納斯女神降臨大地的景象。鼓著雙頰的風神，將載著女神的貝殼緩緩吹向陸地，維納斯女神輕輕抬起腳準備踏出貝殼，掌管四季的女神手中拿著為女神準備的春花外衣，準備幫女神穿上。溫暖的西風吹動女神的頭髮與衣衫，以及片片飄落的金心。徐徐吐氣的花神，就要施展她的神力，喚醒大地、讓百花盛開於這美好的年代。

　　館內的重要作品包括：米開朗基羅的《聖家族》，巧妙的以螺旋式構圖安排畫中人物，鮮明的色彩表現，仍可讓人感受到米大師的雕刻風格，這可說是矯飾主義的新驅；達文西20歲時所畫的《天使報喜圖》及《東方三博士朝聖圖》，從人物的舉動，可感受到畫中人物的內心世界變化；拉斐爾優美的《金雀聖母》；卡拉瓦喬散發著強烈戲劇張力的《美杜莎與少年酒神》；提香的代表作《烏比諾的維納斯》，則以帷幕將畫一分為二，讓陰暗的背景自然突顯出前景金黃色的維納斯，充分展現出威尼斯畫派跳動的色彩運用。館內還有喬托的作品，可以看到他如何打破以往呆板的繪畫風格，賦予畫中人物生命（見帕多瓦篇P.105）。

　　由烏菲茲美術館過舊橋直走，就可來到麥迪奇家族❸的宮邸

❸麥迪奇家族(Medici)傳奇
　　麥迪奇家族是13～17世紀時期，歐洲最有勢力的家族之一。從銀行業發跡，開始擠身於政治界，並幫教皇理財，家族中就有3位教皇、2位法國皇后，以及幾位英國王室成員。
　　從「Medici」的名字來看，麥迪奇家族的先祖應該是位醫藥師，他們家族徽章上紅色的圓圈代表著藥丸。麥迪奇家族可說從科西摩一世成為翡冷翠非官方領主之後，開始握權，躍升為歐洲最富有、最具影響力的家族。傳承到偉大的羅倫佐麥迪奇時，其靈活的外交手腕，更將該家族推向最盛期。說起麥迪奇家族的功業，最重要的應該是大力資助當時的藝術家、文學家、科學家、哲學家，讓他們能全心投入自己的研究，可說是文藝復興最有力的幕後推手。

——**彼提宮**。這棟建築原本是麥迪奇家族的競爭對手——銀行家Pitti的豪宅，不過後來被麥迪奇家族收購，擴建為豪華的家族宮殿。宮外寬廣的土黃色斜坡，平實地托襯著雄偉的彼提宮，在有陽光的溫暖日子，不妨躺在這裡好好的享受托斯卡尼的艷陽。

現在這座宮邸已改為複合式博物館，包括收藏許多重要藝術作品的帕拉提那美術館（Galleria Palatina）、皇家起居室，以及收藏各種黃金飾品、陶瓷、花崗岩器皿、珠寶的銀飾博物館，還有陳列19～20世紀托斯卡尼地區作品的現代美術館、彼提宮右側的馬車博物館。宮殿後面的波波里花園，是義大利式庭園的最佳典範，隨著山丘的起伏，將自然與建築融合在一起；園內有許多雕刻、噴泉、石灰岩洞，走到高台處還可眺望翡冷翠近郊風光，這裡還有座收藏世界各地珍貴陶瓷藝品的陶瓷博物館。

在這些博物館中，**帕拉提那美術館**可說是最值得參觀的。這裡有15～18世紀義大利及歐洲最著名的畫作，而且作品仍保留原家族的陳列方式，讓參觀者走進美術館時，就像是受邀到豪宅的客人。在這些作品中，最重要的包括提香的《合奏》（Il Concerto）、及自然表現出畫中人物精神的《英國青年肖像畫》、《朱利歐二世》，以及魯本斯的《田間歸來》、《戰爭的殘酷》，藉由戰爭殘酷的景象，表現出對和平的渴望。另外還有拉斐爾構圖溫馨又和諧的《寶座上的聖母》、《帶頭紗的女子》。

帕拉提恩美術館的盡頭是麥迪奇家族及後來的Lorena家族的起居室，紅色的王冠廳、大型的水晶燈與金碧輝煌的家具，在在都是一代皇族的豪華表現；而藍色的皇后起居室、小巧精緻的古木床，豪華中多了股溫暖的氛圍。

176
彼提宮 Palazzo Pitti
帕拉提那美術館(在彼提宮內)
web：www.firenzemusei.it
add：Piazza Pitti 1
tel：(055)2388 614
time：週二～日08:15～18:50
price：€8.50，優惠票€4.25，預約費€3

翡冷翠之美，盡在此：舊橋

舊橋(Ponte Vecchio)，「Vecchio」是「舊」的意思，橋身以古老的大石堆砌，給予一種厚實穩重的感覺，好似能給兩岸往來的居民，一種安定的力量，並在生活的連結之間，注入熱絡的生命力。

這座老橋的歷史也相當有趣：這裡原本都是肉販，但後來成為連接領主辦公室與領主宮殿的要道，便決定將所有肉販移走，改為金碧輝煌的金飾店，橋中間的雕像就是翡冷翠著名的精工之父切里尼。這是欣賞亞諾河(Fiume Arno)日落景色的最佳地點，看著紅紫色的天空籠罩著翡冷翠的生命之河。夏日傍晚橋上也常有街頭表演，當金飾店關門後，還可以細細欣賞各家店精雕細琢的老木門。或者也可以過舊橋左轉沿河(Lungarno Torrigiani街)直走到Piazza Poggi，再由Viale G. Poggi爬上米開朗基羅廣場上欣賞由好幾座古橋及亞諾河守護的翡冷翠城。

舊橋及米開朗基羅廣場是欣賞日落的最佳地點
(照片提供 / APT FIRENZE)

翡冷翠舊橋

舊橋上幾乎都是金飾店

被流放的但丁(Dante Alighieri)

翡冷翠的但丁是第一位捨拉丁文、用義大利寫作的義大利詩人，奠定了義大利文的地位，翡冷翠人也因此引以為傲，認為自己是義大利文的發源地。但丁生平最重要的著作《神曲》，分為地獄、淨界及天堂三部。將也將一生的愛恨都融入故事中，例如他將一生單戀的Beatrice放在天堂最高境界中，文中也可看到他對自己痛恨的教皇百般嘲諷。

然而，但丁卻因政治立場被流放，流放期間曾經停留在好幾個不同的城市，最後遺體葬在北義的拉文納，人說但丁是位「到過地獄的男人」。

700多年後翡冷翠人竟然想將但丁遺體移回翡冷翠，但被斷然拒絕，因此現在聖十字教堂內只有一個紀念碑，遺體並不在此。

追尋米開朗基羅
Michelangelo Buonarroti

　　米開朗基羅，西元1475年出生於翡冷翠附近的一個貴族家庭，為文藝復興時期最偉大的雕刻家、建築師、詩人、作家、畫家，深深影響了往後近3世紀的藝術發展。

　　他於13歲開始拜師學藝，雕刻對他來講是在釋放被關在石頭中的靈魂。年紀輕輕就完成《大衛》雕像，展現出完美的人體比例，25歲更以收藏在聖彼得大教堂內的《聖殤》像轟動一時。米大師的個性較古怪，但一路走來堅持自己的藝術理念、追求完美的創作，可說是畢生奉獻給藝術，因此可在他的作品中看到一種悲壯感。他的代表作還包括聖彼得大教堂的圓頂、西斯汀禮拜堂的《創世記》、《最後的審判》。

　　在翡冷翠城裡，大衛像可說是米開朗基羅最著名的作品，真跡收藏在學院美術館中，在舊宮前及米開朗基羅廣場都可看到複製品。當時建造大教堂時，有塊大理石因為材質過硬，大家都不知怎麼運用，然而對米開朗基羅來說，他只是切除不必要的部分，將鎖在大石塊中的靈魂解放出來。還好有米大師，我們才知道原來大理石裡住了一位高4.23公尺的英勇牧羊少年，手持著石塊、雙眼炯炯有神，毫不畏懼的看著前方，凝聚出緊張卻又自信的氣氛。原本大衛像放在舊宮上面，作為翡冷翠的自由象徵，並向世人展現：人擺脫宗教束縛、獨立思考的理性精神。

　　除此之外，在中央市場旁的麥迪奇家族禮拜堂中還有米開朗基羅的四季雕像。米開朗基羅在Urbino公爵石棺上放著代表《晨》、《昏》

雕像，在Giuliano石棺上則放著《畫》、《夜》雕像，而麥迪奇兄弟的雕像則分別象徵著「行動」(手握權杖的朱利歐)及「思維」(沉思的羅倫佐)。這兩組雕像相互對應，《晨》、《夜》是年輕女子，而《畫》、《昏》則為老年人。《畫》就好像是一位剛從睡夢中被驚醒的人，右手從背後撐著身子，眼睛向前凝視著；《夜》手枕著頭，正在沉睡中的女子，以腳下的貓頭鷹象徵著黑夜的降臨，身旁的面具，則象徵她正受惡夢纏身。《昏》這位似乎有點經歷的男子，身體放鬆地倚靠著，安靜地沈思著；《晨》以年輕、健美的胴體，象徵青春美麗的女子，正掙扎著要從睡夢中甦醒過來。這4座雕像好似即使在睡夢中也輾轉難眠，隱喻世人難以擺脫時間的控制與死亡的命運。這裡還有米開朗基羅所設計的麥迪奇家族圖書館。

　　若說百花聖母大教堂是翡冷翠人生的起點(在此接受洗禮)，那麼聖十字教堂(Basilica di Santa Croce)就是終點，許多名人的墳墓就在這座教堂內。客死羅馬的米開朗基羅生前希望能安葬在故鄉翡冷翠，於是翡冷翠人在米開朗基羅死後，將屍體偽裝為貨品偷運回鄉，安葬在聖十字教堂中。

學院美術館
Galleira Accademia
web：www.firenzemusei.it
add：Via Ricasoli 60
tel：(055)294 883
time：週二～日08:15～18:50
price：€8

麥迪奇家族禮拜堂
Cappelle Medicee
web：www.firenzemusei.it
add：Piazza Madonna degli Aldobrandini, 6
tel：(055)294 883
time：08:15～18:00，第二、四個週日及第一、三、五個週一休息
price：€6

翡冷翠市區挖寶去
精品、雜貨，美食享受

來到義大利若想逛逛傳統市場，了解義大利人平常到底吃些什麼、有什麼新鮮菜
是我們不常看到的，那麼幾個主要城市中，翡冷翠的中央市場算是最理想的。

翡冷翠的**中央市場**就在市中心，很容易抵達，裡面有蔬果、當地特產、小吃。現在2樓還改成非常好玩的義大利美食街，所有到義大利必吃的傳統美食，這裡通通都有，還可上烹飪課。外面則可購買當地皮件、紀念品，像是平價的零錢包、鑰匙圈，都是相當理想的伴手禮。若想買摩卡咖啡壺或咖啡機、廚具用品，那麼市場外的**電器雜貨店Chiti Annibal**，可說是應有盡有。

另外，每個月第三個週日在翡冷翠的**聖靈教堂**外聚集了托斯卡尼地區的有機農夫，想買蔬果、起司、橄欖油、蜂蜜及生活用品，當然要往這邊找，這是相當有趣的市集，還有當地藝術家的手作陶瓷。每週二在Casino公園有許多平價的日常用品。

每個月第三個週末，在翡冷翠商展中心(Fortezza da Basso)外，沿著湖岸有熱鬧的古董市集，可找到一些漂亮的咖啡杯組、古董燈、畫，是很有得挖寶的市集。

購物街區Borgo degli Albizi有許多獨特的商店；精品街區**共和廣場**上有家La Rinascente百貨公司，它後面巷子的Furla皮件店，常有特惠手表。由共和廣場的拱門走過去就是Via Strozzi，LV、Fendi都在這條街上；直走來到與它交叉的Via

中央市場
go：由S.M.N火車站步行約7分鐘，
由主教堂步行約5分鐘
add：Via dell' Ariento 10/14
time：週一～六07:00～14:00

電器雜貨店 Chiti Annibal
web：www.duomofirenze.it
add：Via dell' Ariento 59-63R
tel：(055)284 786

聖靈教堂
go：由舊橋步行前往約7分鐘

共和廣場
go：由主教堂步行前往約5分鐘

中央市場外的電器行，有許多咖啡壺及Alessi產品　　堡壘旁每個月會有一次古董市集

de' Tornabuoni，這條街上幾乎各大精品都到齊了；靠近河邊還有Salvatore Ferragamo的總店，斜橫的Via della Vigna Nuova也有Gucci、Furla、Liu Jo。

　　繼續直走會行經**野豬市集**，這裡也有許多皮件、筆記本及圍巾，還會經過兩家Zara、H&M及Mandarina Duck。這條街往領主廣場的小巷內還有翡冷翠著名的皮件品牌**The Bridge**，這個品牌最講究的就是它的優質皮件與實用設計，這家店常有一些過季折扣商品。

　　若想買些較好的咖啡豆、巧克力或頂級食材，在主教堂側面的出口對面小巷內，有家1860年開業至今的老雜貨店**Pegna**。這裡還有許多優質巧克力，像是Amedei、La Molina等。

　　面對主教堂的左側有家保養店**Biffoli**，可購買各種保養品，尤其是蕾莉歐（L'Erbolario）及Derbe這兩個品牌，產品相當齊全。由於這裡有很多台灣客人，所以連中文目錄都有了。不過我自己比較推薦的是主教堂後面小巷的**De Herbore**藥妝品店，這裡的藥妝品牌更好、更優質，另外當然還要去聖母瑪麗亞福音修道院老藥房朝聖一番（請參見P.24）。

翡冷翠

野豬市集 Piazza Davanzati
go：由主教堂到共和廣場的Via Roma直走到Via Calimala交接口
time：10:30～18:30

The Bridge
add：Via Vacchereccia 17r
tel：(055)216 088

De Herbor
web：www.deherbore.com
add：Via del Proconsolo

Pegna
add：Via dello Studio 8
tel：(055)282 701

Biffoli
add：Piazza Duomo 13r
tel：(055)238 1272
time：週一～日09:00～19:00

翡冷翠牛排的特種牛

翡冷翠牛排

翡冷翠美食

翡冷翠牛排（Bistecca alla Fiorentina）應該是最具代表性的美食。這裡的牛排來自生長於托斯卡尼山區的Chianina白牛，由於這種白牛只吃葡萄園裡的一種野草，因此它的肉質特別鮮嫩，而且翡冷翠牛排只取其肉質最好的腰肉，切成厚三公分、至少一斤半的大塊牛排。由於肉質甜美，只要簡單材燒碳烤，就可做出一道美味佳餚（若眞要享用道地的翡冷翠牛排，應到產地Montapulciano的牛排專賣店。請參見P.212）

　　城內幾乎每家餐廳都有這道佳餚，一般至少要兩人份，若想便宜享用的話，中央市場後面的**Trattoria Mario**小餐館是不錯的選擇。這裡只供應午餐，鬧哄哄的食堂，充滿義大利人的活力。中央市場外面還有攤知名的牛肚三明治，牛肚燉滷得入口即化，再淋上特製的綠醬及辣醬（他的辣醬非常辣，但又好吃），眞是美味至極；不敢吃牛肚者，牛肉三明治（Panino con Bollito）也相當不錯。市場內還有家Nerbone，1872年開業至今，同樣也有牛肉三明治，還有不油不膩的牛肉湯及一些小菜、義大利麵。

Trattoria Mario
web：www.trattoriamario.com
add：Via Rosina 2R
tel：(055)218 550
time：週一～六12:00～15:30(週日、國定假日及8月會休息幾週)

巴傑羅博物館
P.184

❹翡冷翠的特產Lampredotto指的就是牛肚，放在番茄中燉煮，讓鮮蔬與香草的清香融入牛肚中。牛肚很便宜，原本是窮人吃的菜。除了單吃之外，還可夾在硬麵包裡吃。除了牛肚本身之外，這裡的淋醬味道更是特殊。

翡冷翠著名的冰淇淋店Garabe'

所有開心果都是西西里島特選自己烘焙的

設有座位區,中午通常是大客滿。

而**巴傑羅博物館**附近的**Acqua Al 2**也是城內最著名的餐廳之一,如此有名是因為它發明了一種試吃菜單,將各種不同口味的菜色盛放在同一盤,讓你可以嘗到各種不同口味的菜餚。例如:若點第一道菜Assagio,就可以品嘗不同的義大利麵料理,第二道菜則可吃到不同的肉類料理,當然別忘了它的甜點囉。

另也推薦大家品嘗城內知名的餐廳Cibreo,在附近共開了4家餐廳,一家是較正式的Cibreo Ristorante,另一家是同樣好吃、價位較便宜的**Cibreo Trattoria**,還有一家咖啡好喝的Caffe' Cibreo,及一家適合週日來吃早午餐、看義大利戲劇的劇院餐廳。它的所在位置很有趣,自成一股特殊文化,吃完餐還可到監獄改成的新文化點Le Murate,週末都會有不同的文化活動。

若想吃冰淇淋,由主教堂往學院美術館的路上有家**Gelateria Carabe'**,店主人來自西西里島,這裡最著名的是西西里島的Granita碎冰,尤其推薦它的咖啡及杏仁口味。冰淇淋也相當好吃,他們的開心果都是從西西里島特選的。這附近的**Eataly**更是吃早餐、午餐、晚餐的好地方,有各種美味甜點、冰淇淋、咖啡,麵包及披薩更是不容錯過(尤其推薦crudo醃肉披薩及蘆筍披薩)!同時也是購買各種優質食品、葡萄酒的好地方。

翡冷翠

尤其推薦開心果口味

Acqua Al 2
web:www.acquaal2.it
add:Via della Vigna Vecchia 40r
tel:(055)284 170

Cibreo Trattoria
add:Via de' Macci 122r
tel:(055)234 1100
time:週一休息

Gelateria Garabe'
add:Via Ricasoli 60r
tel:(055)289 476
time:15:00〜24:00
週六〜日10:00〜24:00

Eataly
web:www.eataly.net
add:Via dei Martelli, 22

翡冷翠城市景點

新聖母教堂
Santa Maria Novella

教堂屬於14世紀的哥德式教堂，立面則是Alberti於1476年設計的，利用幾何圖形及完美的比例計算各種圖形，呈現出理性的文藝復興風格。教堂內部最著名的是馬薩奇歐（Masaccio）的三位一體，他運用透視法及光影效果，讓人覺得這個牆面好像是個立體空間似的。

go：由火車站步行約5分鐘；由主教堂步行約10分鐘
add：Piazza Santa Maria Novella
tel：(055)210 113
time：週一～六09:00～17:30；週日12:00～17:00，冬季13:00開始
price：€5

共和廣場
Piazza della Repubblica

這裡原本是市區的市場，後來將市場移到靠近舊橋的麥稈市場（原為絲綢及首飾商人交易的地點，後來因旁邊有座野豬噴泉，所以又稱為野豬市集），並將共和廣場改

為紀念義大利統一的廣場。廣場上有家著名的咖啡館Le Giubbe Rosse，經常有藝文活動在此舉辦。

add：Piazza della Repubblica

聖馬可修道院
Museo di San Marco

位於學院美術館附近的聖馬可修道院是1452～1462年由Michelozzo所修建的，一直是翡冷翠最重要的宗教、藝術修習中心。裡面最著名的是濕壁畫迴廊，以利比（Filippino Lippis）纖細柔美的天使報喜圖最為聞名。

web：www.firenzemusei.it
add：Piazza San Marco 3
tel：(055)2388 608
time：週一～五08:15～13:50；週六、日08:15～16:50
price：€4

但丁之家
Casa di Dante

原為但丁家族的居所，現改為但丁博物館，展出但丁生平的文物。館內小小的，如果對但丁不是很有興趣

者，可以略過這個景點。

web：www.museocasadidante.it
add：Via S. Margherita 1
tel：(055)219 416
time：週二～日10:00～17:00
price：€4

巴傑羅博物館
Museo Nazionale del Bargello

這是城內最古老的市政建築，1255年就已存在，1502年改為法院及警察總部，並以警察頭子Bargello命名。以前對囚犯的行刑也都在此進行，1786年廢除這些殘忍的刑法後，將所有刑具埋在中庭地底下。這座博物館內有許多典雅的廳室，收藏的作品中以唐那太羅（Donatello）的青銅雕刻少年大衛最為聞名，其詮釋方式又與米開朗基羅全然不同。

web：www.firenzemusei.it
add：Via del Proconsolo 4
tel：(055)2388 756
time：08:15～17:00，第二、四個週日及一、三、五個週一休息
price：€4

聖靈教堂
Santo Spirito

由主教堂大圓頂的建築師布魯聶斯基所設計的教堂，修建於1444年，為典型的文藝復興建築。廣場前每個月會有一次有機市場，附近的小巷內有許多不錯的餐館，在翡冷翠城內，這算是別具風味的一個小區。

add：Piazza Santo Spirito
time：08:30～12:00、15:45～18:00
price：免費

Fiesole

距離翡冷翠約20分鐘車程的小村莊，原本是伊特魯斯人的據點，由於它位於山谷交匯的頂點，因此是個軍事要塞。15世紀時，麥迪奇家族將此改爲藝文活動中心，小村莊內還可看到一座古羅馬劇場，現在夏季仍會在此舉辦音樂會。而位於制高點的聖方濟修道院（Convento di San Francesco）則可欣賞附近的山谷風光。

go：由火車站或聖馬可廣場搭7號公車

翡冷翠
住宿推薦

Ostello Archi Rossi
青年旅館

算是翡冷翠最早的青年旅館之一，地點非常好，位於火車站前的小巷內，到各景點參觀都很便利。評價一直都很好，有1～9人房，含早餐、飲料、免費網路、免費徒步導覽。

web：www.hostelarchirossi.com
add：Via Faenza 94r
tel：(055)290 804
price：€21起

Plus Hostel
青年旅館

新開的豪華青年旅館，即使在市區，依然有游泳池、三溫暖及土耳其浴設備。另外還有許多運動休閒設施，頂樓有酒吧，每間房內還有平面電視，很貼心的爲女性準備各項設施，像是吹風機、大化妝台等。除了4～8床的房間外，也有2人房及3人房。雖然強調提供「有朝氣」的服務，但實際情況還是要看個別服務人員。再次強調，在服務方面，永遠不要對義大利人有過多不實際的期待。

web：www.plusflorence.com
go：出火車站到對街麥當勞，往麥當勞旁邊的Via Nazionale直走約15分鐘
add：Via Santa Caterina d'Alessandra 15
tel：(055)628 6347
price：€25起

Hotel Rosso 23
三星級設計旅館

這是Why the Best Hotels集團的旅館之一，由名字可知這家旅館以紅色爲設計主軸，規劃出很有品味的住宿環境（就在火車站附近）。

web：www.whythebesthotels.com
add：Piazza Santa Maria Novella 23
tel：(055)277 3001
price：€75起

Hotel Globus
三星級旅館

就在中央市場及火車站附近18世紀的老建築，步行即可參觀各大景點。房間布置高雅，服務也值得信賴。

web：www.hotelglobus.com
add：Via S. Antonino 24
tel：(055)211 062
price：€75起

翡冷翠
實用資訊

旅遊服務中心

web：www.firenzeturismo.it
www.comune.fi.it

火車站內
add：Piazza Stazione 5
time：週一～六09:00～19:00；週日09:00～14:00

近主教堂
add：Via C. Cavour 1r
time：週一～五09:00～18:00
add：PIAZZA S.GIOVANNI, 1
time：09:00～19:00，週日09:00～14:00

對外交通

由羅馬到此約1.5小時，搭慢車4小時；到威尼斯約2小時；到米蘭約1小時45分鐘。

SITA巴士
web：www.sitabus.it
go：靠火車站內候車室那邊的出口(Italo購票處旁)，過街左轉　直走到街角，再右轉就會看到，有到托斯卡尼各小鎮的巴士，包括到The Mall暢貨中心

Lazzi巴士
web：www.lazzi.it
go：由火車站麥當勞這邊的出口出去，過街左轉直走就可看到
add：Piazza Stazione 3r
tel：(055)284 427

對內交通

步行就可參觀市區大部分景點，唯一可能需要搭公車的是米開朗基羅廣場。票價有點昂貴，90分鐘有效票€1.2（車上購票€2），4趟票€4.7，1天票€5，3天票€12。

Toscana
La Terra del Respiro

托斯卡尼 *山城

托斯卡尼之美，不只在西耶那的古城，
還在一丘丘柔美的地形線中，
蜿蜒的絲柏樹，沿著丘陵線而上，
路的盡頭，是酒莊、是小起司農莊、
也是清修的老修道院。
西耶那以南靜謐的公路，
帶著勇於冒險的旅人，
循著酒香規劃出雋永的托斯卡尼路線，
這裡有頂級紅酒之鄉蒙塔奇諾、蒙地朴奇諾，
也有散發著清新野草香的歐奇亞山谷，
還有可以讓人放鬆身心的Bagno Vignoni溫泉區。
現在，是否開始聽到這塊美麗的土地，
輕輕呼喚著你？

真愛義大利

● PISA   ● FIRENZE

SAN GIMIGNANO ● CHIANTI
            ●
            ● SIENA

BAGNO VIGNONI ●
MONTACINO ●

1.西耶那以南的托斯卡尼風光 / 2.西耶那Nonno Mede披薩店 / 3.秋季有些山丘還有雲霧環繞 / 4.阿西西街角 / 5.比薩斜塔前的禮拜堂 / 6.可愛的山城Sam Gimignano

Siena

西耶那

由於西耶那中世紀時銀行業相當發達，因此當時是個相當富裕的古城，後來因1348年一場黑死病大劫，而失去了2/3人口，自此元氣大傷。再加上佛羅倫斯的入侵，最終還是歸佛羅倫斯統治。

Walking 教你怎麼玩

10:00～11:00	Il Campo市政廳博物館及鐘樓
11:00～12:30	主教堂，若有時間也可參觀對面的Complesso Museale del Santa Maria Della Scala博物館
12:30～14:30	Il Campo附近用餐或到聖多明尼哥教堂附近用餐
14:30～15:30	聖女加大利納之家或健行

Ciardini della Lizza

Fortezza

S. Francesco

Stadio Comunale

Piazza Matteotti
Piazza Salimbeni

Via di Montanini
V.le F. Tozzi
Via d.

Paradiso 4

Via Curtatone
Via d. Paradiso

Viale Vitt. Veneto

Via d. Sapienza
Via d. Termе
Via Banchi di Sopra

La Pizzeria di Nonno Mede

Sant. della Casa di S. Caterina

S. Domenico

Albergo Tre Donzelle / La Buca

Universita

Via Banchi di Sotto

Pal. Piccolomini

Il Campo 市立博物館

主教堂
Drogheria

Piazza Manganelli
d. Duomo

Pal Pubblico

Via di Pantaneto

奇吉安納 音樂學院

史卡拉聖母博物館

Via di Citt.

Via di Saticotto

Via d. S. Martino

Via d. Sole

Via d. Cantine

Pinacoteca Nazionale

北

● 景點　　● 商店
● 餐廳　　● 旅館

Basilica di S. Maria d. Servi

188

佛羅倫斯統治後，下令禁止西耶那金融業發展，這簡直是雪上加霜，兩個城市的恩恩怨怨也就此一直沒個善了。不過也由於曾經的輝煌，這個城市有一種令人受不了的傲氣（跟佛羅倫斯人的性格半斤八兩，不懂爲何還硬要壁壘分明）。然而，西耶那幾近完美的主教堂及西耶那畫派的名氣，仍然吸引許多遊客到此參觀，再加上這座城市還設有大學（1240年成立，以法律及醫學爲主）及爲外國人而設的義大利語言課程，所以有許多學生到此進修，倒也讓一股外流硬擠進這塊又臭又硬的老石頭。

這座老古城的主廣場就以市政廳爲中心、成貝形狀展開的廣場Il Campo，周圍的Via Banchi di Sopra、Via Banchi di Sotto、Via di Citta'是古城區的主街。13世紀是西耶那最輝煌的年代，廣場跟市政廳都是這個時期建造的，結合了中世紀後期及文藝復興風格的典範，想要藉這些建築展現出烏托邦的理想。貝形狀的主廣場是古城區三座丘陵的雨水匯集地，地上以白線劃分爲9區，代表著14世紀時的9人議會型態。由於這裡是政治中心，偶而會巧遇像在辦嘉年華會的抗議人潮，不過這裡也是遊客的聚集中心，尤其是夏季，許多遊客或學生喜歡躺在這裡聊天、曬太陽。廣場上的歡樂噴泉（Fonte Gaia）是15世紀供給古城的水源，噴泉上柔細的雕刻是Jacopo della Quercia的作品（目前這些是複製品）。

貝形廣場的頂點就是市政廳（Palazzo Pubblico），中庭部分可免費參觀，2樓則是**市立博物館**，收藏許多西耶那藝術，其中最值得注意的是世界地圖室（Sala del Mappamondo），這裡有西耶那著名畫家Simone Martini的聖母與天使畫《Maestà》，而Ambrogio Lorenzetti則在Sala del Concistoro及Sala della Pace這兩廳畫了好、壞政府寓言，提醒在此議事的政

托斯卡尼

市立博物館 Museo Civico
web：www.comune.siena.it
add：Piazza il Campo 1
tel：(0577)292 223
time：10:00～18:00；夏季10:00～19:00
price：全票€9，事先預訂€8

大笨鐘 Torre del Mangia
add：Piazza il Campo 1
tel：(0577)292 223
time：10:00～16:00；夏季10:00～19:00
price：€10，市立博物館聯票€13

治家，好壞決策對人民將有什麼樣的影響。博物館旁邊則是用來警示火災或敵襲的**大笨鐘**，高102公尺。

除了主廣場外，西耶那另一個著名的景點是**主教堂**，這座完美的哥德式主教堂建於1136～1382年，14世紀時原本要將它擴建為義大利最大的教堂，但因黑死病來襲而無法達成。所以現在可看到教堂廣場側邊未完工的牆面。教堂正面大部分為雕刻大師Giovanni Pisano的作品，馬賽克的部分則是19世紀的作品。立面的雕刻大部分為哲學家及先知，不過原本的雕刻現在都存放在旁邊的大都會作品博物館中。

交錯的黑色與白色大理石呈現出教堂莊嚴的氣息，但內部華麗的雕刻、花窗、地板鑲嵌畫，卻緩緩的沖淡了這股嚴肅，讓人如至天堂般的喜樂。教堂內還有56幅神奇的彩色大理石地板鑲嵌畫，於14～16世紀期間陸續完成，主要為舊約聖經及歷史故事，據說只要能完全體悟這56幅壁畫的意境，就能獲得救贖。靠近主祭壇的幾幅，只在每年的8～10月才會公開展示。而白色的大理石講道壇則是Pisano父子的作品，刻繪耶穌生平事

蹟。在教堂南側的耳殿還可看到唐納太羅的施洗聖約翰雕像，主祭壇上面的玫瑰花窗則是聖母的故事。除此之外，教堂裡的Piccolomini教皇藏書室，其濕壁畫簡直是驚為天人，Pinturicchi活靈活現的描繪出Piccolomini的家族生活，裡面還有許多珍貴的手繪圖書。

由教堂右側樓梯往下走，則可來到聖喬凡尼洗禮堂（S. Giovanni Battistero），洗禮堂內最引人注目的是Jacopo della Quercia用大理石寫出的聖喬凡尼生平，另外還有唐納太羅的《希律王的盛宴》（Herod's Feast）。

主教堂旁邊的大都會作品博物館（Museo dell' Opera della Metropolitana）收藏著主教堂珍貴的藝術作品，其中最著名的是Duccio所繪的聖母與天使群像《Maestà》。若對西耶那畫派有興趣，還可前往附近的**國立美術館**Pinacoteca Nazionale欣賞更多當地畫家的作品。

主教堂對面的**史卡拉聖母博物館**，是一座相當有趣的博物館。西元前900～400年時，伊特魯西亞人也曾居住在此，只要有他們行跡之處，地下世界絕對有看頭。後來羅馬人在上面建屋，中

主教堂 Duomo
web：www.operaduomo.siena.it
time：10:30～19:00；冬季10:30～17:30；週日及假日13:30～17:30
price：教堂及圖書館聯票€4

國立美術館 Pinacoteca Nazionale
add：Palazzo Buonsignori Via San Pietro 29
time：週二～六08:15～19:15；週日～一09:00～13:00
price：€4

史卡拉聖母博物館
Complesso Museale del Santa Maria Della Scala
web：www.santamaria.comune.siena.it
add：Piazza Duomo
time：10:30～18:30，週一、三、四到16:30，週二休息
price：€9

奇吉安納音樂學院 Accademia Musicale Chigiana
web：www.chigiana.it
add：Via di Citta' 89
tel：(0577)220 91

1.Il Campo廣場上的市政廳／2.主教堂內的小圖書館，其精美的濕壁畫令人讚嘆不已／3.僻靜又優美的Casa di S. Catterina／4.主教堂內的教皇藏書室／5.傳說中西耶那是狼撫養的王子建成的，所以城內各處都可看到狼餵乳的雕像或畫像／6.古羅馬泉水Fonte Branda，共分三層，第一層為飲用水，第二層是動物飲水處、地三層則是以前的婦女洗衣之處。前方有個將屠宰場改成的烹飪學校，再往前走則可搭電梯到主教堂後側／7.主教堂內珍貴的地板鑲嵌畫／8.無數條小巷環繞著主廣場Il Campo／9.西耶那優美的主教堂

世紀時改為朝聖者的住宿地點。現在將地下5個樓層改為博物館，不但保留以前的建築樣貌，還可在一個個地下穴室看到許多珍貴的伊特魯西亞生活文物。

由於西耶那城常是遊客如織，若想安靜遊逛西耶那，不妨到這幾個地方享受片刻的寧靜：Casa di San Catterina（Costa di S. Antonio）是西耶那聖女加大利納之家，她最大的功績是到法國將教皇勸回了羅馬。現在這裡已改為小教堂，整個環境相當幽靜，可避開城內擁擠的人潮。聖女的頭顱則存放在附近的聖多明

僻靜又優美的Casa di S. Catterina

尼哥教堂（Chiesa di San Domenico），教堂前的堡壘區（Fortezza）每週三有熱鬧的市集。而位於主街尾巴的**奇吉安納音樂學院**（Accademia Musicale Chigiana）是國際聞名的音樂學校，夏季時會在這美麗的宮殿裡舉辦音樂會。

西耶納住宿資訊

▌Paradiso 4 民宿

非常推薦這家小民宿，不但靠近古城巴士站，也靠近古城主街道。而且女主人相當有環保意識，大部分使用的是有機產品。更棒的是，早餐都是她自己到附近的小農莊探尋，以古法或較健康

的方式製作的各種食品。房間共有四間，兩大兩小，整體佈置相當清新，並適當的利用一些老家具布置出山城風情。

web：www.paradiso4.com
add：Via del Paradiso 4
tel：0577-271 348
price：€80～95

▌Albergo Tre Donzelle

這家小旅館位於主廣場附近的小巷內，地點算是不錯，非常市中心，到各景點都很方便。

web：www.tredonzelle.com
add：Via delle Donzelle 5
tel：(0577)270 390
price：雙人房€45起

西耶納實用資訊

▌旅遊服務中心

附近郊區有許多不錯的健行路線，可向旅遊服務中心索取健行路線圖。

web：www.terresiena.it
add：Piazza del Campo 56
tel：(0577)280 551

法蘭契杰納朝聖之路
Via Francigena

歐洲北部到羅馬的朝聖之路，11世紀以來的三大朝聖之路之一，西耶納也在這條路線上。

▌對外交通

由佛羅倫斯搭火車約1.5小時，然後到對面的購物中心地下室搭公車上山（車票€1.1～1.5）。由佛羅倫斯搭SITA巴士約75分鐘。

SITA巴士 web：www.sitabus.it

西耶那瘋狂賽馬節 Il Palio

若想真正了解西耶那的生活文化，一定要從瘋狂的賽馬節Il Palio切入，幾乎整個城市的生活，都圍繞著賽馬而行。西耶那整個古城由三個山丘組成，共分為17個鄰區(或可說是部落)。我們可以說西耶那人一生會受洗兩次，一次在教堂，一次就是發誓永遠追隨自己的鄰區。也因為這樣的忠誠與壁壘分明，這個自中世紀流傳至今的賽馬習俗，每年的7月2日及8月16日這兩天，就是全城墜入瘋狂之境的日子。

每年會從10個賽馬隊選出7隊競賽，賽馬需要放在指定的馬廄中嚴格看管，以免敵隊使小手段。每次騎士將賽馬牽到Il Campo廣場時，由穿著中世紀傳統服飾的遊行隊伍簇擁著，沿著古城老街，浩浩蕩蕩走向賽馬場。正式比賽前兩天通常會先舉辦試馬會(09:00及19:30)，而正式比賽則是第三天，早上8點左右會先在廣場會師，接著遊行到主教堂，下午3點再回到主廣場，準時於下午5時鳴槍賽馬。一賽定局，因此在這1分多鐘的時間裡，可真是讓4萬多人熱血沸騰！

而賽馬期間，西耶那人會在街巷擺上餐桌、板凳，佳餚美酒上桌，整個鄰區一起享用。

除了瘋狂賽馬外，西耶那城區也有許多美味餐廳，像是聖多明尼哥教堂附近的**La Pizzeria di Nonno Mede**，中餐有美味的Buffet，或者夜晚也可到此點塊香脆的披薩，伴飲主教堂及古城夜景。另外，主廣場附近的**La Buca di Porsenna**餐廳，則像座地洞餐館，由於老闆來自附近的小鎮，所以除了西耶那餐點外(Tortelli a Buro e Salvi義大利方餃)，還有鄉村佳餚，像是它招牌的肉桂糖粉義大利方餃，其獨特的味道，真是一絕！

城內還有一家老雜貨店**Drogheria Manganelli**，以前是最時髦的雜貨店，現在除了可買到許多優質食品之外，還以聖誕節蛋糕Panforte(香料麵包)聞名，不過最推薦的是Ricciarelli杏仁餅乾。

每個鄰區都極盡所能的標示出該區的象徵動物

每區都有自己的旗幟

賽馬節期間，會有專人看顧賽馬，以免被對手下毒

La Pizzeria di Nonno Mede
add：Camporegio 21
tel：(0577)247 966

La Buca di Porsenna
add：Via delle Donzelle 1
tel：(0577)444 31
time：12:00～14:30、19:00～22:30

Drogheria Manganelli
add：Via di Città 71-73
tel：(0577)280 002

瘋狂賽馬西耶納
web：www.terresiena.it
www.comune.siena.it

賽馬 Il Palio
web：www.ilpalio.org

Pisa
比薩

10:00～11:00	斜塔
11:00～12:00	教堂+洗禮堂(每半小時會有一次迴音演唱)
12:00～12:30	公墓
12:30～14:30	騎士廣場+午餐
14:30～15:00	Garibaldi廣場冰淇淋

中世紀時，比薩、熱那亞、阿瑪菲是最大的幾個海上強國，每年6月會輪流舉行賽船會。6月17日是比薩守護聖人的紀念日，6月16日晚上稱為Luminaria，在城內點滿蠟燭，亞諾河則漂著點點燭光……

比薩雖小，卻如利奧帕底所說的，這是個大城與小鎮的浪漫組合。以斜塔聞名世界的比薩，現在雖然是個小城鎮，但在11～13世紀時，可是個富強大國，主教堂是11世紀全球規模最大的教堂，亞諾河沿岸還有許多豪華宮殿。19世紀流行壯遊（Grand Tour）時，這裡幾乎是文人雅士必訪之處。再加上中東也開始傳入數學及科學，這裡的幾何原理發展得相當成熟，盡展現於各教堂、建築完美的構造上。此外還大量融入羅馬元素，像是圓柱、拱門，形成比薩獨有的「比薩式」風格。

比薩最著名的景點都集中在奇蹟廣場上（Campo dei Miracoli），包括主教堂、洗禮堂、公墓、及**比薩斜塔**。由於這座塔樓的地基相當不穩（其實整個比薩城地基都很鬆，城內很多建築都有傾斜的情況），所以共花了兩個世紀的時間才完成。後來又因傾斜狀況日益嚴重，有倒塌的危險，1990年禁止遊客攀登，開始進行修復工程，一直到2001年6月17日比薩守護神紀念日才重新對外開放。

這座白色大理石圓柱組成的圓柱建築，

1. 高58.4公尺
2. 共8層樓高
3. 共用了32400塊大理石
4. 共有293級階梯
5. 每層都有30根圓柱，共有207根
6. 外環直徑為19.6公尺

托斯卡尼

比薩斜塔 Torre Pendente
web：www.opapisa.it
add：Campo dei Miracoli
tel：(050)560 547
time：10:00～17:00；3～4月09:00～18:00；6～9月08:30～22:00
price：€18，也可購買聯票（預訂費€2）

斜塔現在只開放預約參觀，每組30人，每天最多720人。不過由於這裡相當熱門，頂層的階梯又相當狹窄，所以常要等候上下的人潮。其實爬到頂端就是可以眺望附近的景觀（並沒有特別迷人），斜塔本身反而是從下面看比較美麗，並不一定要花錢上斜塔，除非你覺得沒上去會遺憾終身。

主教堂 Duomo
price：免費，也可購買聯票（2個景點€7，3個景點€8，但不含斜塔）

結構和諧且靈巧，典雅的列柱造型與階梯設計，可說是羅馬式建築的完美典範。 每根圓柱頂部刻有獸頭像，最頂層的雕刻最爲精細，就好像是座美麗的皇冠。

主教堂於1063年開始建造，這段時間是比薩最富強的時期，這些建築群就是用來展示比薩的國力，還打算把主教堂打造成全球最大的教堂。因此教堂大量使用高大的石柱及附近的卡拉拉潔白大理石，許多石頭還是遠從薩丁尼亞島及艾爾巴島用特殊的船隻運過來的。建築師還爲此發明了一種舉重器，才得以順利建造這些石柱。教堂立面共有3個大拱門，拱門分爲4層，每一層都以石柱架出優雅的拱門裝飾，最頂層的尖拱矗立著聖母與聖嬰雕像。

教堂內共用了70根圓柱，光是中殿就有24根，每根平均高7.5公尺。不過教堂曾受過兩次大火肆虐，目前所看到的大部分都是16世紀後重修的。其中最明顯的是麥迪奇家族爲了顯示自己在比薩的統領權，特別捐贈24公斤的黃金打造天花板，並大刺刺的鑲上麥迪奇家族徽章。中殿的講道堂是Giovanni Pisano利用大理石雕出耶穌的生平。在這項作品中，他突破了以往呆板的人物神情，所有人物的神情及神態都栩栩如生（例如海克斯身體的移動及表情），讓文藝復興的腳步又往前邁進一大步。此外，教堂內部還有座名吊燈，據說伽利略就是在此做禮拜時，看到吊燈的搖擺而發明了單擺定律。

建築師Diotisalvi於1152年開始建造主教堂前面的洗禮堂（Battistero），百年後又由Pisano父子接手才順利完工。洗禮堂外圓周長107.24公尺，高54.86公尺。外牆底層以封閉的假拱門裝飾，上層則是環形的拱廊及哥德式鏤空三角楣裝飾。洗禮堂內部以天堂般的迴音與共鳴效果聞名，由於內部的牆壁表層相當均勻，空間又極爲寬敞，能將每個音階回彈出相對高低的迴音。因此只要站在中間的洗禮台唱歌，就可以聽到聖音般的聲響效果。**每半小時會有人在此歌唱，讓參觀者了解何謂天堂聖音繞樑**，否則也可試著在洗禮台拍手聽迴音。這座洗禮池共有3層，代表著聖父、聖子及聖靈三位一體，原本洗禮池上還有個開口，雨水可以直接流到洗禮池。洗禮堂內還有座大理石講道壇，是Nicola Pisano的作品，以耶穌生平故事爲主題。由於當時開始挖掘古羅馬文物，因此仿古風成了當時最潮的藝術風格，我們可以看到許多雕刻人物都仿自古羅馬棺木。另外，這裡還特別設了階梯，讓婦女上樓聽道。

旁邊的聖地公墓（Camposanto）始建於1278年，由Giovanni di Simone負責設計。自古以來就以其內部極具省思性的壁畫聞名，再加上這裡的土壤是第一次十字軍東征時，動用了53艘軍船，特地將耶穌受刑的山丘土壤運送回國，因此這塊公墓稱爲「聖地」。公墓內有許多在此出土的古羅馬石棺、拉丁文石碑及大理石器具，從這些大理石文物就可了

1.從斜塔看到的郊區風景／2.城內最著名的冰淇淋店 La Bottega del Gelato／3.斜塔的階梯相當窄，常需要互相等待上下的人潮／4.由斜塔看向主教堂／5.主教堂旁的墓穴區非常值得參觀／6.公墓內有很多古老的濕壁畫及雕刻／7.阿騎士廣場的老建築，現為知名的師範學校／8.比薩聞名世界的奇蹟廣場／9.優雅的洗禮堂

城內知名的老咖啡館Caffe' Federico Salza

解當時的藝術已達到相當純熟的境界。四面拱形迴廊圍繞著中間的露天草坪，形成相當穆靜的氛圍。迴廊牆壁各幅濕壁畫，刺激著觀者對生命的省思。其中最著名的就是「死亡之凱旋」，透過生死、罪孽及地獄景象，讓自己對目前的所作所為反省，以得永恆生命的凱旋之境。而且據說當初為了達到反省的效果，還在畫旁放置鏡子，讓觀畫者看到自己反射到鏡中的表情，得以更清楚地了解自己的內心世界。

逛完奇蹟廣場的建築群後，可由Via Santa Maria切往大學區，沿路有些獨特的小商店及便宜的餐廳，右轉Via dei Mille直走就可來到騎士廣場（Piazza dei Cavalieri），這是古羅馬時期的議事場。據說1288年比薩領主一家被關在這裡的鐘塔活活餓死，現在可看到這座鐘塔已經與兩旁的建築合併為時鐘宮殿（Palazzo dell' Orologio）。廣場上最醒目的應該是騎士宮（Palazzo dei Cavalieri），這裡原本是比薩的市政廳，後來麥迪奇家族統治後，命人將原本的建築毀掉，請他們的御用建築師Vasari建造這座宮殿，其繁複的灰泥雕飾外牆，已經在向人顯耀它豪華的內部。現在這棟建築已改為師範學校。

穿過這區的小巷（Via Ulisse Dini）就可走到主街Via Borgo Stretto。街上有家著名的老咖啡館**Caffe' Federico Salza**，以它的甜點及咖啡吸引許多文人雅士聚集在此。再往河邊走就是Piazza Garibaldi廣場，在廣場邊有家城內最著名的冰淇淋店**La Bottega del Gelato**，口感綿密又不膩。由冰淇淋店這個角落右轉沿河直走，就會看到小小巷內的老餐廳**Porton Rosso**，它以傳統的托斯卡尼料理為主，由於比薩濱海，所以這裡的海鮮料理相當有名，每天推出不同的特別料理。而且甜點也相當特別，帕拿瑪起司做成香濃的布丁，再神來一筆的配上清爽的西洋梨，真是恰到好處啊。晚上還可到餐廳後面的小廣場，這裡白天是市集，晚上許多酒吧餐廳開業後，在中庭擺起桌椅，成為熱鬧的歐式夜店區。

若喜歡現代藝術的話，河岸對面的**Blu藝術文化館**常有許多國際著名的藝術大師短期展。

Caffe' Federico Salza
add：Borgo Stretto 46
tel：(050)580144
time：08:00～20:30

La Bottega del Gelato
add：Piazza Garibaldi 11
tel：(050)575 467

Porton Rosso
web：www.osteriadelportonrosso.com
add：Vicolo Porton Rosso 11
tel：(050)580 566
time：12:30～14:30、19:30～22:00
(週日休息)河畔的巷口有標示

Blu藝術文化館
add：Lungamo Gambacorti 9
time：10:00～19:00
price：視展覽而定

比薩
住宿資訊

Royal Victoria Hotel

這家1837年開業的老旅館，位於古城的亞諾河畔，介於火車站與比薩斜塔之間，若是巧遇比薩的燭火節，更可直接從房間欣賞浪漫的燭光河景。由於旅館歷史悠久，房間都是一些老家具，早餐用餐室充滿復古風味，後面還有座19世紀的老廚房，可看到當時的磨刀器。頂樓也設有露天座椅，只要花€3就可以坐在這裡享用餐前酒及眺望古城。

web：www.royalvictoria.it
add：12 Lungarno Pacinotti
tel：(050)940 111
price：雙人房€50起

Hotel di Stefano
三星級旅館

很喜歡這家小旅館的感覺，可以感受到旅館主人很用心的保留老建築，並精心地布置房間。這家旅館位於主街後面的小巷內，有些房間還可以看到斜塔。有免費無線網路。是家讓人安心的旅館，推薦。

web：www.hoteldistefano.it
add：Via S. Apollonia 35
tel：(050)553 559
price：€65～80

Relais dei Fiori
高級民宿

這家民宿隸屬高級旅館聯盟，所以即便是民宿，裡面的設備也相當齊全。位於主街區，地點很好。

web：www.relaisdeifiori.com
add：Via Carducci 35
tel：(050)556 054

Hotel Novecento
精品旅館

位於植物園區，雖然有點偏僻(步行到斜塔區約15分鐘)，不過是相當宜人的現代設計旅館。相信當你進到旅館，看到所有的布置與家具，就不會在意它的地點了。

web：www.hotelnovecento.pisa.it
add：Via Roma 37
tel：(050)500 323

Hotel Bologna
四星級旅館

若是蜜月旅行的話，可考慮這裡，整體感覺相當古典、優雅，會是很浪漫的回憶。

web：www.hotelbologn.pisa.it
add：Via Mazzini 57
tel：(050)502 120

Hotel Helvetia
平價旅館

靠近比薩斜塔區，位於騎士廣場附近，不含衛浴設備的房間相當便宜。房間空間還可以，也很乾淨。

add：Via Don G. Boschi 31
tel：(050)553 084
price：雙人房€40～65

比薩
實用資訊

旅遊服務中心

web：www.turismo.pisa.it

火車站前面
add：Piazza V. Emanuele II 16
tel：(050)422 91

靠近主教堂及比薩斜塔
add：Piazza Duomo, 7
tel：(050)550 100

Walking in Pisa導覽

當地導遊徒步帶領遊客深入比薩城，讓比薩不只有比薩斜塔而已，還有許多有趣的小地方。夏季有較便宜的導覽團，約€17，15歲以下免費。另外還有佛羅倫斯跟Lucca的徒步導覽團。

web：www.turismo.pisa.it/en/infopoint
time：09:30～17:30，週六、日11:00有1小時導覽團

交通

由佛羅倫斯搭火車約1小時。由火車站步行到斜塔要20～30分鐘路程，也可搭3號、4號、A號公車或計程車，參觀完後再慢慢走回古城區或火車站。

比薩火車站

Chianti
奇揚地

托斯卡尼最著名的酒鄉奇揚地，是佛羅倫斯與西耶那之間的丘陵地，靠近佛羅倫斯地區稱為Chianti Fiorentino，靠西耶那者稱為Chianti Sienese。這區的葡萄酒公會以黑公雞為商標，並以Chianti及Chianti Classico兩種葡萄酒名聞天下。沿著SS222公路都可看到立著「酒鄉之路」(Strada del Vino Chianti Classico)的標示。

奇揚地酒早在13世紀就已存在，18世紀開始聞名各地，這都要歸功於Bettino Ricasoli研發出奇揚地獨特的釀造配方。Chianti Classico至少要有80%的Sangiovese（意為「宙斯之血」，主導著酒的香氣）葡萄，其他則可配置10%的Canaiolo nero（增加酒的濃烈性）或10%的Malvasia del Chianti或較清淡的Trebbiano toscano白葡萄。這種調配方式，釀造出優雅的酒性，適合各種場合及菜餚，陳

醱時間較久的Riserva則適合肉類主菜。

選購時可以看瓶頭標籤的顏色及黑公雞(Gallo Nero)的標籤，Chianti Classico為紅色，若是陳醱的Riserva則是金色(將醱好的酒再多放置2～3年)。義大利酒分六個等級，最頂級為DOCG(Vino a Denominazione di Origine Controllata e Garantita)，次級為DOC(Vino a Denominazione di Origine Controllata)，第三級為IGT(Vino a Indicazione Geografica)，再來則是Vino Da Tavola(這其中也有很多不錯的酒)。全義大利只有21個最高等級

的DOCG葡萄酒，托斯卡尼省區就獨占6個，「Chianti」及「Chianti Classico」就是其中兩種。

遊奇揚地地區，可以從佛羅倫斯租車，**Greve in Chianti**緩慢城市是個不錯的據點，城內有許多好餐廳及民宿。或者也可從佛羅倫斯參加**單車行程**，慢慢遊逛奇揚地酒莊。

此外，這區最著名的**購物中心The Mall**，有許多義大利精品，像是BV、Prada、Gucci、Armani、Salvatore Ferragamo及Tod's等。不過逛Outlet就是要碰運氣，才能撿到便宜好貨，若達到155歐元還可退稅。Outlet裡面就有退稅櫃檯，可直接在此辦理退稅手續。

葡萄酒公會
web：www.chianticlassico.com
有些酒莊或是不想依公會規定釀酒，或是自己的酒已有固定銷路，沒有加入的必要，可別小看沒有加入公會的酒廠

Greve in Chianti
web：www.comune.greve-in-chianti.fi.it

單車行程
web：www.ibiketuscany.com
www.bike-tuscany.it
tel：(055)222 580

購物中心 The Mall
web：www.themall.it
go：由佛羅倫斯搭直達巴士SITA到購物中心前下車，車程約1小時
add：Via Europa 8, 50060 Leccio Reggello
tel：(055)865 7775
time：10:00～19:00，6～8月到20:00

San Gimignano

聖吉米那諾

12世紀時，這裡是許多朝聖者行經之地，這座小城也開始蓬勃發展。小小的古城裡，各大家族為了防衛及宣示自己的財力，開始建造高塔，最盛期多達76座，現僅存14座。由於這座位於334公尺高的古城，散發一股迷人的小山城風情，因此吸引無數遊客拜訪。現在的山城，已經有點像是托斯卡尼版的迪士尼樂園。

一般遊客都是從Porta San Giovanni古城門進入，這裡就是主街Via San Giovanni，沿路都是一些特產店及陶瓷店，再往前直走就是三角形的水井廣場(Piazza di Cisterna)，廣場中間是13世紀建造的古井，四周都是老建築，還有條以金箔工藝坊聞名的Vincolo dell' Oro黃金小巷。再往前走就是主教堂廣場(Piazza del Duomo)，周圍共有7座鐘塔環繞，有些鐘樓現已改成房舍。廣場上有12世紀的主教堂，雖然外表是樸實的羅馬風格，但裡面卻是相當華麗，讓人明顯地感受世間與天堂之別。主教堂旁是建於1239年的市政廳(Palazzo Comunale)，由後面的木門進去可看到優雅的中庭，宮內現轉為市立博物館，收藏12～15世紀托斯

卡尼地區的藝術品。領主宮高聳的大塔（Torre Grossa）是當時的最高權力象徵，高達54公尺。主教堂對面是領主宮（Palazzo del Podesta'），51公尺高的鐘塔（Torre della Rognosa）原本是全城最高的，後來被新興權力的大塔打敗了。再往前走則是Via S. Matteo，有許多特產店。城牆堡壘內則有葡萄酒博物館（Museo del Vino/Rocca di Montestaffoli），付一點費用就可

品嘗聖吉米那諾著名的白酒。

此外，這裡還有獲選為全球最好吃的義大利冰淇淋店**Gelateria di Piazza**，一定要去嘗嘗。最著名的獨創口味包括Crena di Santa Fina（番紅花＋松子）、Champelmo（葡萄柚＋氣泡酒）、Dolceamaro（各種不同的香草混調）、Vernaccia - Sorbet（獨家祕方的碎冰），巧克力口味更是不容錯過，這裡採用的竟然是義大利頂級巧克力Amedei。另外，各種紅莓、藍莓個別跟藍起司、Ricotta起司調製的口味，也很受好評。

聖吉米那諾
web：www.sangimignano.com
go：由佛羅倫斯搭SITA巴士約70分鐘，或搭火車到Poggibonsi火車站，在火車站前搭SITA巴士到古城，約25分鐘車程。由西耶那搭巴士約1～1.5小時。
time：約半天時間即可參觀完整個古城

Gelateria di Piazza
web：www.gelateriadipiazza.com
add：Piazza della Cisterna 4
tel：(0577)942 244

托斯卡尼

Montacino

蒙塔奇諾

蒙塔奇諾的古城相當小，除了主教堂及鐘塔外，街上幾乎都是酒或特產店。不過我想推薦的是這裡的一家老麵包店Pasticceria Mariuccia，這裡有多種他們自已研發的脆餅，味道獨特。尤其是Pane di Mariuccia脆餅，那種扎實又淳樸的口感，絕對是別處吃不到的美食。唉，真令人想念！

蒙塔奇諾的布魯奈羅酒（Brunello di Montalcino），可說是義大利最頂級的紅酒之一，由於這區的土壤富含特殊的礦物質，氣候條件也很適合種植這區獨特的Sangiovese葡萄種。由於這種葡萄比其

他地區的還大顆，果汁香味較濃。釀酒師Feruccio Biondi Santi突發奇想的只用Sangiovese葡萄種，並只放在橡木桶中陳釀5年之久（Riserva則需6年時間，Rosso di Montalcino只需1年），結果發現這樣可

以釀出較爲深沉的紅酒，因此人稱它爲
「黑色美酒」（1888年成功釀造出第一瓶
Brunello紅酒）。

　　光是蒙塔奇諾這小小的酒鄉，就有上

百家酒莊，到這裡不妨找家酒莊參觀，
若有時間的話，入住酒莊，順便參觀酒
廠是最理想不過的了。位於老城山下的
葡萄酒園中，有家**Croce di Mezzo**酒
莊，它是當地的老酒廠，也提供住宿服
務。若是葡萄採收季節，還可以一起體
驗豐收活動。若是沒有時間的話，古城
中有家**Enoteca di Piazza**，這是相
當棒的買酒處，不但可以一次品嘗多家
酒莊的酒，而且價格跟在酒莊買的差不
多，還可免費寄送。店內設有專業的品
酒設備，單杯品酒的價格約2～4歐元。

Croce di Mezzo
web：www.lacrociona.it
tel：(0577)847 133

Enoteca di Piazza
web：www.enotecadipiazza.com
add：Via Matteotti 43
tel：(0577)849 194

Pasticceria Mariuccia
web：www.pasticceriamariuccia.it
add：Piazza del Popolo 29
tel：(0577)849 319

Bagno Vignoni 溫泉區

品完紅酒，乾脆就好命到底，再接著來去附近知名的 Bagno Vignoni溫泉區放鬆身心！這裡的溫泉是從地底1千公尺處流出的，溫度約攝氏52度，而且水質中富含硫酸鎂及硫酸鈣，對皮膚、骨頭特別好。

　　小鎮內有座公共溫泉池，由鎮公所經營，整座溫泉池散發著濃濃的古樸，泡在池裡應該會誤以為自己回到古羅馬時代了吧。公共溫泉池旁則有家很棒的旅館**Le Terme**，這是家族經營的旅館，在溫馨的氛圍裡又可看到服務的專業。全新改造後，房間在清新的設計中，又無處不見淳樸的質感，而且打開窗戶就可看到古老的公共溫泉池。旅館內也有按摩中心、SPA設備及私人溫泉池，旅

館頂樓還鋪造了草坪，躺在椅子上，美麗的托斯卡尼風光就在眼下。人生，就是這樣享受的吧！（€28起）

這區還有另一座相當知名的溫泉鎮Chianciano Terme，推薦全新打造的SPA中心——**Terme Sensoriale**，不但位於廣大的公園區內，裡面的SPA設備更是令人目眩神迷，完全展現義大利的設計天份（€38起）。進園後只要買個杯子，就可喝公園內具療效的礦泉水（€5.5～9.5）。這座小鎮有火車站Chiusi-Chianciano Terme（由翡冷翠搭火車到此約1.5

～2.5小時，到Arezzo約50分鐘），對於不是自行開車的遊客來講較方便。

Val d'Orcia可以說是塊好山好水的福地（已列為聯合國自然遺址），這山谷中有種特殊的草，養出肉質特別嫩的白種牛，讓佛羅倫斯得以呈出佛羅倫斯牛排這道名菜。也因為這種草，這裡的羊奶風味特殊，而有了著名的Pecorino羊起司。這裡的羊起司口味相當多，有些是加松露，有些用當地特產的葉子覆蓋熟成（起司種類請參見www.caseificiocugusi.it）。除此之外，山谷中還有個小而安靜

Bagno Vignoni 溫泉區
泡完溫泉後可到附近的古鎮San Quirico d'Orcia用餐（如：Al Vecchio Forno）。

go：**開車**：A1高速公路由Chiusi-Chianciano Terme出口出來，沿SP40及SP53開約35分鐘。**火車**：從西耶那搭114號公車到Torrenieri，再轉搭R54/A公車

Le Terme
web：www.albergoleterme.it
add：P.zza delle Sorgenti 13, Loc. Bagno Vignoni
tel：(0577)887 150
price：雙人房€75～85(含早餐及Spa中心設備)

Terme Sensoriale
web：www.termechianciano.it
add：Parco Acquasanta, Piazza Martiri Perugini, Terme Chiaciano
tel：(848)800 243

的村莊San Quirico d'Orcia（由Bagno Vignoni開車約15分鐘），如果你真得想安靜的享受托斯卡尼，非常推薦這裡。村莊雖小，但卻有家三百多年的老橄欖油莊**Simonelli-Santi**，而且小鎮主街上還有家很棒的飾品店Corinne，店裡的珠寶飾品及皮件都是畫家老闆自己設計或特選的。

Simonelli-Santi老橄欖油莊已造了300多年的橄欖油，也一直堅持小規模的經營方式，這樣才能嚴格控制品質，所以這裡造的油，總在兩個月內全部賣光（10月中～11月是榨油的季節）。在許多義大利人的心中，托斯卡尼地區的橄欖油是最好的，原因是這裡的橄欖都是在它還未熟透落地前，先以人工採收。而且這區造油不像南部放那麼多橄欖葉進去（所以南部的油比較綠），只放橄欖總量的4%，因此一榨好即可馬上食用，不需像南部的油要等上2～3個月。再者，這家油坊深知要榨出低酸度的頂級橄欖油，必須將冷壓後，油停留在水中的時間盡量縮短，因此他們橄欖油酸度總能控制到相當低（最頂級的橄欖油酸度不超過0.8%）。好的橄欖油當然就是特級初榨橄欖油（Olio Extra Vergine d'Oliva），因為

第一次榨油時，橄欖裡面一些對人體有益的成份也會一起榨進油裡。這些成份對於心臟、抗衰老都非常有益，所以初榨橄欖油的價錢總是最高的。

更有趣的是，參觀完橄欖油的壓榨過程，一夥人還跟著主人一起品油。橄欖油要怎麼品呢？首先一手握著杯底，一手蓋在杯口慢慢搖晃，先進行溫油的動作。接著品嘗一口橄欖油，舌尖會先嘗到油的甜，接著兩頰的酸味蹦出來，入喉後兩秒又有一股淡淡辣味回嗆上來，然後口中開始散發出介於杏仁與朝鮮薊的溫香。另外，由於這裡的橄欖油質相當好，所以即使我們單只是喝油，卻一點也不覺得油膩，口中就像喝白開水一樣清爽。而且主人還分享一個祕密，品嘗不同的橄欖油時，最佳的清口方法竟然是「吃蘋果」！

買油時若要辨別品質，首先要看標籤上榨油的地點跟橄欖產地的距離，最好是在同一個地區，如果距離太遠，很難保證橄欖的鮮度及品質。再者，如果有貼上歐盟的Bio（有機）標籤，那就表示它從種植的土地、方法都是採有機方式。最後，最簡單的方式就是從價錢判斷，一般好油應該是10歐元左右。

Caseificio Pienza Solp 起司工廠
web：www.pienzasolp.it
add：Loc. Poggio Colombo, Pienza
tel：(0578)748 695

Corinne 飾品店
add：Via Dante Alghieri 26, San Quirico d'Orcia
tel：(0577)899 951

Simonelli-Santi 老橄欖油莊
web：www.simonellisanti.it
add：Villa Malintoppo, San Quirico d'Orcia
tel：(0577)898 244

1.起司製作過程 / 2.9～10月忙著採收橄欖 / 3.品橄欖油時要先溫油 / 4.層層相疊的濾網炸出精純的橄欖油 / 5.在屋頂鋪了草坪，放兩張躺椅，讓客人在此欣賞周遭的美景 / 6.全新打造的Spa中心 - Terme Sensoriali / 7.Corinne店裡獨特的珠寶設計 / 8..Bagno Vignoni公共浴池

Pienza

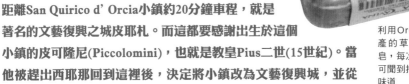

皮耶札

距離San Quirico d' Orcia小鎮約20分鐘車程，就是著名的文藝復興之城皮耶札。而這都要感謝出生於這個小鎮的皮可隆尼(Piccolomini)，也就是教皇Pius二世(15世紀)。當他被趕出西耶那回到這裡後，決定將小鎮改為文藝復興城，並從佛羅倫斯聘請建築師Rossellino建造主教堂、教皇宮殿及市政廳。

利用Orcia山谷特產的草製成的香皂，每次洗時，都可聞到托斯卡尼的味道

這些建築都環繞在梯形主教堂廣場上，建築師巧妙地利用視覺效果，讓它看起來像個長方形廣場。**主教堂**內部以高聳的石柱及明亮的採光，構成令人肅然起敬的氛圍，周圍則有許多西耶那畫家所繪的聖母與聖嬰圖。另外也可以注意看唱詩班的譜架，它是利用精細的木條拼花裝飾的。然而，走到後殿就會發現這裡已明顯下塌，這也是鎮民目前最擔憂的一點。由於教皇指定要將主教堂

蓋在崖邊，風景及氣勢絕佳，但卻也讓幾百年後的鎮民眼看得膽戰心驚。位於崖邊的地勢，很難進行地基補救工程，現在仍是鎮民待解的一大難題。

　　整個古城其實很小，沿著主教堂後面的小徑散步，可以眺望Orcia山谷。而城區則以紅髮建築師命名的Corso il Rossellino主街貫穿整個古城（Rossellino就是「紅毛仔」❶的意思）。旺季時這裡遊客如織，把兩旁的小商店擠得水洩不通。

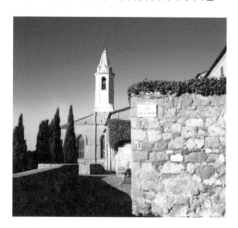

如果是秋末來訪的話，或許還可以幸運的悠閒逛古城。主教堂角落有家小工藝品店，可以買到Orcia山谷的草製作的香皂，每次洗手時，彷彿又聞到托斯卡尼的清新氣息，這條街上還有許多好買的小店。往主教堂廣場對面的小巷子走進去，有個小廣場及餐廳，當地人很喜歡到這裡的小角落用餐。另外，附近的 **Trattoria da Fiorella**也是相當棒的選擇。由媽媽掌廚，利用當地的食材及古老的料理方式，呈給客人最道地的家鄉菜（可嘗嘗這裡的特產手工麵Pici）。

托斯卡尼

皮耶札 Pienza
web：www.comune.pienza.siena.it
go：**開車**：高速公路A1從Chiusi Chianciano出來沿SS146開約30分鐘。**巴士**：可從西耶那搭巴士到Pienza，每天5班；另有F_ST3經Montepulciano到Chiusi接火車；另有112號巴士到Montepulciano及西耶那

❶義大利人髮色大部分為棕色，紅髮的義大利人較少見。大部分義大利人長得濃眉大眼的，有些阿伯的眉毛很像蠟筆小新。

主教堂
add：Piazza Pio II

Trattoria da Fiorella
add：Via Condotti 11
tel：(0578)749 095
time：週二休息

Montepulciano

蒙地朴奇諾

最近紅遍全球的《暮光之城》第二部——《新月》，把拍攝場景拉到了義大利。其實《新月》裡所提到的Volterra家族是來自比薩附近的一個小山城，導演本來預計在那裡拍攝，但後來到了Vino Nobile紅酒之鄉蒙地朴奇諾(Montepulciano)後，卻愛上這個山城，城內上下蜿蜒的山路，轉個彎又是個窄小又神秘的拱門小坡道，充滿戲劇張力，因此導演決定轉而到此拍攝(也引起這兩個小鎮的一場爭奪戰)。

也因為如此，原本安靜無聲的山城，在開拍的當天早上，城裡人被上千名愛德華影迷嚇傻了。住在山城裡的淳樸市民哪裡知道，一位白面書生竟然有如此大的魅力。不過他們也樂得看到這樣的新改變，在城內每個拍攝角落認真的貼上劇照，並規劃出新月之旅（New Moon Tour），讓熟門熟路的導遊帶領著影迷到每個場景朝聖。

劇中愛德華要跳下來的地點就是大廣場（Piazza Grade），這裡有16世紀末建造的主教堂（Piazza Grande），不過教堂前的噴泉是劇組搭建的，實際上並不存在。教堂左側是市政廳及鐘樓，愛德華就是在市政廳走廊吻貝拉的。旁邊的旅館是劇組化妝的地方，據說拍攝期間，許多影迷會在此收集愛德華的遺留物品（像是煙蒂）。沿著Via Ricci直走可來到城內最酷的**酒窖**Cantina del Redi，一走下這座1337年建造的老酒窖，就只有瞠目結舌的份，中古世紀的老磚石堆砌出存放大酒桶的空間，一整排老酒桶，靜靜陳釀這區最著名的Vino Nobile葡萄酒，真覺得走進時光之輪，回到古老的14世紀。這真是古城內必訪之地。

Vino Nobile是蒙地朴奇諾的特產酒，

只用70%的Sangiovese葡萄，釀造時間約2年，比Brunello短，喝起來較順口。若想買酒的話，也可到**Enoteca La Dolce Vita**，這家酒店的裝潢非常有當地建築特色，就像在酒窖中品酒。另外，這附近還有家1868年開幕，充滿新藝術設計風格的**Caffe' Poliziano**，原本是咖啡館，也曾轉為電影院，現在是經常舉辦藝文活動的咖啡館，儼然為小城的文化沙龍。不但可以在這裡喝咖啡（推薦它的Gran Caffe' Poliziano，用Grappa酒及奶

油調的咖啡）、優質茶，還可享用每天鮮做的甜點。它絕佳的位置，也是浪漫的用餐地點。若想吃這區特產的牛排（這裡是佛羅倫斯牛排的產地），**Osteria Acquacheta**應該是當地人會一致推薦的。走進古城門不遠的**L'altro Cantuccio**餐廳也相當推薦，除了美味的餐點外，老服務生的服務專業更令人印象深刻。

　　8月的最後一個禮拜，城內有賽馬會，整個古城燭光閃閃，街上擺滿美酒佳餚，全城的人一起歡度佳節。

酒窖 Cantina del Redi
web：www.cantinadelredi.com
add：Via di Collazzi 5
tel：(0578)716 092

Enoteca La Dolce Vita
web：www.enotecaladolcevita.it
add：Via di Voltaia nel Corso 80
tel：(0578)758 760

L'altro Cantuccio
web：www.laltrocantuccio.it

Caffe' Poliziano
web：www.caffepoliziano.it
add：Via di Voltaia nel Corso 27
tel：(0578)758 615

Osteria Acquacheta
web：www.acquacheta.eu
add：Via del Teatro 22
tel：(0578)717 086
time：12:30～15:30，19:30～22:30(週二休息)

托斯卡尼

Umbria
La Terra della Terra

溫布里亞
*鄉野

溫布里亞可說是托斯卡尼的姊妹省，
將托斯卡尼的美延綿到羅馬北端，又多了一股純樸的真摯，
這也是不可錯過的義大利悠美地喔！

● PERUGIA

ASSISI ●

● ORVIETO

必看 主教堂

必吃 松露、鴿子肉、山豬肉

必買 奧維多白酒(Orvieto Classico)、橄欖油、松露醬、蜜漬核桃

迷思 緩慢城市(Cittaslow)的人走路都慢慢的嗎？其實緩慢城市的主要概念在於讓淪陷於快速生活步調的現代人，慢慢再回歸生活本身；保存一個城市的傳統文化，找回以前的傳統老食譜，以最自然的方式處理食材，培育小農的經濟力量。而最重要的，是將這些寶貴文化一代代傳承下去，讓那裡的子孫對自己生長的土地認同、驕傲，創造一個能夠好好生活的城市(La città del buon vivere)

開聊 感覺上溫布里亞(Umbria)這區好像地底世界很發達，許多城市都有地底世界的行程。這是因為溫布里亞地區早期是伊特魯西亞(Etruschi)的主要據點，他們特別擅長利用當地的地形，在地下打造居住空間。有趣的是，他們的文字也跟中國人一樣由右往左書寫

真愛義大利

1.法院及交易所 / 2.伊特魯西亞古城門 / 3.放在Palazzo dei Priori大廳的佩魯吉亞象徵動物 / 4.佩魯吉亞古城內迷宮般的小巷 / 5.依特魯西亞文字 / 6.Tempio di Sant'Angelo圓形教堂 / 7.佩魯吉亞的迷你地鐵，晚上搭乘時，感覺好像進入未來世界 / 8.佩魯吉亞古城 / 9.Rocca Paolina地底通道

Perugia

佩魯吉亞

佩魯吉亞，這個義大利人口中的「外國人的大學城」，於1926年就專為外國人創立了一所教導義大利語言、文化的大學，80多年來，吸引全球各地對義大利文化有興趣的外國人來此進修。也因為長久以來一直都有許多外國人來來去去，佩魯吉亞人雖然有點嚴肅，不過對外來人的接受度似乎較高。而這也讓許多新思潮在這座老山城遊走著，難怪這樣的老山城能建設一座讓人以為是未來世界的迷你地鐵。現在那個小而新潮的鐵盒子，會沿著打上藍光的鐵軌，讓你10分鐘內上山又下城。

走出地鐵站，往左轉是個小小的市集，有些義大利的平價皮件攤及充滿東方異國風味的服飾攤。往右轉則可看到山邊一間開逸的咖啡館**Ristorante del Sole**，許多當地人喜歡躲到這裡喝個咖啡、餐前酒或在此享用午晚餐，悠閒的欣賞眼前遼闊的溫布里亞風景，天氣好時，甚至可看到阿西西古城。

由咖啡館旁這個小拱門走出去，有條小小的購物街Via Oberdan，都是一些較有質感的商店，往左直走再右轉往上爬就看到古城主街最底端的小公園Giardini Carducci，正前方可眺望托斯卡尼，郊區的圓頂大教堂是S. Pietro，裡面有很棒的濕壁畫。公園上有座藝術大師Perugino的雕像，他旁邊的大天使雕像就是他的名徒拉斐爾（公園旁有家美味的冰淇淋店Gelateria Veneta）。由公園前的主街Corso Vanucci直走，會在建築走廊下看到一座電扶梯，由這裡下去是個地洞世界Rocca Paolina。這原本是座古堡壘，現在則很有創意的將這個通道轉為免費展覽場。而通道底端是古城門Porta Marzia，這根本就是一本佩魯吉亞石頭史

書：這是西元前3世紀建造的古城門，中間的樓層是奧古斯都時期增建的，可看到羅馬文的佩魯吉亞字樣。16世紀教皇強行統治佩魯吉亞時，不但徵收鹽稅，又大肆破壞城內20多座塔樓及修道院，因此佩魯吉亞人非常討厭教皇，本來古城門上還有教皇宣示自己統治權的姓名在上面，後來被佩魯吉亞人給抹擦掉。有時間的話，不妨沿著長達4公里的古城牆散步，欣賞山城四周的風光。

再往回走到主街Corso Vanucci，這條街的名字取自拉斐爾的老師Pietro Vanucci（普稱Perugino）之名。若有機會在爵士節或週末晚上來到這條街，一定會被滿街的人潮衝擊得相當快樂。山城的老街，似乎是面積擠壓的緣故，只要人潮一湧現，那種歡慶的力道，硬是比山下的城市強了許多。將每個人的快樂情緒，攪擠成一股濃稠不散的氛圍，緩緩流壓在人與人之間的小小空隙中（這可

能就是佩魯吉亞人善於做巧克力的原因吧）。而夏季的**爵士季**，滿街的藝人表演，廣場上、酒吧裡，各個角落傳出的樂音。來過，你就會明白，那種歡樂的敲動，即使是在十年後的回憶裡，依然迴盪不息。

主街上還有城內最美麗的宮殿——**法院及交易所**，這裡有Perugino最棒的作品，四周牆壁上的濕壁畫，盡留著Perugino最優雅的筆觸。牆上拿著代表公平、公正天秤的女神，主要在提醒法官要公正的做審判。而下面兩兩一組的名人畫像，像是蘇格拉底等古代偉人，象徵各種美德。畫與畫之間可以看到一些裝飾的花樣，這些都是仿自當時從羅馬古遺跡挖掘出的藝術風格。由於那段時間剛發現這些古羅馬遺跡，因此這種仿古藝術還蔚為潮流。而且我們可以看到畫中的景象都相當平和，這是Perugino的一貫的畫風，也深深的影響了弟子拉

Ristorante del Sole
add：Via Rupe 1
tel：(075)573 5031

爵士季
web：www.umbriajazz.com

法院及交易所
add：Nobile Collegio del Cambio
tel：(075)572 8599

斐爾。另外，由於大師來自附近的湖區，所以畫中的背景通常是湖光山色。入門前會看到門上有佩魯吉亞的象徵物飛獅，由於這裡是交易所，所以獅子下面有著錢幣箱的符號。很多宮殿都可到這樣的象徵符號，方便讓人讀出它原本的功能。

法院及交易所的隔壁是執政官宮殿（Palazzo dei Priori），現爲**溫布里亞國立美術館**，大廳的兩座雕刻分別是佩魯吉亞的象徵動物獅子與禿鷹。樓上則收藏了13～18世紀的藝術品，當然有許多Perugino的畫作，此外還有喬托、Fra Agelico的作品。美術館的側面有個階梯，從這裡上去可以看到Sala dei Notari大廳，廳內齊致的拱脊橫頂著天花板，構築出和諧的空間感，所有的拱脊及天花板、牆面，以溫潤的色彩繪製聖經及民俗故事，有些則仿自阿西西聖方濟大教堂內部的濕壁畫。即使樓下就是最熱鬧的廣場，但這小小的空間，獨自規圍出自己的寧靜美。

Corso Vanucci的盡頭就是主教堂前的Piazza IV Novembre廣場，廣場上有個像三層蛋糕的Fontana Maggiore噴泉，最上面的女雕像名爲佩魯吉亞，象徵著豐

Fontana Maggiore噴泉

收。下層的大理石細緻的雕刻著十二星座及聖人，是著名雕刻家Pisano父子的作品。而從未完工的主教堂側牆，就像廣場的一道巍峨城牆，牆上有座耶穌雕像，這是因爲以前市民們最討厭的教皇就是從這條路走來的，所以他們特地在此豎立耶穌雕像，保護市民免於教皇的凌虐。這座教堂主要是獻給San Lorenzo聖人，不過內部最有名的收藏是聖母的婚戒。只是，這只婚戒也是從他人手裡搶過來的，爲了防止被搶回去，婚戒被小心翼翼的鎖藏在鐵盒中。

由教堂側面的但丁廣場邊，走進窄長的Via U. Rocchi，可來到伊特魯西亞古城門（Porta Etrusco），城門外的左前方就是著名的外國人大學，過馬路繼續往

溫布里亞國立美術館
Galleria Nazionale dell' Umbira
web：www.sistemamuseo.it
add：Coros Vanucci 19
tel：(075)5866 8415
time：週二～日08:30～19:30
price：€6.50

Ristorante dal mi' cocco
add：Corso Garibaldi 12
tel：(075)573 2511
time：13:00～14:30，20:30～21:30

Antica Spezieria e Drogheria
小雜貨店
add：Via dei Priori 15
tel：(075)572 2633

Corso Garibaldi直走，可看到平價餐廳 **Ristorante dal mi' cocco**，每天推出不同的餐點，而且每人只要13歐元就可吃到超級豐盛的套餐。繼續往前走是安靜的大學區，盡頭則是座圓形教堂Tempio di Sant'Angelo，可登上旁邊的古城牆眺望鄉野風光。

回程時可往伊特魯西亞古城門的右側走，回到Piazza Morlacchi廣場，由於這是另一個大學區，附近有許多咖啡館，是相當有活力的夜店區，許多咖啡館也有現場音樂表演。由左側上坡就可回到主教堂廣場，若還有時間可以逛逛國立美術館旁的小街Via dei Priori，沿路有許多古老或風格較獨特的小店。像是**Antica Spezieria e Drogheria小雜貨店**可買到不錯菊花茴香茶包（Camomilla e Finocchio）及巧克力。

佩魯吉亞 景點資訊

美食大學
Universita dei Sapori

若想學道地的義大利料理，不妨到著名的美食大學學習，除了一般的義大利料理課程外，還有超市熟食櫃檯人員訓練課程、吧台人員訓練課程等。最近還開了冰淇淋學校，教導學員如何製作最道地的義大利冰淇淋。而且最大的特點是，他們所教的不只是技術而已，還包括如何成功經營一家店，也會安排學生到各地知名的冰淇淋店實習。

web：www.universitadeisapori.it
add：Via Tornetta 1
tel：(075)572 9935

佩魯吉亞 住宿資訊

Ostello della Gioventu' 青年旅館

這座青年旅館的位置非常好，距離主教堂僅3分鐘路程，而且房間及衛浴都相當乾淨，只是衛浴隔間做得不是那麼完善，害羞的人可能會覺得比較不自在。但這裡的價位相當便宜，而且還有廚房可用。

web：www.ostello.perugia.it
add：Via Bontempi 13
tel：(075)572 2880
price：每人€17

San Fiorenzo 民宿

位於古城區，由古老的老宅邸改建而成。裡面的設計完美的融合古老的架構，呈現出現代設計感。

web：www.sanfiorenzo.com
add：Via Alessi 41
tel：(075)573 6304
price：雙人房€70起

佩魯吉亞 實用資訊

旅遊服務中心

web：turismo.comune.perugia.it
add：Piazza Matteotti 18
tel：(075)5736 458

對外交通

由佛羅倫斯搭火車約2～2.5小時，到羅馬約2.5～3小時，到到阿西西約30分鐘。

對內交通

火車站位於古城下面，所以需要搭乘火車站前的公車（到Piazza Italia下車，旁邊就是主街Corso Vanucci），或火車站旁的新進科技MiniMetro迷你地鐵（面向火車站往右手邊直走約3分鐘）。70分鐘有效票€1.50，可搭乘迷你地鐵或市區公車。

温布里亞

Assisi
阿西西

記憶中的阿西西，是中義艷陽下，晃亮亮的粉玫瑰色堆起的老古城，耀亮得讓人直睜不開眼來。再度來訪的11月天，20度剛剛好的溫暖陽光，照暖了老房舍的古玫瑰石，在這悠遠的色澤中，彷彿帶著聖方濟的聖暉，讓人一走進古城就深深喜歡上它，不自禁的放慢腳步欣賞每戶人家用心栽植的花草。城內房舍所用的玫瑰石都取自附近的Subasio山區，反射著日落彩霞的橘色古城，簡直就是上帝特別眷顧的聖城。當然，聖城的名號可不是平白無故來的，這裡可是聖方濟的故鄉，每年有成千上萬的信徒到此朝聖。

聖方濟出生於1182年，為富裕的布商之子。年輕時的優渥生活，讓他受了良好的教育，滿懷抱負地期望自己能當個英勇騎士。然而，20多歲參戰受俘而被關在古老的教堂裡時，聽到神的呼召，請他修復破舊的教堂（教會）。自此之後，他決定拋棄過去的奢華，過著清貧的生活，盡心照顧窮人、動物。他身體力行實踐基督精神，感動了許多人。據傳有次傳教時，就連群鳥都安靜的停落在枝頭聽他講道。43歲時聖方濟身染重疾，身上甚至出現類似耶穌被釘的傷

痕，而他竟然承受了兩年這樣的苦痛才過世（1226年去世）。

一般要封爲聖人必須至少顯現三個神蹟，而聖方濟生前就已經有過好幾次神蹟，所以在短短2年後就被封爲聖人，並開始建造**聖方濟大教堂**，1228～1230年完成下教堂，1253年完成上教堂，希望讓所有到此朝聖的信徒，都能獲得救贖。聖人生前就希望能葬在地獄山，也就是目前教堂的所在處。因爲這裡原本是處死犯人之處，他想效法耶穌，與社會所遺棄之人同在。

聖方濟大教堂的下教堂（Basilica Inferiore）是獻給聖方濟的，聖人遺骨供奉在此讓信徒瞻仰，許多信徒會在此虔敬的祈禱。走進教堂會先看到幾個小禮拜堂，往左走到盡頭就是遺骨祭壇。在它的左側可看到手持聖經，並有著與耶穌同樣傷口的聖人畫像，這是當時依照家人及徒弟的描述所繪出的。半圓壁的濕壁畫描繪聖方濟的四大寓言，第一幅是聖人戰勝邪惡的「榮耀」，其他三幅則是聖方濟教會謹遵的「清貧」、「貞潔」、「服從」三個信念。

由祭壇旁的階梯往上爬可來到上教堂（Basilica Superiore），上教堂的高度足足比下教堂高了兩倍，並利用尖聳的哥德風格及華麗的裝飾，表現出超凡的神聖感，立面上面有座巨大的玫瑰窗。這裡最著名的就是喬托大師的28幅濕壁畫，以順時鐘方向，從聖人信仰之前、受到感召、與父親決裂、到之後的顯現神蹟等事蹟，環繞著整個牆面。祭壇兩側是新、舊聖經故事及耶穌的一生，因爲耶穌的復活就是信仰的見證，也就是聖方濟教會的信仰中心。

沿著Via S. Francesco大道可走到阿西西的主廣場Piazza del Comune，這裡曾經是羅馬議事場（Foro Romano），廣場邊是西元1世紀的羅馬神廟Tempio di Minevro（1456年改建爲教堂），以及13世紀的人民宮與人民塔。這裡是古城的社交中心，廣場上人潮總是絡繹不絕。羅馬神廟左前方有條小路可走到17世紀完成的新教堂（Chiesa Nuova），據傳是聖方濟之家（免費參觀）。

由廣場往Via S. Rufino直走，就是阿西西的主教堂——聖魯菲諾教堂（San Rufino），這裡也是聖方濟及聖琪亞拉❶受洗的教堂。若由廣場往Corso Mazzini直走接Via S. Chiara，就可抵達**聖琪亞拉教堂**，1257年時信徒利用白色與粉紅色的

石頭修建聖琪亞拉的安息地。教堂的位置剛好與古城另一端的聖方濟大教堂遙遙相望，一起守護著阿西西（真是寓意深長的安排）。教堂外高大的開放式拱廊、開闊的廣場與山崖下遼闊的田園一氣呵成，神聖的清新，在這裡自由地吹拂著。

位於古城山下，火車站後側的**聖瑪麗亞與天使大教堂**，是聖方濟生前修復的教堂，聖人曾在此看到聖母顯現，天使在聖母周圍歌頌著，便以此異象命名，這裡後來也成為聖人最喜歡靜修之處。整個大教堂非常的雄偉，教堂內的氣氛也相當肅穆虔敬，非常值得參觀。

阿西西 住宿資訊

▌Hotel Berti

這家小旅館就在Piazza Unita' d' Italia廣場的古城門旁，距離聖方濟大教堂僅200公尺。不但地點好，房間也相當乾淨，是個不錯的住宿選擇，不用費力的拖著行李在石頭路上找旅館，參觀古城各景點也相當方便。

web：www.hotelberti.it
add：Piazza S. Pietro 24
tel：(075)813 466
price：雙人房 €75～100

阿西西 實用資訊

▌旅遊服務中心

郊區有多條聖方濟以前行走的路線，可向旅遊服務中心索取Franciscan Itineraries資訊及路線圖。

add：www.visit-assisi.it
add：Piazza del Comune 22
tel：(075)813 81

▌對外交通

由佛羅倫斯搭火車約2～3小時，到羅馬約2.5小時，到佩魯吉亞約30分鐘。阿西西

火車站的候車室及月台指標都相當典雅，不妨花點時間好好欣賞。

▌對內交通

由火車站前可搭公車A線到Piazza Unita' d' Italia下車，這裡較靠近聖方濟大教堂，車程約15分鐘，若是在古城另一端的Piazza Matteotti下車，則比較靠近主廣場。

---

❶聖方濟與聖琪亞拉

在阿西西古城裡，隨處可看到聖方濟與聖琪亞拉成雙成對的出現在各處，讓人很好奇這兩位之間有著什麼樣的故事。

據說聖琪亞拉看到聖方濟毫不留戀的割捨富裕的生活，不但自己過得很清貧，還厚乎的照顧痲瘋病人、動物，為上主傳教、重振基督精神，因此非常欽仰聖方濟的行為，成為第一位追隨者，創立聖方濟女修道會。

其實阿西西人對於宗教的態度相當開放，以和平的態度擁抱各宗教，因此還曾在此舉辦世界宗教和平大會，全球各地的宗教領袖齊聚一堂，可說是史上最重要且最有意義的宗教大會。

聖方濟大教堂 Basilica di San Francesco
web：www.sanfrancescoassisi.org
add：Piazza San Francesco 2
tel：(075)819 001及導覽預約(075)819 0084
time：下教堂06:00～17:45；上教堂08:30～17:45
price：免費

聖琪亞拉教堂 Basilica di Santa Chiara
add：Piazza Santa Chiara
tel：(075)812 282
time：06:30～12:00，14:00～18:00
price：免費

聖瑪麗亞與天使大教堂
Basilica di Santa Maria degli Angeli
add：Piazza della Porziuncola
tel：(075)805 1430
time：06:15～12:30，14:30～19:30
price：免費

1.聖方濟古城／2.San Rufino教堂／3.古老的S. Stefano
小教堂／4.古城內有許多迷人的小巷道，可別只逛主街
道／5.Santa Chiara大教堂／6.聖方濟大教堂／7.阿西
西古城的房舍大部分都是用Subasio山區的玫瑰石建造
的／8.聖方濟大教堂廣場／9.羅馬古神廟

Orvieto

奧維多

每次往返羅馬與佛羅倫斯，遠遠就可看到這座高聳的岩壁城市，托著山城的岩壁，有種大刀闊斧的氣勢。城牆、老屋上的老石塊，埋藏著暗黃、淡黃、亮黃、沉黃，記錄著每一分、每一秒過去的歷史。而秋天的奧維多早晨，白色的雲霧圍繞著黃色老古城，站在老城牆邊望著眼前景觀，真要忍不住捏捏自己的臉頰，確定自己是在人間、還是仙境？

Attention

溫布里亞冬季爵士音樂節
Umbria Jazz Winter

每年12月底到1月初，奧維多會舉辦溫布里亞冬季爵士音樂節(7月中在佩魯吉亞舉辦夏季爵士音樂節)，冬季音樂節剛好是跨年的熱鬧時節，滿街音符飄揚，讓人全身的快樂分子快要爆開！Web：www.umbriajazz.com

古井

纜車站

Piazza Cahen

登山步道

Via Roma

Via Belisario

Piazza XXIX Marzo

Via della Pace

Via del Popolo

Via F. Cavaliotti

Via A. Da Orvieto

Via Santo Stefano

Via Porcari

Via Postierla

Piazza S. Giovenale

觀景點

Palazzo del Cardinale

卡瓦井

Via Volsina

Via della Cava

Via Filippeschi

Via Garibaldi

Caffe' Montanucci

摩羅塔

Piazza della Repubblica

Piazza del Popolo

Corso Cavour

Piazza Fracassini

Hotel Valentino

Corso Cavour

Via S. Angelo

Via di Pza del Popolo

Via di Carrari

Via Duomo

Zeppelin

Via A. Cozza

La Magnolia

Pasqualetti
冰淇淋店

Via C. Nebbia

Piazza Marconi

Maurizio
Via del Magoni

Piazza Duomo

Vic. di Maurizio

Via del Lattanzi

搭電梯上古城
停車場

主教堂

考古博物館

北

● 景點　● 商店
● 餐廳　● 旅館

224

位處於325公尺高的石灰岩上，奧維多絕對是個層次豐富的城市。早在西元前7世紀伊特魯西亞人就在此定居，由於這裡的土質屬於一種稱為「Tufa」的石灰岩層，較為鬆軟，非常適合打造他們最擅長的地底世界。羅馬人來了之後，又在這上面蓋了新的羅馬城市，有趣的是，Orvieto的名字卻取自拉丁文的「urbs vetus」，也就是「古城」的意思。為了保護古城內的古蹟，所有車輛要停在古城外或山下、山腰的停車場，禁止進入市中心。由山下可搭乘纜車上山，出纜車站就是由古堡壘改成的公園，可眺望山下景色。喜歡健行者也可沿公園旁的古城門步行下山。

奧維多最著名的就是**主教堂**。據說1263年時有位牧師經過奧維多附近的Bolsena小鎮，竟在望彌撒時，看到聖血流入亞麻布（Corporale）。當這個聖血奇蹟發生後，1290年教皇下令建造這座

Walking 教你怎麼玩

　　行程較緊湊者，可於往返羅馬與佛羅倫斯之間，安排半天的奧維多古城行程。時間較充足者，建議在城內或郊區的農莊過一晚，除了古城內的景點及美食餐廳外，附近的溫布里亞山城風光，可一點也不輸托斯卡尼。秋季是最適合的旅遊季節，還可參加松露尋獵節慶、品酒、橄欖等美食行程。

Day 1

10:00～11:00	參觀主教堂
11:00～12:30	遊逛地底世界、聖派翠吉歐井
12:30～14:30	享受中餐
14:30～15:30	前往考古博物館
15:30～18:00	參觀卡瓦井、逛街去
18:00～	可夜宿Tenuta Corini酒莊或附近農莊

Day 2

10:00～12:00	參觀酒莊、理想世界
12:30～14:30	慢食中餐
14:30～	逛逛Fabro特產店

溫布里亞

主教堂 Duomo
add：Piazza Duomo
tel：(0763)340 336
time：09:30～18:00(夏季到19:00)，
週日13:00～17:30，冬季14:30～16:30
price：免費參觀，但聖派里吉歐禮拜堂
(Cappella di San Brizio)需付費

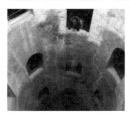

聖派翠吉歐井
　　古堡公園內有座神奇的聖派翠吉歐井，深62公尺，248個階梯迴旋而下，沿著階梯共有72道小窗戶，階梯還特地分為兩邊，讓驢子跟人上下時分開行走，當時花了10年才完成(1527年開始建造)。

教堂。當時共花了30年規劃、300多年才完成（17世紀完工）。一開始由Arnolfo di Cambio負責，本為羅馬式建築，後來轉由Fra' Bevignate後，改為哥德風，之後又歷經好幾位建築師之手，期間動用了33位建築師、90位馬賽克鑲嵌藝術家、152位雕刻家、68位畫家，一直到1970年青銅門安置完成後，才算真正完工（真是令人冒汗的久）。

教堂立面是西耶那建築師Lorenzo Maitani設計的，以四座尖塔及三角形馬賽克鑲嵌畫裝飾，讓它的立面有著彩虹般的色彩，並精細的刻繪出新、舊經故事。上半部主要為十二使徒雕像及1359年Andrea Orcagna設計的玫瑰花窗，正門上面則為Andrea Pisano 1347年雕刻的《聖母與聖嬰》。整個立面在直線、幾何、細部雕飾方面，處理得相當和諧，光是一個立面，就足以讓人駐足良久。尤其是當你從教堂前的小巷走來，隨著兩旁的老建築從身旁慢慢退去，立面逐漸變得清晰、壯麗，那股讓人神迷的力量，緊緊抓著盯著它的你。

教堂內部更是精采，以聖布里吉歐禮拜堂最為聞名，裡面是Luca Signorelli令人驚艷的濕壁畫《最後的審判》，無論是色彩或人物的表現，都展現出畫家精湛的技術，據說米開朗基羅西斯汀禮拜堂的繪畫靈感就是來自這裡。它對面則是科泊拉列禮拜堂（Cappella del Corporale），收藏著當時聖血奇蹟的亞麻布，牆壁上的濕壁畫繪出奇蹟發生的場景（Ugolino之作）。

主教堂右後方有家很棒的冰淇淋店**Gelateria Pasqualetti**每天以新鮮食材製作，絕對不可錯過！主教堂旁邊還有幾座博物館，其中以**考古博物館**最為精采，裡面有豐富的伊特魯西亞文物。從神廟裝飾雕塑與繪畫，可看出西元前伊特魯西亞藝術已達到相當成熟的境

界。除此之外還可到主教堂對面的旅遊服務中心，報名地底世界的參觀導覽行程，專業的導遊會帶著遊客走進伊特魯西亞老祖先的地底世界(目前城內共有近1,200座地室，不過只有兩座是公共地室，其他為私人擁有)。隨著昏黃的燈光、狹小的階梯走進地下世界，岩壁上仍可看到一挖一鑿的痕跡；裡面的廳室空間很大，以前都是陶瓷工作坊、酒窖，還可看到舊時用驢子拉的石磨。更有趣的是，在牆壁上還會看到一個個小洞，原來這是以前放養野生鴿子的地方，因為鴿子在當時是比雞還要便宜的肉品，平常人家都以鴿肉為主食，所以現在奧維多的餐廳還可看到鴿子佳餚(Palombo)。

緩慢城市(Cittaslow)

緩慢城市國際總部設於奧維多老修道院Il Palazzo del Gusto裡，以這個城市為典範，歡迎全球各地的城市加入緩慢城市的優質生活。總部這棟老建築地底下自古就是伊特魯西亞的酒窖，現在則像一間葡萄酒博物館，收藏各種釀造方法產出的葡萄酒，還常舉辦品酒會。樓上則設有烹飪教室及美食圖書館，主要教導當地學生傳統的料理方式。奧維多的新一代真幸福，有機會這麼有系統的認識自己的美食文化。

每年9月底到10月初，慢食組織會在奧維多舉辦美食節(Orvieto con Gusto)，將附近用傳統方式種植、養成、料理的美味佳餚集結在此，可說是老饕們的嘉年華會！

Il Palazzo del Gusto
web：www.cittaslow.org
add：Via Ripa Serancia I,16
tel：0763-341 818
facebook：Orvieto con Gusto

緩慢城市的總部地底下有個古老的酒窖，儼然就是座美酒博物館

Gelateria Pasqualetti
add：Piazza Duomo 14

考古博物館
Museo Claudio Faina
add：Piazza Duomo 29
tel：(0763)341 216
time：09:30～17:00
夏季10:00～18:00；週一休息
price：€4.5

奧維多的地底世界有許多養鴿子的小洞

　　由Via Duomo往市區直走會看到47公尺高的**摩羅塔**，可爬上高塔欣賞溫布里亞的景色，晚上燈光打在白色的鐘面上，讓整座鐘塔看來更為氣質典雅。而鐘塔前的橫向街道就是奧維多最熱鬧的Corso Cavour，可別只逛大街，這附近的小街道有許多精彩的手工藝品店，將小巷道妝點的相當迷人。由Corso Cavour再往前走可來到共和廣場（Piazza della Repubblica），廣場上是12世紀的聖安德列老教堂（Chiesa di Sant' Andrea）。

　　再往前直走則是奧維多最古老的區域，沿路有些小雜貨店、麵包店，最後可來到著名的**卡瓦井**。其實目前整個奧維多古城的地底下，仍有另一個世界，幾乎家家戶戶都有個私人地窖，用來存放食物。這座卡瓦井就是這戶人家於25年前無意中發現的，越往下挖，越是發現寶藏般的令人興奮。裡面有伊特魯西亞人的製陶工坊，後來從各種陶瓷色彩及製陶技術上來判斷，發現幾乎每個世紀都曾有先人使用過這些地下空間。

　　爬出地下世界再往前走可來到San Giovenale教堂，這是城內最古老的教堂，建於西元1世紀。除了教堂本身的古樸風味，這裡也是眺望奧維多郊區景色的最佳地點，尤其黃昏時，可在這裡看到山腳下一畝畝的緩坡田園，慢慢披上夜幕。

卡瓦井
Pozzo della Cava
web：www.pozzodellacava.it
add：Via della Cava 28
tel：(0763)342 373
time：週二～日09:00～20:00
price：€3

摩羅塔
Torre del Moro
time：10:00～19:00
price：€2.8

1.Tufa石建造的黃色古城 / 2.共和廣場的聖安德列教堂及市政廳 / 3.奧維多主教堂前的小巷內有許多工藝坊 / 4.品嘗松露麵包、松露起司、臘腸及葡萄酒 / 5.奧維多最古老的教堂 / 6.纜車旁的公園可眺望附近的景致，也可從古城門旁的小路健行 / 7.拜訪理想城市時，請拉門旁的古老鈴繩 / 8.山腰修道院望向雲霧環繞的奧維多古城 / 9.大地之母

來這裡品嘗快樂食物：溫布里亞料理課程

來到奧維多這個美食城市，當然要好好的享用溫布里亞佳餚！Corso Cavour 21的**Caffé Montanucci**有便宜的餐點及精采的巧克力，內部還有以報紙鋪飾牆面的上網中心。而主教堂旁、現代化設計的**Maurizio餐廳**，則提供最道地的奧維多料理。

若想學習義大利料理，**Zeppelin餐廳**開設有料理課程。到訪的當天，主廚Lorenzo白天才剛帶學生到城外的酒莊、農場及起司工坊品嘗當地美食。課程內容相當豐富，包括義大利麵製作、品酒課程、或當地食材品嘗等。除了一天課程，也有專業的短期或長期課程，並跟許多國際級的烹飪學校合作，有許多實習生在此學習。最棒的是Lorenzo的教學方式相當活潑，他認為食材就在那裡，學生要學著去認識食材、傾聽食材、觀察食材，然後找出最適合的料理方式。而且他認為食物是一種可以讓大家一起坐下來放鬆、溝通的媒介，好的食物能讓人快樂，那種感覺會永遠留在心底。

當然，若你沒有時間學習Lorenzo的料理哲學，可以過來品嘗他所準備的菜餚，尤其推薦野豬肉(Cinghiale)及蘑菇(如松露及石蕈菇Porcini)料理。

1.Montanucci咖啡館 / 2.Montanucci咖啡館 / 3.Maurizio餐廳 / 4.Zeppelin餐廳 / 5.Zeppelin的料理學校及爽朗的

Caffé Montanucci
add：Corso Cavour 21
tel：(0763)341 261
time：07:00～24:00

Maurizio餐廳
web：www.ristorantemaurizio.it
add：Via Duomo 78
tel：(0763)341 114
time：12:00～15:30，19:00～22:30

Zeppelin餐廳
web：www.ristorantezeppelin.it
add：Via Garibaldi 28
tel：(0763)341 447
time：12:00～14:00，19:00～21:30

奧維多住宿推薦

La Magnolia 民宿

位於主教堂附近主要街道Via Duomo上，地點一級棒，房間相當有小城風味，除了雙人房及三人房外，還有公寓式住宿，價錢也算合理。

web：www.bblamagnolia.it
add：Via Duomo 29
tel：(0763)342808、(338)902 7400
price：雙人房€60，三人房€80

Hotel Valentino

位於奧維多古城區邊緣，出小巷直走就是購物主街，步行到主教堂約10分鐘路程，地點相當僻靜。房間雖為較老式的布置，不過也算乾淨，該有的設備都有了。

web：www.valentinohotel.com
add：Via Angelo da Orvieto, 30
tel：(0763)342 464
price：雙人房€70

Tenuta di Corbara 酒莊住宿

位於郊區Corbara湖附近，房間布置相當溫馨，有最多可住10人的度假公寓及雙人房的民宿，所有地點都相當僻靜，且有游泳池，最能感受溫布里亞鄉間之美。尤其推薦Il Caio，位於制高點，附近的景色相當好，樓下還有家以前的獵人小屋改裝成的餐廳。

web：www.tenutadicorbara.it
add：Corbara 7, Orvieto
tel：(0763)304 003
go：先到酒莊接待中心Check in，服務人員會帶客人到他們預訂的農莊

可租下整棟農莊

奧維多實用資訊

旅遊服務中心

溫布里亞地區
web：www.regioneumbria.eu
奧維多
web：www.inorvieto.it
旅遊中心
add：Piazza Duomo 24
tel：(0763)341 772

對外交通

由羅馬到此搭火車約50～90分鐘；往返佩魯吉亞約2小時（需在Terontl換車）；到佛羅倫斯約2～3小時

對內交通

火車站對面就可看到纜車站，由此搭纜車上山，僅需5分鐘即可抵達。憑纜車票可搭乘市區公車。

市區公車分A、B兩線，A線直接由纜車站到主教堂廣場；B線繞古城區最後到人民廣場。由於奧維多古城並不大，所以基本上車程都相當短。

美饌佳釀，在山林仙境品嘗醉人香氣

溫布里亞郊區漫遊

溫布里亞省可說是托斯卡尼的姊妹，地形線一樣柔美，但這裡的生活更簡單，
這裡的人情更樸厚，他們的好客與熱情，真會讓你想捧一把溫布里亞的土壤回家。
若你只待在奧維多城裡，還真是可惜。

迎著風，我永遠記得那一個幸福的日子。一早搭著車從奧維多出發，劃破圍繞在山腰的雲霧，清晨的朝陽輕柔的灑落大地，涼爽秋季的第一站是A1高速公路旁的**Fabro旅遊中心**，先到這裡收集這區的資料後，前往Fabro鎮內的特產店**Voglie di Bosco**，深吸一口氣，聞聞他們的松露獵狗清晨才找到的松露香氣，嘴裡吃著抹上松露醬的熱烤麵包，再品嘗一口當地紅酒、特製的蜜漬核桃（Castagne Arrosto in Sciroppo，大推！）你說，人生如此，夫復何求？

特製的蜜漬核桃，相當清香

接著還可以往Montegabbione方向開，在溫布里亞的山間漫遊，屏息欣賞漫山遍野的綠。一個60人居住的村莊，在這個山區，可算是擁擠的小村莊呢！溫布里亞的靜謐與自然，是那種可以陪伴人一生的平靜回憶。

由於奧維多地區是火山地質，土壤含豐富的礦物質，且其向陽的地形相當適合種植葡萄樹及橄欖，因此沿路可看到整齊的葡萄酒園。既然如此，葡萄酒莊當然為必訪之地。**Tenuta Corini酒莊**主人原本居住在國外，後來決定舉家遷回溫布里亞省，買下這座老農莊，結合最新釀酒技術與古老製酒方法，並開始自己種植葡萄，從最基本的原材開始培育起，因此他們所釀造的葡萄酒即使只有三種，口碑卻一直不錯。尤其是白酒，利用乾冰處理，讓白酒風味更為濃醇。現在也開始經營他們夢想中的農莊住宿，提供客人專屬享受，全然放鬆欣

Fabro旅遊中心
web：tuttinterra.com
go：A1往佛羅倫斯方向，距離奧維多約25公里
tel：(0763)831 075

松露節
每年11月的第一或第二個週末，Fabro鎮會舉辦松露節，已有22年的歷史。

Voglie di Bosco
web：vogliedibosco.blogspot.com
go：距離A1 Fabro交流道約300公尺
add：Via delle Orchidee 2°
tel：(349)639 8861

Tenuta Corini 酒莊
web：www.tenutacorini.it
add：Voc. Casino 53, Montegabbione Terni
tel：0763-837 535

1.溫布里亞區特殊的野菜 / **2.**前菜 / **3.**松露義大利麵

賞眼前的溫布里亞美景。

　　附近有個相當傳奇的「**理想城市**」，它蓋在1218年聖方濟曾經停留的地點，當時聖方濟短暫停留在此，利用當地的Scarsa植物蓋了一間小屋，因此這裡取名為「Scarzuola」。8世紀時這裡蓋了間小教堂Chiesa del Convento，據傳裡面的濕壁畫是聖方濟的第一幅畫像。後來米蘭建築師Tommaso Buzzi買下這裡，並於1957年開始建造他的理想城市。在這座小小的城市裡，幾乎全球各地的理想建築，都齊聚在這美麗的山間了。這裡清靜的氛圍，讓人覺得住著住著，哪天真能成為仙人呢！

　　到溫布里亞的山間，絕對要找家小館子品嘗道地野味。位於小村莊內的**Ristorante Cantagallina**，前菜是當地特產的臘腸、核桃蜂蜜起司、炸野菜等，第一道菜的義大利麵是手桿麵，松露季還可品嘗松露義大利麵；主菜通常有烤兔肉、野豬肉等，最後以手工甜點劃下完美的句點。

　　此外，溫布里亞地區的行程中，參訪橄欖油也是一大特色。我們在11月的晚間拜訪這家19世紀末成立的橄欖油莊**Bartolomei**，這段時間剛好是榨橄欖油的11月，要在48小時內將採收的橄欖榨油，因此這段時間他們要徹夜工作，而且將橄欖拿到這裡榨油的農家會過來監督自己的橄欖油榨進度，廠內隨時都熱鬧非凡。拜訪這家橄欖油莊，還可免費參觀橄欖油博物館，了解古老的製油工具及技巧、品嘗橄欖油，每年12月8日還會舉辦新榨油品嘗日。

理想城市
La Citta' Ideale
tel：0763-831 075
time：需預約參觀，請聯絡旅遊服務中心

Bartolomei 橄欖油莊
web：www.oleificiobartolomei.it
add：Loc. Cagnano 6, Montecchio
tel：0744-951 395

Ristorante Cantagallina
go：Montegiove教堂左後方
add：Via della Chiesa 17, Montegiove di Montegabbione
tel：331-674 2260、0763-831 075
time：週末營業，平日開放10人以上預約
price：套餐€20起

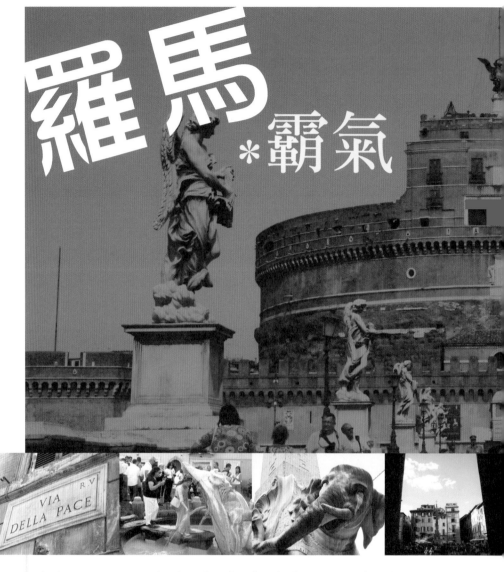

羅馬 ＊霸氣

無論你從哪一個方向搭火車進羅馬城，當火車開始進入羅馬市區時，

兩旁的牆面開始出現各種塗鴉，仰起頭，看到越來越多的小天線與羅馬天空競逐。

這樣的市容絕對稱不上美觀，甚至有點破敗，

來羅馬，不要期待巴黎般的華麗，羅馬城自有羅馬城的個性與魅力。

這種魅力在於積著厚塵的古老雕像裡的老氣橫秋，也在老石頭路反射的夕陽餘輝中。

《同男孩》片尾曲《Fly Away》這樣寫道：

「投下許願池的銅板 也許就能改變一切 騎著單車稱霸巷弄間 我的小世界」

你的羅馬城，讓你用一腳一印來稱霸吧！

真愛義大利

Tutte Le Strade Portano a

ROMA

必看	梵蒂岡博物館、西班牙廣場、許願池
必吃	烤羊排
必買	古董
迷思	羅馬的治安一直令人擔憂，不過近幾年已大幅改善，景點附近都有警察巡邏，很少發生機車搶劫。但人多的地鐵站、公車仍要小心扒手，尤其是64號公車
開聊	羅馬是世界上最古老的首都，當慣了首都市民，羅馬人有一種自然的霸氣。這裡的步調也比較慢。開會時姍姍來遲是正常，到了以後還得先跟熟人聊天問候一番，不準時開會，當然怪不得他們。對羅馬史有興趣者，推薦看英國BBC拍的《Rome》

Viale delle Milizie
V. Ottaviano
V. Bartetta
Via Barletta
M Lepanto

Piazza del Popolo M
● 人民聖母教堂
● 人民廣場

Le Pain a' Table
V. Giulio Cesare

Il Margutta Ristorante
V. Trinita dei Monti
V. di Margutta
V. del Babuino

M Ottaviano
V. S. Veniero
V. dei Gracchi
V. Cola di Rienzo
V. Tacito
V. del Corso
Spag

Castroni
Fonclea
Via Boezio
Colors Hotel
V. Crescenzio
V. Triboniano
V. T.Lucrezio Caro
V. V. Colonna
Lungotevere dei Mellini
V. dei Mellini
TEVERE

西班牙廣場
V. d. Croce
希臘咖啡館
V. Condotti
西班
階
V. Borgognona
V. Frattina
V. d. Vite

梵蒂岡博物館
V. di P. ta Angelica
V. di P.ta Mascherino

聖天使堡
Lungotevere Prati
Lungotevere Castello
V. di Ripetta

聖彼得大教堂
V. d. Conciliazion
聖彼得廣場
i
聖天使橋
Lungotevere Castello
Lungotevere Tot di Nona
V. Zanardelli

許願
Il Vinaio
Giolitti
V. d. Pietra
V. del Corso

V. Banco S. Spirito
V. di Panico
V. dei Coronari
Sant' Eustachio
古董街
那桃納廣場
Corso Rinascimento
金杯咖啡館
萬神殿
V. di Torre Argentina

Lungotevere Gianicolense
Lungotevere dei Sangallo
Cul de Sac
Corso V. Emanuele
V. d. Plet

V. della Fornaci
V. delle Mura Avralle

Lungotevere dei Tebaldi
花之廣場
威尼斯宮
威尼斯廣場
V. S. Marco
康比多宜歐廣

Lung. d. Vallate
Lung. dei Cenei
Lungotev Aventino
V. Petroselli
康比多宜
博物館
V. d. T. Marcello

V. Atenule
Lungot. R. Sanzio
Lungot. Anguillara

V. della Lungaretta
越台伯河聖母教堂 ●
V. A. Masina
V. L. Manara
V. S. Francesco a Ripa
V. di Trastevere
V. della Luce
V. d. Geriovesi
眞理之口

TEVERE
V. di G. Medici
Glorioso
阿凡提諾山丘

北

● 景點　● 商店
● 餐廳　● 旅館

Walking 教你怎麼玩

Day 1

09:30～10:30	從特米尼火車站出發，到共和廣場、勝利聖母教堂
10:30～11:30	沿教堂前的Via Nazionale上坡路直走到四河噴泉，再沿著Via delle Quattro Fontane往下走到Barberini廣場，看蜜蜂噴泉及骨骸寺
11:30～12:30	從Via del Tritone走到許願池
12:30～14:30	沿Via del Corso直走右轉精品街Via Condotti到西班牙階梯午餐
14:30～16:30	到人民廣場逛逛、購物，去希臘咖啡館休息喝杯咖啡
16:30～18:00	搭市區公車到威尼斯廣場，參觀後面的議事場與競技場
18:00～19:30	遊逛那佛納廣場，順道到Via Coronari、Via Banchi Nuovi購物
19:00～21:30	吃晚餐
21:00～23:00	參觀聖天使堡，到聖彼得大教堂看夜景、梵蒂岡附近聽歌

Day 2

09:00～10:00	逛花之廣場市集(中午收攤)
10:00～12:00	參觀聖彼得大教堂
12:00～14:30	參觀梵蒂岡博物館(中午時段人比較少)
14:30～17:00	梵蒂岡附近午餐、購物，然後到Castroni咖啡休息吃點心
17:00～19:00	參觀萬神殿、順便吃冰淇淋！
19:00～21:00	在越台伯河的餐廳晚餐

羅馬

237

1.從聖彼得大教堂圓頂上鳥瞰梵蒂岡城及羅馬／2.萬神殿後面的貝里尼大象方尖碑／3.聖利聖母教堂裡貝里尼的巨作／4.羅馬市區許多廣場都可看到方尖碑／5.希臘咖啡館／6.登上教堂圓頂頂樓可近距離欣賞天頂的馬賽克鑲嵌畫／7.納佛那廣場／8.共和廣場／9.破船噴泉／10.納佛那廣場附近的小巷非常迷人／11.聖天使橋／12.梵蒂岡士兵／13.羅馬市區許多教堂及廣場都是免費的開放式博物館／14.西班牙階梯

跟著公主奧黛麗赫本，享受羅馬假期

西班牙階梯、羅馬競技場、許願池

許願池總是擠滿了朝聖的遊客，個個奮力丟著銅板，許自己一個再回羅馬的願。
有機會到此，何不用那麼一秒鐘想像自己是奧戴立赫本公主或瀟灑的羅馬記者，
大方的許自己一個浪漫的羅馬假期！

看 過《羅馬假期》這部老電影的朋友，應該很熟悉公主舔著冰淇淋的場景就在**西班牙階梯**。這階梯明明就在義大利，怎麼會取名為西班牙階梯呢？那是因為17世紀時，這個區域是西班牙大使館領地（不過這座階梯卻是法國人出資，義大利人設計的）。這137階洛可可風格的階梯，總是坐滿在此享受羅馬陽光的遊客或當地年輕人，大家一起坐在那裡你看我、我

看你的什麼也不做。而頂端兩座哥德式雙子塔的白色教堂是「山上的聖三一教堂」，這可謂羅馬最高貴的教堂，因為由此可傲視羅馬的精品街Via Condotti，一家又一家的Gucci、Dior、LV、Prada等全部排站在它　腳下。

不過這黃金地段上卻有艘「破船」噴泉，其實這座噴泉象徵著同舟共濟的精神，用以表達水災時，羅馬人互相扶助的精神，這也是貝里尼之父的作品。遊客總喜歡靜靜的坐在噴泉邊，耐心的排著隊，虔誠的將自己手中的寶特瓶裝滿羅馬之水。

噴泉前的精品街Via Condotti除了精品店

每個人到羅馬城都要聽一遍的母狼撫育雙生子故事
羅馬各角落，總不時出現一隻母狼哺育雙胞胎的雕像。據說戰神(Mars)與貞女祭司(Rhea)所生的雙胞胎兄弟Romolo及Remo被遺棄在台伯河岸，後來被一頭母狼救走並撫養長大。兩兄弟長大後，Romolo於西元前753年建立羅馬帝國並殺了不聽話的雙胞弟弟，成為羅馬的第一位國王。

西班牙階梯
Piazza di Spagna &
Fontana della Barcaccia
go：地鐵A線至Spagna站，往Spagna出口直走約2分鐘
add：Piazza di Spagna
time：全年開放
price：免費

西班牙廣場的破船噴泉

希臘咖啡館

外，還以1760年創立的**希臘咖啡館**聞名。紅色絨布椅不曉得曾讓多少文人雅士，在這一張張小圓大理石桌，寫出雋永名著。雖然現在每天都坐滿了遊客，藝文氣息也只能從牆上的畫與雕刻想像了。然而，這裡的咖啡依舊好喝，若你是個貧苦的朝聖者，那麼就跟在地人站在吧台上點杯便宜的站票咖啡，管他個富麗堂皇，同樣可以讓香醇咖啡入喉。

　　西班牙階梯附近一整區都是高級精品街，破船噴泉旁的Via del Babuino也有許多國際知名品牌。懂門道的你，要從這條街切進Via Margutta，將旁邊熱鬧的西班牙廣場甩到天邊，進入這個好似十萬八千里外的閒靜小區。這條小巷道裡，靜靜的開著藝品店、設計旅館與小餐館。羅馬假期裡的帥記者就住在這裡的51號，電影大師費里尼也曾是這裡的居民。小街的迷人氣質，讓我每次到羅馬必定彎進去走一回。由Via del Babuino直走到底就是有雙子教堂的人民廣場，廣場另一端的白色小教堂是人民聖母教堂，裡面有卡拉瓦喬的畫作、拉斐爾設計的Ghigi禮拜堂及其畫作。

參觀完這個街區後，你可以選擇跟奧戴立赫本一樣騎著偉士牌機車到競技場，或由人民廣場搭市區小巴士到威尼斯廣場。

希臘咖啡館 Caffé Greco
add：Via Condotti 86
tel：(06)6791 700
go：地鐵A線到Spagna站，由西班牙廣場走進Via Condotti 86，步行2分鐘
time：週日～一10:00～19:00；週二～六09:00～19:30

Galleria Doria Pamphilj
web：www.doriapamphilj.it
add：Via del Corso 305
time：09:00～19:00
price：€12

藝術收藏最豐富的私人美術館之一，藏品包括拉斐爾、卡拉瓦喬、提香、提托列多等大師作品。

古羅馬議事場

競技場

　　威尼斯宮後面就是古羅馬遺跡，而羅馬最著名的競技場，就在遺跡區後面。由威尼斯宮頂樓的咖啡座可以鳥瞰這一整區，或可搭電梯更上一層樓。威尼斯宮旁邊的Campidoglio廣場是米開朗基羅所設計的，廣場邊的建築為市政廳及博物館。

　　競技場原本是羅馬暴君尼祿的黃金宮，因為這裡曾有座超大的尼祿銅像（Colosseo di Nerone），因此這座跟原主人一樣暴戾的競技場，命名為「Colosseo」。整座建築共有80座拱門，再以三層不同的希臘石柱裝飾。5萬多名觀眾可以在10分鐘內，按照拱門編號依序入場。然而這種種都是為了觀看殘忍的人獸戰、或戰俘之間的格鬥。競技場旁有一大片遺跡區，這是古羅馬時期最熱鬧的市中心：神殿、政治中心的元老院、平民生活中心的市集、妓女院、交易所，都集中在此。

　　對面的Fori Imperiali夏季還透過現代科技的燈光秀，重現當年的建築與生活情況，相當值得觀賞。也相當推薦到Palazzo Valentini參觀，同樣以投影方式重現建築原本的美麗樣貌，非常精采。

　　還記得赫本被男主角的詭計嚇得花容失色的場景嗎？那就是大名鼎鼎的**真理之口**。是真？是假？只有自己將手伸進海神口中才能辨分明，看測謊器精確、還是海神厲害？這無辜的大海神雕

威尼斯宮 Palazzo Venezia

競技場 Colosseo
web：www.coopculture.it/colosseo-e-shop.cfm
add：Piazza del Colosseo
tel：(06)3996 7700
go：地鐵B線至Colosseo站，直走出地鐵站就會看到競技場
time：08:30～19:00(冬季至16:30)
price：大人€12，另可參加colosseum, underground and third ring tours導覽(€9)

真理之口 Bocca della Verita
add：Piazza Bocca della Verita'18
tel：(06)6781 419
go：搭175號巴士由特米尼車站到Bocca della Verita前下車
time：09:00～18:00(冬季至17:00)
price：免費

像，其實只是塊地下水道的蓋子，後來有著說謊者手會被海神吃掉的說法。於是，全球各地的遊客怎樣都要到此照張「人不是我殺」的證據。

從羅馬市區最熱鬧的Via del Corso大道往Via di Muratte轉進去，巷口擺滿了老電影《羅馬假期》的黑白海報、老畫刊，似乎在為前往許願池朝聖的遊客醞釀一股專屬羅馬假期的浪漫。

越走越狹小的巷道，周邊都是羅馬老房舍、熱絡的小商店，走到小巷盡頭，豁然開朗瞧見小廣場，澎湃的水聲在海神腳下奔流，駕著戰車的海神立於其中，飛揚的衣帶、急湧的海浪，展現出一股無人能擋的氣勢。而腳下兩批奔馳的駿馬及鼓著臉頰用力吹號角的使者，彷彿在告知著某件驚天動地的大事即將降臨。噴泉中的每座雕像、裝飾，無不成功的營造出比莎士比亞戲劇還撼動人心的張力。誰說這些雕像不是活的[1]！

每次到羅馬必定要過來瞻仰一下許願池**特雷維噴泉**。整座噴泉

[1] 以歌劇聞名的義大利，創造出許多感人的表演舞台，有著鬼斧神工般技藝的義大利人，可不只將他們的藝術長才發揮在歌劇舞台上，18世紀時，他們竟然還異想天開的利用大理石打造出一座最具戲劇張力的舞台，那就是大名鼎鼎的許願池，而站立在舞台上的，則是栩栩如生的百年石雕老演員。

羅馬許願池(特雷維噴泉) Fontana di Trevi
原文中「Trevi」的「tre」在義大利文是「三」的意思，「vi」則是「街」(via)的簡寫，因為這座噴泉就位於三條街的交接處，因此取名為「Trevi」，特雷維噴泉。
add：Piazza di Trevi
go：地鐵A線至Barberini站，由Via del Tritone出口往下坡直走，左轉Via Stamperia直走即可抵達，步行約7分鐘
time：全年開放
price：免費

建造於高25.9公尺、寬19.8公尺的豪宅背牆上，在這座充滿戲劇張力的舞台上，除了海神這位豪氣十足的帥哥男主角之外，頂端還有四位代表著四季的女神雕像，海神兩旁則是象徵「健康」與「富裕」的兩位美麗女配角。

再仔細往後看，右邊的女神像後有一幅「少女指引水源」的畫像，這取景於這座泉水的美麗傳說：據傳，當古羅馬軍隊出征回國途中，所有的士兵已經是又累又渴了，但卻怎麼也找不到水喝。這時忽然出現一位少女，指引軍隊到一處湧泉解渴，因此他們稱這座泉水為「處女之泉」。而這位將軍回到羅馬之後，命人花了19年的時間築建水道，將這座「處女之泉」引進羅馬城，從此乾旱的羅馬城有了豐沛的水源，不再受缺水之苦。

這裡最初只是個小小的泉水出口，18世紀時克里門七世教皇命尼可拉索勒維（Nicola Solvi）擴建這座噴泉。建築師接到這份工作後，雄心大志地將這裡轉變為神話中的海神宮，並請雕刻家彼得巴勒奇（Pietro Bracci）打造所有的雕像，栩栩如生的述說著充滿力與美的海神故事。整座噴泉於1762年完成，共歷時30年之久。

白天的許願池，總是擠滿了到此朝聖的遊客，個個奮力丟著銅板，許一個再回羅馬的願。這樣一個充滿希望的幸福噴泉，其實還蠻適合夜晚探訪的。

在燈光的照射下，各尊雕像光影的交錯，最能展現出巴洛克藝術[2]的戲劇張力。夜晚的燈光，豪邁的投射到氣宇軒昂的海神身上，腳下的泉水不斷在燦光中湧出，整座噴泉，就好像是一座氣勢非凡的舞台，而所有的雕像有如經驗老道的「資深」演員，每天以不同的情緒揣摩著自己的角色，一次又一次呈現給觀眾不同的驚喜。

[2]巴洛克藝術 Baroque

狄更斯曾這樣形容巴洛克藝術：「巴洛克是樂天狂人的產品……那些細微的靜脈與動脈，和正常人的手指一般大；頭髮則像一窩精力充沛的蛇；而且他們的姿態，讓其他所有的誇張，都為之汗顏。」狄老針見血地描述了巴洛克精髓。「Baroque」這個名詞源自於西班牙及葡萄牙語，意思是「變形的珍珠」。因為這種16世紀後期開始風行於歐洲的藝術風格，以「轉變」與「律動」為特色，作品強調的是整體的情緒與誇張效果表現，當時在建築、雕刻、繪畫及音樂上都有巴洛克風格的作品。

義大利的巴洛克藝術代表包括雕刻大師貝里尼（聖彼得大教堂廣場、羅馬四河噴泉、聖德蘭之狂喜等作品）、及逃亡畫家卡拉瓦喬（梵蒂岡博物館的基督下葬、羅馬St. Luigi dei Francesi教堂內的聖馬太蒙召），另外還有比利時的魯本斯、西班牙的委拉斯蓋茲及英國的凡戴克等。

除了噴泉本身吸引人之外，另一項令遊客趨之若鶩的當然是丟銅板許願。幾乎所有到訪的遊客都要拿三枚銅板，背對著噴泉，往肩膀後面丟三個願望，據說其中一個願望必須是重返羅馬，其他兩個願望才會成真。而且最靈的方式是右手拿著銅板往左肩後面丟，難度高一點，才能激發出較神奇的力量吧！

可是當我貢獻了這麼多銅板之後，心裡不禁納悶，這麼多錢，最後到底流落何處？根據統計，許願池每天的收入高達3,000歐元！羅馬政府每天都會撈起這些錢幣，將他們用在慈善救助上，買食物幫助窮苦的家庭，所以在這裡許願也算是一件利人又利己的事。

有機會到此，何不用那麼一秒鐘想像自己是奧戴立赫本公主或瀟灑的羅馬記者，大方的許自己一個浪漫的羅馬假期！

《天使與魔鬼》光明路徑

在這部小說中提到，光明會為避免教廷迫害，於是創造獨特的地圖，由城內四處隱藏著土(earth)、氣(air)、火(fire)、水(water)四元素的藝術品為指標，一個指標引導到下一個、形成一條路徑，最後到達他們的聖所「光明教堂」，因此這條路徑稱之為「光明路徑」。

* **「氣」元素：**聖彼得廣場的「哈巴谷與天使」雕像。破解氣的關鍵是廣場地板上的方位圖「西風」(West Ponente)，從浮雕人像吹氣的方向，往羅馬東方找出破解「火」元素的關鍵。

* **「土」元素：**古稱「土之聖堂」的人民聖母教堂(Santa Maria del Popolo)。「桑提土墓起，惡魔洞相伴，天使引向前。」故事裡這句話誤導主角到萬神殿。

* **「火」元素：**就是指勝利聖母教堂裡貝里尼所創作的《聖德蘭之狂喜》。

* **「水」元素：**那佛納廣場的四河噴泉。

* **光明教會所在：**聖天使堡(Castel Sant' Angelo)由堡上的天使雕像指引出。

* **最後的溫柔鄉：**Piazza Barberini & Hotel Bernini。

天使建造、頌讚眾神的古老殿堂

萬神殿，及周邊咖啡館、點心店

無論是台灣隨處可見的土地公廟、還是曼谷街頭林立的高腳小廟，這種東方的信仰，就像羅馬人對神殿的解讀。遠在歐洲的古羅馬人，同樣瘋狂的建造神殿，期望眾神的力量能夠保護這變化萬千的娑婆世界；而萬神殿，就是他們對眾神的頌讚。

這座結構完美又堅固的**萬神殿**，早在西元前27年就已存在，西元80年曾發生一場大火，西元125年時哈德連皇帝下令重建。無論朝代、時節如何更替，萬神殿依然屹立不搖，成為羅馬城內最古老、也是保留最完整的古羅馬遺跡。這裡原來是獻給萬神的殿堂，所以稱為萬神殿，西元609年改為基督教建築。建築本身牆厚7公分、拱頂高46公尺，巨大的大穹頂（直徑與高度都是43.3公尺）雖然是厚重的混凝土，卻完全不需任何拱柱支撐，這全拜完美的建築力學所賜；而中間直徑9公尺的天眼，提供整個神殿足夠的光源，不需再打造任何窗戶。無可挑剔的結構，素有「天使的設計」之稱。拉斐爾及義大利國王艾曼紐二世都埋葬在此。

完美的建築，還要有完美的咖啡陪襯。萬神殿廣場的右前方有知名的**金杯咖啡**，而咖啡愛好者，可能更喜歡萬神殿左後方Sant' Eustachio廣場上的老咖啡館**Sant' Eustachio**。店內沒有華麗的裝潢，但光看堆滿的咖啡豆，咖啡蟲就開始不安分了。除了喝咖啡，店內也有販售各種咖啡豆、咖啡粉。

萬神殿 Pantheon
go：地鐵A線到Spagna站，穿過Via Condotti左轉Via del Corso直走，右轉Via Caravita直走，步行約15分鐘；或搭公車46、62、64、170、492號公車至Largo di Torre站，走進Via Torre Argentina直走約5分鐘
add：Piazza della Rotonda
tel：(06)6830 0230
time：09:00～19:00，週日09:00～18:00，假日09:00～13:00
price：免費

金杯咖啡 Tazza d' oro
web：www.tazzadoro.it
add：Via degli Orfani 84
tel：(06)6789 792
time：10:00～24:00
price：約€1

Sant' Eustachio
web：www.santeustacchioilcaffe.it
add：Piazza Sant' Eustacchio 82
tel：(06)6880 2048
time：10:00～24:00

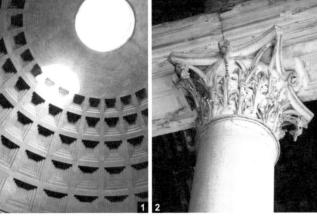

1. 萬神殿圓頂 / **2.** 萬神殿門廊上的老石柱 / **3.** 萬神殿內部 / **4.** 萬神殿 / **5.** 廣場上的噴泉雕刻

除了咖啡，由萬神殿前、麥當勞旁邊的小巷子直走，過一棟教堂後右轉Via Uffci del Vicario就可看到擠滿人潮的**Giolitti**冰淇淋店。爲什麼會這麼讓人爭先恐後，你來嘗過了就知道。

若想找平價酒鋪，萬神殿往那佛納廣場的小巷內有家**Il Vinaio**便宜酒鋪。1955年開始在這個小區販賣義大利各區美酒、橄欖油、麵食，不但選擇多，價格也比其他觀光區還要實在得多，而且還有退稅服務。

Giolitti
web：www.giolitti.it
add：Via Uffici del Vicario 40
tel：(06)6991 243
time：07:00～01:00(週六至02:00)
off：中午及週日，8月休15天
price：約€2

Il Vinaio
add：Via dei Portoghesi 5
tel：(06)6897 4068
time：08:30～14:00，17:00～20:30
(週日休息)

羅馬心臟，天主教精神中心
城中之國梵蒂岡

緊鄰著羅馬的梵蒂岡城，雖然是個獨立邦國，但不需辦理任何簽證。
聖彼得大教堂、廣場及梵蒂岡博物館，就是這個邦國的大部分領土了。國土雖小，
但可說是羅馬的心臟，全世界天主教的精神中心。

其實17世紀時，貝里尼原本的設計是要讓人鑽過蜿蜒的小巷道後，突然看到像上主伸出雙手環抱眾生的聖彼得廣場，自然湧現對上主無私之愛的感動。可惜的是，墨索里尼竟然在聖彼得大教堂前開了一條康莊大道，將這種精心設計的戲劇性一掃殆盡。然而，光是寬240公尺的橢圓形大廣場，環繞著雙臂的162尊聖人，仍讓人看到這些聖人的光輝。

聖彼得大教堂原本是暴君尼祿的大競技場，這裡同時也是西元64年時聖彼得的受難地。西元324年時，君士坦丁大帝下令在此蓋教堂，但到了15世紀教堂因嚴重毀壞而被拆除，15世紀中才命布拉曼特及米開朗基羅等人修建教堂，於1626年全部完工。高

132.5公尺的大圓頂就是米開朗基羅的大作。可惜還未完成前，大師就過世了。教堂裡還有他25歲的作品《聖殤》，因為作品實在是太純熟了，大家都不相信米開朗基羅這麼年輕就能完成這樣成熟的作品，於是他憤而在雕像上刻下自己的名字，也成為他唯一有署名的作品。

聖彼得教堂後面的**梵蒂岡博物館**，更是絕不可錯過的博物館，歷代教宗及教廷的

聖彼得大教堂 Basilica di San Pietro
web：www.vaticanstate.va
time：每週二、四09:45有大教堂及廣場的免費導覽，10分鐘前到廣場上的旅遊服務中心集合

梵蒂岡博物館 Musei Vanticani
web：www.museivaticani.va
tel：(06)6988 3860
time：週一~六09:00~16:00，每個月的最後一個週日09:00~12:30開放免費參觀
price：€16，優惠票€8，線上購票另加€4

1.廣場上拿著鑰匙的聖彼得／**2.**聖體傘／**3.**聖教堂內部細節／**4.**教皇開講囉／**5.**教堂內的小天使／**6.**教堂圓頂／**7.**梵蒂岡博物館環狀階梯

收藏都陳列在此。除了勞孔父子群像（Lacon, and his sons）與卡拉瓦喬的基督下葬（The Entombment）外，拉斐爾[3]的《雅典學院》、米開朗基羅的《最後的審判》與《創世記》，絕對是世上最珍貴的藝術品之一。

每個星期天中午，教宗會出現在窗口跟信徒揮手並致祝禱詞。在梵蒂岡城外有家健康又美味的**Le Pain a' Table**餐廳，他們強調採用最天然及各季的新鮮食材，手工製作各種料理。餐廳在現代設計中，又能感受到一股自然的樸實。此外，在梵蒂岡城外的購物街Via Cola di Rienzo有家**Castroni**老雜貨店，是收購義大利頂級食材、咖啡豆的好地點。

羅馬

❸拉斐爾 Raphael

拉斐爾的墓碑上寫著：「這是拉斐爾之墓，當他在世時，自然女神怕會被他征服。他過世時，她也隨他而去。」

西元1483年出生，父親本身就是畫家，雙親過世後由親戚撫養，並來到西耶那向Perugino學藝，在此期間融合了各位大師的優點，發展出拉斐爾式的柔美風格。雖然37歲即英年早逝，但他在世就已獲到眾人的高度賞識。再加上他溫和的個性與俊俏的外表，深受女性歡迎。可能也因為如此，拉斐爾在世時畫了許多柔美的聖母畫，被推崇為西方繪畫標準。除了許許多多的《聖母》及肖像畫外，梵蒂岡博物館內的《雅典學院》為拉斐爾最著名的作品。

Le Pain a' Table
web：www.lepainatable.com
add：Viale delle Milizie 13
tel：(06)3750 05802

Castroni
web：www.castroni.it
add：Via Cola di Rienzo 196
tel：(06)6874 383
time：09:30～20:00

梵蒂岡博物館重要作品賞析

《雅典學院》(Stanze di Raffaello—La Scuola d' Atene)

拉斐爾受教皇之命，重新裝潢梵蒂岡宮殿內的4間房間，因而將這4間房間取名為拉斐爾室，其中以賽那圖拉廳的「雅典學院」最具代表性。

這幅畫繪出希臘哲學家柏拉圖與亞里士多德辯論真理的景象，四周則是數學家、文學家等各領域的文人學者，或是隨意倚靠著沉思，或是熱烈的討論著，生動地呈現出古典人文學者與基督教追求真理的情景，並以構圖給人一種和諧莊嚴之感，展現出文藝復興盛期的景況。讓後世人看畫時，自然生出一份感動、一份嚮往。

《創世記》(La Genesi)

米開朗基羅剛開始進行西斯汀禮拜堂的天頂裝飾畫時並不順利，門徒的作品都無法令他滿意，最後他決定將自己關在禮拜堂中獨立創作。就這樣持續花了4年的時間，仰著頭、曲著身子全心創作，在280平方公尺的西斯汀禮拜堂天頂上繪了將近300幅充分展現力與美的人像，完整地呈現出開天闢地的創世記與人類的墮落。也因為這樣的長期創作，後來米大師都要仰著頭看書信。

這幅天頂巨作——展現上帝創造晝夜、日月、海陸、亞當、夏娃、原罪、諾亞的貢獻、大洪水、與酩酊大醉的諾亞。周圍的高窗則繪出預知耶穌降臨的先知(其中一幅手掩著臉的Hieremtas，就是米開朗基羅的自畫像)，而穿插於巨大先知像間的是異國的女預言家。四角

所展現的是象徵著人類救贖的拯救猶太人寓意畫。儘管人像很多，但整體構圖簡潔又不混亂，正是大師的功力。

　　中間長形的繪圖中，有一幅是「上帝創造亞當」，當上帝創造之手傳給了第一個人類亞當時，象徵人類從沉睡中甦醒，開啟了俗世的生命與愛。這幅畫的構圖雖然相當簡單，卻充分展現出上帝創造宇宙萬物的雄偉氣勢，以及那種從容不迫的全能神蹟。這可說是創世記的創作原點，同時也代表著米大師的個人信念：「唯有創造之手，才是有生命之手。」米開朗基羅將他擅長的人體雕刻，淋漓盡致地表現在人體繪畫上，每位健美的身形，藉由生動的扭轉，表現出人體的力與美。

《最後的審判》(Giudizio Universale)

　　西斯汀禮拜堂的整個牆面上，是米開朗基羅的最後一幅畫作。整個場景取自但丁《神曲》的「地獄篇」，同時也展現天主教徒在宗教革命中所面臨的衝擊及永持在心中的堅定信念。

　　整幅畫以基督為中心，基督果決的身形，舉起右手，準備做出最後的審判，周遭圍繞著焦慮不安的聖徒；上層為吹著號角，宣告最後的審判即將開始的天使；下層則是從墳墓中拉出的死去靈魂，左邊是得救將升天的靈魂，右邊為將要下地獄的罪人。基督左邊拿著鑰匙的是聖保羅，請求基督公正的審判。

追尋貝里尼的腳步

那佛納廣場、勝利聖母教堂，到花之廣場尋寶

生得逢時的貝里尼，若說羅馬城是他的開放博物館，一點也不為過。
人說貝里尼是擁有熱情、情緒激動，說話時總有誇張手勢的人，我完全相信。
看他雕刻的每一個線條，都是逼得人無法忽視的每一絲情緒。

無論是從萬神殿走過來、還是從河邊的聖天使橋往這裡移動，都要穿過一條條風情萬種的老巷子，接著豁然看到這座由建築環繞的**那佛納廣場**。剛看到廣場的一刹那，是一種悸動，以及一種即使我現在伏案書寫時，還能感受到的歡樂氣息：早晨時，一群拿著酒瓶敲打出快樂組曲的街頭藝人；羅馬艷陽下的昏沉午後，一群群坐在咖啡座、噴泉邊晃悠的遊客；傍晚的那佛納廣場，一位扮演著瞬間凍結的街頭藝人，用他的毅力賺取血汗錢，而各位街頭畫家則用自己的巧手，爲遊客留下羅馬燦爛的笑容；12月的那佛納則變身爲羅馬的耶誕市集。

這個無論什麼時刻、無論什麼時節都有不同情節上演的廣場，還錦上添花的請貝里尼建造了華麗的雕像噴泉。其中以充滿巴洛克力與美的**四河噴泉**❹最令人讚絕。

廣場附近有家小酒館**Cul de Sac**，餐桌上的酒櫃放滿1,500多種酒，店員總能熟知每支酒的位置，拿著長竿熟練的取下酒來。而且這裡的麵包，還是放在木櫃中，只要客人一坐下，服務人員就會打開木櫃鋸片美味的麵包來。除了美酒，燉牛肉及各種肝醬做成的前菜也是亮眼的菜色。

那佛納廣場 Piazza Navona
go：由萬神殿步行約10分鐘，或
由聖天使堡步行約10分鐘

Cul de Sac
web：www.enotecaculdesac.com
add：Piazza Pasquino 73
tel：(06)6880 1094

❹四河噴泉
Fontana dei Quattro Fiumi
　由於當時認為世界只有四個洲，於是貝里尼以各洲的代表河流雕塑出其象徵雕像：尼羅河(代表非洲：頭部遮住，因當時尚未發現源頭)、布拉特河(代表美洲：禿頭)、多瑙河(代表歐洲：轉身穩住方碑)、恆河(代表亞洲：一副悠哉、輕鬆樣)。

聖天使橋上的雕像

聖天使堡前優雅的聖天使橋，連接著梵蒂岡城與羅馬古城。橋身兩側立著一尊尊美麗的天使雕像，其中有兩尊是貝里尼的作品。這裡是欣賞羅馬夜景的最佳地點，燈火點綴的台伯河，在天使堡前優流著，遠處還可看到米開朗基羅完美的聖彼得大教堂圓頂。寧靜的羅馬夜晚，在這裡。

由火車站前不遠處的共和廣場，沿著小巷，撫著巷內的老房舍，走到路的盡頭來到一個亂七八糟的小廣場，速飆的摩托車、穿梭的市區小巴士、穿西裝打領帶的上班族，以及一座早已讓車塵披上一件大衣的老雕像噴泉。小廣場側面有座小小的灰白色教堂**勝利聖母教堂**，綠色的大門前，總有一位吉普賽人站岡要錢。這樣一切的平凡，掩護著教堂內貝里尼最棒的作品《聖德蘭之狂喜》，安靜等著讓懂門道的人免費入場參觀，你要在此虔誠的觀看多久，就看多久。這是羅馬人的豪氣！

位於萬神殿後面、Piazza Minerva廣場上的大象方尖碑（Obelisco della Minerva），是由貝里尼設計、Ercole Ferrata雕刻完成的作品。象背上的方尖碑是西元前6世紀的遺跡，仍可看到上面的象形文字。尖碑前的教堂內部相當華麗，是羅馬城內唯一的哥德式教堂。

聖天使堡
Castel Sant' Angelo
go：地鐵A線至Lepanto站
add：Lungotevere Castello 50
tel：(06)3996 7700
time：09:00～19:30，週一休息
price：€10.50

勝利聖母教堂
Santa Maria della Vittoria
go：地鐵A線至Repubblica站由Via Orlando出口延Via Orlando直走到S. Bernardo廣場，就在廣場噴泉的旁邊，步行約5分鐘
add：Via XX Settembre 17
tel：(06)4274 0571
time：08:30～12:00，15:30～18:00
price：自由奉獻

夜遊羅馬

在燈光照耀下的羅馬城，掩去了灰塵與霸氣，多了迷人的撩媚。大景點的遊客還是很多，可別因為害怕，錯失了羅馬美麗的夜景。

建議可以先到西班牙廣場及破船噴泉，接著可鑽進前面的小巷找**Antica Enoteca di Via della Croce**小酒館。這是1842年創立的老酒館，餐廳內有許多選酒，可以在吧台上暢飲，或者坐下來享受道地的羅馬餐，無論是牛排或烤羊排都有一定的水準。

接著可以走向許願池及那佛納廣場的四河噴泉，然後沿著廣場側面的老巷子走到聖天使橋看城堡夜景及河景，從城堡側面直走就是聖彼得大教堂，聖彼得廣場在燈光的照耀下，益顯這座教堂的神聖光輝。

逛累的話，附近的**Fonclea**音樂酒吧，雖然是在梵蒂岡城附近安靜的住宅區，但晚上卻人氣很旺，有點城中祕地的感覺。每天晚上都有不同主題，有時唱到國民歌曲時，全體一起高歌，多令人感動的畫面！由於來這邊的大部分是上班族，所以是可以很放鬆、享受的那種氣氛，相當推薦大家晚上到此體驗一下羅馬之夜。

Antica Enoteca di Via della Croce
go：地鐵A線Spagna站，由西班牙廣場步行約5分鐘
add：Via della Croce 76
tel：(06)6790 896
time：12:00～午夜

Fonclea
web：www.fonclea.it
add：Via Crescenzio 82
tel：(06)689 6302
time：19:00～02:00

菜市場、古董市場尋寶去

羅馬人外放的性格，從市場裡最能感受得到。那佛納廣場附近的花之廣場，可說是羅馬最著名的蔬果市集，每天早上有著利用蔬菜、辣椒裝點得亮麗的攤位，以及小販們高亢的叫賣聲。廣場周圍環繞著咖啡館、麵包店，絕對是跟著羅馬人走進日常生活的最佳起點。

週末則可以到最大的跳蚤市場Mercato di Porta Portese，長長的街道上有各種古董家具、舊書報、小古玩，還有一些平價的服飾及日常用品。

Mercato di Porta Portese
go：由Termini火車站搭公車75號前往，約20分鐘
add：Via Porta Portese及via Ippolito Nievo
time：06:30～13:30

花之廣場 Campo de'Fiori
go：由公車116號到市場旁下車或由Termini火車站搭公車64號在Vittorio Emanuele II街下車
time：週一～六07:00～13:30

聖母瑪利亞大教堂
Basilica di Santa Maria Maggiore

位於特米尼火車站附近的聖母瑪麗亞大教堂是羅馬四大教堂之一，也是城內第一座獻給聖母的教堂。據說西元4世紀時教皇夢見聖母希望他在下雪的地方蓋教堂，當時還是炎熱的8月天，竟然在教堂現址下起雪來。當這座教堂建好之後，為了方便信徒朝聖，還特地開了5條星狀道路。因為在天主教中，海星是聖母的象徵，而其中交叉的兩條大道則形成十字架，代表著羅馬是天主教聖地。

go：地鐵A/B線至Termini站，由Via Cavour出口直走約5分鐘；或搭70號巴士到Piazza Esquilino站
add：Piazza di Santa Maria Maggiore 42
tel：(06)483 195
time：夏季07:00～20:00；冬季06:45～19:00
price：免費

鎖鏈聖彼得教堂
San Pietro in Vincoli

在距離競技場不遠處的鎖鏈聖彼得老教堂裡，有座米開朗基羅最喜愛的作品摩西像（Mose）。這原本是為教皇陵墓所雕刻的作品，描述摩西手裡拿著十誡，但眼下看到的卻是信徒們不理解真

理，仍一昧的崇拜偶像。摩西的失望與氣憤之情，盡表現在臉上與肌理上。據說米開朗基羅完成這尊完美的作品時曾嘆問：「你怎麼不說話呢？」

go：地鐵B線至Cavour站，出地鐵站往競技場方向下坡直走，右轉Via S. F. di Paola階梯上去即可抵達，步行約5分鐘
add：Piazza di San Pietro in Vincoli 4A
tel：(06)9784 4952
time：08:00～12:30，15:00～19:00(冬季至18:00)
price：自由奉獻

骨骸寺
Santa Maria della Concezione

1528～1870年間，從墳墓挖出4千多尊遺骸，原本要用耶路撒冷運回來的聖土安葬修士。但後來竟然運用這些遺骨排列成十字型、皇冠型的燈飾、壁飾。這些精巧的藝術品，讓人忘卻了骨頭的陰森感，目不轉睛的欣賞一個又比一個精緻的骨骸藝術。骨骸室旁邊是Barberini教皇的宮邸及領土，因此這位教皇也葬在這座教堂。有趣的是，教皇的墓碑上刻著：「在此剩下的只有骨灰，別無他物。」其實這樣的骨頭裝飾，也同時刺激人發省，拋棄對形體的追崇。教堂的最後一室還有一段聳動的文字：「我們曾與你一樣，而你也將與我們一樣。」好一段真理，不是嗎？

go：地鐵A線至Barberini站，由Via Veneto出口即可看到教堂，步行約1分鐘

add：Via Veneto 27
tel：(06)4871 185
time：09:00～19:00
price：€8(博物館)

波爾各賽公園與美術館 Museo e Galleria Borghese

這應該是羅馬最重要的美術館之一，位處羅馬幽靜的綠園區內。參觀須事先預約。1樓最重要的作品是Canova以拿破崙的妹妹Pauline為模特兒所塑造的坐臥雕像，相信所有看過這尊雕像的人，都不得不敗在她的石榴裙下。另外還有貝里尼的《阿波羅與達芬妮》、提香的《聖愛與俗愛》、拉斐爾的《卸下聖體》、卡拉瓦喬的《拿水果籃的少年》及《提著巨人的大衛》。

web：www.galleriaborghese.it；www.ticketeria.it(預約)
add：Piazza Scipione Borghese 5
tel：(06)841 3979(資訊)(06)328 10(只接受預約入場，最好提早預約)
go：地鐵A線至Spagna站坐上手扶梯往Borghese方向出口，出地鐵站左轉直走進公園依指標步行約15分鐘
time：週二～日08:30～19:30
price：大人€11，優惠票€6.50

提佛利
Tivoli

距離羅馬城約30分鐘車程的提佛利，自古就是羅馬王公貴族的度假勝地。這裡最古老的別墅應該是安德連納別墅（Villa Adriana），也是目前規模最大的古羅馬別墅，內有神殿、浴池、圖書館、人工島，就像個理想世界。另一個在提佛利市中心的艾斯特別墅（Villa d'Este)，每一間房間可說是精雕細琢，最巧妙的是，這座別墅依山而建，利用山形地勢，打造出好幾層樓，最下層則是廣大的庭院區，諾大的噴泉，在水壓的推動下，奏出悅耳的音樂。

go：搭公車Cotral Roma-Tivoli線，搭地鐵到Ponte Mammolo站，出地鐵站搭公車到Tivoli的Largo Nazioni Unite站下車，約30分鐘

越台伯河區
Trastevere

雖然這區仍是羅馬市區，但稍微遠離商業與政治中心。老巷子裡的雜貨店、老餐館，好似數十年如一日悠悠忽忽的過日子，因此也成為羅馬人最喜歡聚集的地點。夜晚各街巷的老餐館人聲鼎沸，而轉個彎的某個街角，可能就是知名爵士樂手表演的小酒吧。若時間許可，真的非常推薦大家到此走走。

go：由Torre Argentina搭8號電車到Viale Trastevere站(Piazza Mastai站之後)，下車沿著Via di S. Francesco走到Ripa後會看到Piazza S. Callisto

羅馬
住宿推薦

Rome for the Holidays
公寓旅館

在羅馬古城共有六處公寓住宿，包括梵蒂岡城、花之廣場、西班牙廣場、那佛納廣場、人民廣場、越台伯河區等，提供1～3房的公寓。公寓住宿最棒的地方就是設備齊全，洗衣機、廚房、衛浴用品、無線網路……一應俱全。

特別推薦競技場附近的Rome for the Holidays at Colosseum兩房公寓。距離火車站僅一站地鐵站，可步行至各大景點。

web：www.rometheholidays.com
price：€75～165

羅馬
實用資訊

旅遊服務中心

火車站的24號月台附近有旅遊資訊中心（郵局隔壁）；梵蒂岡的聖彼得廣場上也有旅遊服務中心。

web：en.turismoroma.it
tel：(06)3600 4399

對外交通
機場

達文西國際機場(Leonardo da Vinci Fiumicino，簡稱Fiumicino)，可搭機場直達列車(Leonardo Express)，於特米尼火車站27號月台搭乘，建議先在購票機或大廳購票處買票（14歐元），27號月台前也有購票櫃檯，但多1歐元。

或搭地鐵到Ostinese火車站搭區域性火車，一趟8歐元，是Leonardo Express的半價。若時間不是太趕的話，可以搭地鐵到這個火車站搭車。

火車

主要車站為特米尼火車站(Stazione Termini)，另一個主要車站Stazione Tibrutina，許多Intercity會到這一站。由羅馬到翡冷翠約1.5～4小時；到拿波里約1～2小時。

對內交通

羅馬市區交通運輸系統由ATAC公司運行，共有A、B、C三條地鐵線，以及完整的公車／電車網。

票價€1.50：在時效100分鐘內，可搭乘地鐵、電車及公車，只要在第1次上車時打票即可，搭地鐵僅限出入站1次；這種車票還可搭火車前往郊區的Ostia古城，不用另外購票，24小時票為€7。

推薦導覽團

羅馬城景點雖多，但城市其實還滿適合徒步觀光的，尤其是古城區各小街巷特別有風味。Eden Tour有專業的導遊帶領小團遊客徒步參觀古城景點，尤其推薦Rome at Sunset日落行程，傍晚時伴著日落慢慢欣賞各景點。

Eden Tour古城徒步日落導覽團
web：www.edenwalks.com
tel：(338)596 1622

羅馬地鐵圖

地圖圖例

M A metro A 地鐵A線 Anagnina - Battistini
M B metro B 地鐵B線 Laurentina - Rebibbia
M B1 metro B1 地鐵B1線 Laurentina - Jonio
M C metro C 地鐵C線 S. Giovanni - Pantano

ferrovie urbane/urban railways

ROMA LIDO Roma - Lido 往奧斯提亞古城(郊區)火車
ROMA PANTANO Roma - Pantano
ROMA VITERBO Roma - Viterbo

⬭ stazione di scambio/interchange station 轉乘其他地鐵線
◯ stazione/station 地鐵站
🅰🚌 capolinea bus extraurbani/interchange with suburban buses 轉乘往郊外公車
🚃 interscambio ferrovie nazionali/interchange with national railways 轉乘火車
P parcheggio di scambio/parking 停車場
urelia limite di validità della tariffa urbana Metrebus **Roma**/limit of validity of Metrebus tickets 僅限使用**Metrebus**票

ferrovie regionali/regional railways

FL1 Orte/Fara Sabina - Fiumicino Aeroporto 往達文西國際機場火車
FL2 Tivoli - Roma Tiburtina 往提佛利(郊區)火車
FL3 Viterbo/Cesano - Roma Ostiense
FL4 Albano/Frascati/Velletri - Roma Termini
FL5 Civitavecchia - Roma Termini
FL6 Frosinone - Roma Termini
FL7 Latina - Roma Termini
FL8 Nettuno - Roma Termini
Leonardo express Fiumicino Aeroporto - Roma Termini

拿波里 *亂遊

魏立於港口邊的城堡，大剌剌的展現著大城氣勢；
夜晚酒吧裡的地下樂團，有今天沒明天般的掏心掏肺嘶吼、搖擺著，
毫不保留地抒發海港人的開闊與南義人的濃烈情感。
乘著輪船由海上望向拿波里時，耳邊迴響起帕華洛帝渾厚的歌聲唱著Santa Lucia：
「美麗的拿波里，晚霞照天邊，照在明亮的海灣，晚霞滿漁船……
藍藍的拿波里，晨星天空閃耀，寂寞孤單的心，聲聲呼喚你……
美麗的拿波里，幸福到永遠，聖塔路西亞、聖塔路西亞……」
卻是一股溫暖，絲絲解開旅人對這古城的思念。

真愛義大利

Napoli

La Citta' piu bella del mondo

必看	考古博物館、古城區、拿波里地鐵1號線(Vanvitelli Dante站之間)內的現代藝術展
必吃	披薩、Sfogliatella、Baba'
必買	好運辣椒、雕花蠟燭、拿波里式雙柄摩卡壺
迷思	遊客要遇到黑幫火拼的機會應該是很少，不過還是時有機車搶案發生，晚上最好不要走在暗巷，火車站附近也比較亂。公車R2及地鐵站人多擠身時也要特別注意
閒聊	看了《娥摩拉罪惡之城》(Gomorra)後，看著拿波里其實心情是沉重的，但腦邊迴響起拿波里人扯著嗓子大聲的說著、笑著，想來，拿波里人面對真實生活雖有許多的無奈與無力，但他們卻又能樂天來看待一切，這樣的笑聲，似乎更令人動心。(拿波里地區的黑幫為娥摩拉Camora，深深淺淺的抓著拿波里生活命脈。)

卡波迪蒙美術館

CAPODIMONTE

考古博物館

Duomo di
San Gennaro
大教堂

ARENELLA

Scaturchio
甜點店

Sorbillo
比薩店

Di Matteo
比薩店

Chiesa del Gesu' Nuovo
耶穌教堂

Cera Amica
蠟燭店

VOMERO

Santa Chiara
教堂

CENTRO
ANTICO

La Cucina
di Elvira

聖艾莫堡

聖馬丁修道院
暨博物館

Hotel Pricipe
Napolit'amo

Hostel of
the Sun

往西西里
渡輪站

貝多溫一世走廊

Caffe' Gambrinus

S. Domenico
Maggiore教堂

新堡

聖卡羅
歌劇院
及皇宮

往卡布里、蘇連多
阿瑪菲海岸

CHIALA

平民表決廣場

Corso Vittorio Emanuele

往卡布里、蘇連多、
阿瑪菲海岸

蛋堡

拿波里電梯投幣怪文化

在拿波里搭電梯時，可記得要帶零錢喔！因為大部分電梯裡都會有個鐵盒子，要投入零錢才能搭乘。有天早上出門忘了帶錢包，無法投錢搭電梯，真是淒慘了！

門牌會跳號！

拿波里的路牌可說是亂七八糟，因為新舊大樓的編碼不同，所以會有跳號的情況。

Walking 教你怎麼玩

　　逛遊整個拿波里地區(Campania省)：在拿波里住一個晚上，較能完整的感受拿波里城。接著可住在蘇連多、波西塔諾，或較安靜優美的Ravello，玩玩阿瑪菲海岸及搭船往返卡布里島一日遊。若想住在比較安靜的小島，Ischia島是相當理想的地點。

09:30～10:30	遊逛新堡
10:30～11:00	在溫貝多一世走廊閒晃
11:00～12:30	參觀皇宮、歌劇院、平民表決廣場，到咖啡館歇腿
12:30～15:00	搭纜車上修道院，在這裡享受午餐
15:00～16:00	參觀考古博物館
16:00～19:30	古城區漫步或參觀地底世界
19:30～	晚餐吃披薩，聆聽歌劇、音樂

拿波里

261

底圖圖例
● 景點　● 商店
● 餐廳　● 旅館

北

義大利人心中，獨一無二的城市

新堡、皇宮、大教堂

拿波里的美，若僅是在那些優雅的街道與建築上，
那還真不足以讓許多義大利人每每提及拿波里後，最後的結論一定是：
「這真是個獨一無二的城市！」

由海上走來的旅人，首先映入眼簾的拿坡里景點應該是巍立於Megarides小島上的**蛋堡**。灰樸樸的城牆，將Santa Lucia港的一角，圍畫出一種滄桑的孤獨感，道盡這原本是歡樂宮的羅馬別墅，卻被嚴肅的改為保衛拿波里的碉堡心情。於是，不甘寂寞的蛋堡藉古羅馬詩人之名，創造了一個傳說：「蛋堡裡放了顆蛋，當這顆蛋破碎之時，也是城堡倒坍之日。」是怎樣的寂寞，才會有這樣一種無稽之說？

短暫瞥過堡壘後，滿懷期待的往鼎鼎大名的拿波里市區探險去，從港口前的Via C. Colombo右轉到Via S. Giacomo，遙立於蛋堡與市政廳之間，又是一座城堡，喚做**新堡**。風格混雜的大門，

特別推薦
Teledo地鐵站精美的馬賽克

新堡

新堡內部禮拜堂

蛋堡 Castel dell'Ovo
go：巴士R3或140
add：Borgo Marinari
tel：(081)240 0055
time：週一～六09:00～19:30；週日09:00～14:00
冬季提早1小時閉館
price：免費

新堡 Castel Nuovo
go：巴士R3或140
add：Piazza Municipio
tel：(081)795 7713
time：09:00～19:00(週日休息)
price：€5

說明了它新新舊舊的過去，誠實的記載著城堡的演變。1279年建造的新堡，原是安茹王（Anjou）查理一世將勢力從西西里島擴展到拿波里地區的野心展示，大刀闊斧的將港口與城牆的氣勢打造出來，再把原本的聖方濟修道院改建成這座新堡。不過門口的大理石凱旋門卻是1443年為紀念亞拉岡王國戰勝拿波里而建的，當時又重整了城堡，後來二次世界大戰前，又進行一次整修工程。這座城堡現已改為市立博物館（Museo Civico），收藏拿波里城內的古文物，1樓是14世紀的帕拉提那禮拜堂（Chapel Palatina），展示巨大的濕壁畫及14～16世紀時的雕刻及淺浮雕，2、3樓則展示15～18世紀期間的拿波里畫家作品。

繼續沿著市政廳旁的Via S. Giacomo走就可來到優美的主街Via Toledo，由此往左走，首先會看到一些銀行，如果有機會的話，不妨進這裡看看義大利銀行❶的氣勢。

接著再繼續往前走，沿路都是一些中價位品牌商店，然後就是與米蘭艾曼紐二世走廊齊名的溫貝多一世走廊❷，也是拿波里最美麗的購物區，頭頂有16根鐵脊圍罩著高達57公尺的玻璃圓頂，腳下則有美麗的鑲嵌地板。拱廊共分為四個廊道，面向Via S. Carlo的拱門（旅遊服務中心就在拱門旁邊）對面就是**聖卡羅歌劇**

溫貝多一世走廊

院，這是歐洲目前仍在使用的歌劇院中最古老的一座，於1737年11月4日法國波旁王朝統治拿波里時開始使用（比米蘭的史卡拉歌劇院早了41年），劇場內共有6層包廂看台，最多可容納3千多位觀眾，是當時全球最大的歌劇院，也一直以它完美的音響設計著稱。

拿波里

❶ **怎麼「進」義大利銀行**

　　義大利銀行可是戒備森嚴，得先通過層層關卡才得以進入銀行。銀行入口是一種玻璃罩門，一次只能一人進入，站在裡面後，先等外面的門關上，然後裡面的門才會緩緩打開，這才能真正踏進銀行。出來時也是一樣的程序，看來要在義大利搶銀行並不是那麼簡單的事。

❷ 由建築師Emanuele Rocco於1887～1891年完成，以當時的義大利國王溫貝多一世命名。這裡跟米蘭艾曼紐二世走廊一樣，一樓為商店、咖啡館，二樓為私人公寓(走廊入口處有家咖啡館，擺滿義大利最著名的甜點「Baba'」，這是一種用麵粉、蛋、糖、奶油做成的發糕，不過最大的特色是最後浸上萊姆酒，形狀有點像蘑菇，箇中滋味及口感，真是要看個人喜好評斷了。)

緊鄰著歌劇院的是為了擋住皇宮前的貧民住宅而造的半圓形廣場——**平民表決廣場**（Piazza del Plebiscito），廣場東西兩邊分別以保拉聖方濟教堂（San Francesco di Paola）與皇宮（Palazzo Reale）及壯觀的拱廊，展現出拿波里的氣勢。聖誕節期間廣場上有現代藝術展覽及街頭藝術家表演，新年的大型音樂會也在此舉辦。

拿波里前半生的歷史其實跟西西里島一些城市很像，先後受過希臘、羅馬、拜占庭帝國統治，也經西班牙統治的拿波里王朝及法國統治的波旁王朝。15世紀時拿波里吸引了許多熱那亞、比薩商人及托斯卡尼銀行家，成功轉為地中海的重要貿易據點。16～17世紀時又成為巴洛克重心，吸引了卡拉瓦喬（雖然他是因為在羅馬打架鬧事才逃到拿波里避難的）、Gian Lorenzo Bernini等藝術大師聚集於此。16世紀時，這棟皇宮建築原本是西班牙總督府，17世紀時為了招待西班牙國王腓力三世而改建為皇宮。目前遊客可參觀**皇家寓所**，欣賞波旁王朝時期的皇室生活、家具、及收藏品。

另外，宮內還有座珍貴的國家圖書館（Biblioteca Nazionale），收藏了150萬冊書籍，其中還包括5世紀時的赫古蘭特語聖經（Herculaneum）。皇宮對面的寶拉聖方濟教堂則以萬神殿的概念建造

皇家寓所

的，建於1817年，常有婚禮在此舉行。

平民表決廣場跟聖卡羅歌劇院之間有個小小的噴泉廣場，廣場邊的**Caffe' Gambrinus**是拿波里最老的咖啡館，目前所見的樣貌是1890年重新整修過的，室內的雕刻、油畫，在鏡子的映照下，圍劃出奇異又古典的空間感。許多文學家、藝術家喜歡到此喝咖啡，有時也有一些藝文活動。

聖卡羅歌劇院 Teatro San Carlo
web：www.teatrosancarlo.it
www.sirioservices.com
add：Via San Carlo 98/F
tel：(081)797 2468
time：10:30～16:30每小時一場，
週日只有早上3場(需預約參觀)
price：€6

平民表決廣場
Piazza del Plebiscito
go：就在歌劇院前

皇家寓所
Appartamento Storico e
Cappella Reale
web：net.palazzorealenapoli.it
time：09:00～19:00(週三休息)
price：€4

Gran Caffè Gambrinus
add：Piazza Trieste e Trento,
Via Chiaia 1-2
tel：(081)417 582
time：07:00～01:00

1.新堡大門上的細緻的雕刻 / 2.溫貝多一世走廊 / 3.溫貝多一世走廊內部與米蘭艾曼紐二世走廊有著異曲同工之妙 / 4.新堡大門結合各種風格，訴說著這座城堡的歷史 / 5.新堡1樓的古文化收藏館 / 6.新堡大門的戰爭史雕刻 / 7.平民表決廣場

拿波里，亂得多可愛

老街區古城漫遊

拿波里之美，當在破得令人迷醉的老街區Decumano。
這區的街裡、巷裡，當地居民的手裡、笑裡，似乎明目張膽的散播著迷幻藥，
讓第一次走進老城區的旅人，失了心般的逛著、摸著、看著、聞著，
深怕會錯過小巷二樓陽台上的曬衣繩、厚重的灰塵堆染成的拿波里色澤。

破爛得令人心裡發毛的老街區，十歲大的小男孩歪歪斜斜騎著機車，這是拿波里式之嚇得路人滿街跑之無法無天練車法；髒亂的街巷，沿路是各種看過、沒看過的小吃，這是拿波里式之令人垂涎三尺之走走停停貪吃法；一個千年歲月洗鍊的街角，年輕的送菜小夥子，仰著頭跟五樓的老婆婆扯著嗓子大喊著，老婆婆緩緩拉著繩子，將滿籃的蔬果往上拉，又才明白何謂拿波里式之送貨到府之老人高樓陽台買菜法。

拿波里的觀光網站上寫著這樣一段話：「A real journey is not about seeing new places, but in seeing with new eyes.」
(真正的旅行不在於參訪新地方，而是以全新的眼光看世界。)

—— by Marcel Proust

　　拿波里的古城區自5世紀就有人定居在此，歷史已然悠久，因此已列為聯合國世界文化遺產，主要以Via Benedetto Croce、Via Biagio dei Librai（又稱為Spaccanapoli）、Via Vicaria Vecchia及Via Tribunali。Via Benedetto Croce這條街有許多迷人的教堂：以黑色火山岩建造的新耶穌教堂（Chiesa del Gesu' Nuovo）、古樸莊敬的

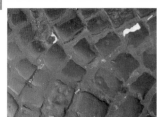

Santa Chiara教堂及彩瓷迴廊的修道院、S. Domenico Maggiore教堂，繼續往前走是林立著小小商店的Via Biagio dei Librai路段，尤其不可錯過一家家的木偶手工藝店、古董店、小糕餅店，尤其是在Piazza S. Domenico的Scaturchio甜點店可吃到拿波里道地甜點Sfoglitella千層酥餅[3]（也有鹹口味）。街上另外還有一家雕花蠟燭店**Cera Amica**，一層層裏上不同顏色的蠟後，再開始切刻，利用裡面各層顏色的蠟來表現蠟燭華麗的姿態。

沿路走到Via Duomo左轉就可以看到外表素雅的**大教堂**，正門立面是19世紀完成的，不過內部建築1315年就開始啓用，15世紀中曾因地震而重修過，17世紀時又增加了巴洛克裝飾，讓寬敞的中殿多了細緻美。不過這座教堂最神奇的地方是聖傑納羅禮拜堂（Capella del Tesoro San Genna-ro），裡面保存了聖人的頭骨及裝著聖人血液的瓶子，據說當聖人殉難後，將屍身運回拿波里途中，聖血流入這些瓶子裡，之後每年聖人節時，凝固的血液就會變成液體，信徒們堅信若那年聖人節血液沒有變成液體，就會有大難降臨。據說1941年維蘇威火山爆發那年，血液就沒有顯現神蹟。因此每年5月第一個星期日，總是擠滿信徒，並盛大舉行聖人節（Festa di San Gennaro）。

拿波里的教徒相當虔誠，幾乎所有教堂內都禁止拍照。「這是祈禱的地方，不是博物館。」一位老婆婆這樣嚴峻地告訴我。

古城區內還有座考古博物館，這可說是義大利最重要的古文物殿堂，同時也是歐洲最古老的**考古博物館**，擁有全球最豐富的希臘及羅馬文物，而這都要拜法爾內塞（Farnese）教皇之賜。因為

[3] 這道點心是由Salermo城的一家修道院發明的，名字就是「千層」的意思，因為這種甜點表皮就像平面的酥脆千層派，裡面有的放奶油、有的是橘子口味的ricotta起司、或杏仁醬，最適合跟咖啡泡濃得可頂住糖的拿波里espresso吃。

Cera Amica
add：Piazzetta Nilo 5
tel：(081)552 1672

大教堂 Duomo di San Gennaro
web：www.duomodinapoli.it
add：Via Duomo

1540年當這位教皇掌控了羅馬古文物的挖掘工程後（尤其是羅馬卡拉卡浴池），將所有珍貴的藝術品都私納到羅馬的法爾內塞宮花園裡。後來拿波里的統治者斐迪蘭四世的母親，就是法爾內塞家族成員，他從母親那裡繼承了許多古文物後，決定將大學建築改為博物館，1787年正式將這些收藏移到考古博物館中（其間也收藏了許多目前已歸回卡波迪夢地美術館中的重要畫作）。除此之外，還有許多地板鑲嵌畫、濕壁畫、雕刻，是從赫古蘭特、Puglia地區出土的，而龐貝最重要的考古文物也都保存在此博物館中。其中有一幅女詩人《沙芙》（Sappho）畫像，手拿著筆認真的思考，她的裝扮正是尼祿王朝最流行的款式，可以推測這位女詩人應出生於富貴之家，而且當時也開始重視婦女的教育。這幅畫看似簡單，但女詩人睿智的眼神與色彩的運用，似乎看穿了瀰漫在社會中的兩性、情愛與理性之間的掙扎。另外還有一幅巨大的鑲嵌畫《Mossaico di Alessandro》，一根根的尖矛與戰馬上永遠的英雄，清楚表現亞歷山大大帝爭戰時箭弩拔弓的緊張氣氛與逼人的雄偉氣勢。

　　博物館內有間密室，以前只允許男性預約參觀，關閉了26年後，2000年才正式對外開放。這麼神祕是因為密室所展示的全都

考古博物館

考古博物館地鐵站

考古博物館
Museo Archeologico Nazionale di Napoli
add：Piazza Museo, 19
tel：(081)440 166
go：地鐵站「Museo」或「Cavour」
time：09:00～19:30(週二休息)
price：€6.5

是十八禁的文物，龐貝人對於性愛的崇拜與露骨的表現，讓21世紀的人看了也都要臉紅心跳。此外，博物館內也有大量的雕刻品，大部分為法爾內塞家族收藏，各尊雕刻作品有細緻的神情與身形表現，也有巨大、撼動人心的華麗模樣（例如海格力斯雕像），相當值得細細欣賞。其中最熱門的應該是法內賽公牛❹，這是以希臘神話為主題的雕刻。

逛完古城區後，搭纜車上Vomero區，又是絕然不同的拿波里風貌。這區算是拿波里比較優質的住宅區，整體環境較為清靜。由於是在山丘上，所以這區街頭不經意就會發現小小的手扶電梯，體貼居民上上下下的辛苦。吸引遊客到此的主要原因，除了可以眺望拿波里全景外，還有聖艾莫堡及聖馬丁修道院暨博物館這兩個景點。

位於山丘頂端的**聖艾莫堡**位置絕佳，因此1329年時安茹王命人在此建造堡壘；1537～1547年間，特別聘請軍事建築師Pedro Luis Escrva設計一座六角星形城堡。光見到外牆巨魄的鑿壁，就令人

聖艾莫堡

對聖艾莫島肅然起敬，更遑論由這裡所看到的拿波里城與海灣全景。再往前走就可看到白色建築的**聖馬丁修道院暨博物館**，由於拿波里是個海港城市，這座博物館利用各種華麗的船隻收藏，輕鬆的讓遊客了解拿波里過去輝煌的海上霸王氣勢。而博物館內的每間房間，都竭盡所能的裝潢著，用各自的風格來襯托擺在裡面的藝術品。最後一間房，最令人驚訝！從天而降的玩偶天使快樂的吹奏各種樂器，而地上的各尊人偶，熱鬧辛勤地組構出創造者的世俗世界。

參觀完這兩個景點後，不妨留點時間悠閒的在這區逛逛。或許你會跟我們一樣，碰上一位好心情的太太，在剛買完菜的回家路上，即使彼此陌生，卻又能

❹**法內賽公牛 Farnese Bull**
傳說中宙斯曾化身為半人半羊與Antiope相戀，後來生了一對雙胞胎，但怕宙斯的皇后會殺了雙胞胎，所以將他們兄弟兩人交給牧羊人撫養。後來皇后派人暗殺Antiope，而她所派的人剛好是這對雙胞胎兒子，牧羊人即時告知他們，Antiope就是他們的親生母親時，這對雙胞胎決定將皇后綁在公牛上，讓她被公牛拖行而死。而這個雕像作品就是凍結了雙胞胎兄弟要將皇后綁在公牛上的瞬間場景。

聖艾莫堡 Castel Sant' Elmo
web：www.polomusealenapoli.beniculturali.it
add：Via Tito Angelini, 22
tel：(081)229 4401
go：由Via Toledo的中央纜車搭到Piazza Fuga，再轉搭小公車Metropolitana到Piazza S. Martino下車
time：08:30～19:30（週二休息）
price：€5，優惠價€2.50

自然的同行一小段路，自在的聊聊各自的生活。這一份自然的親近，或許就是拿波里人最牽動人心的性情吧！

無論是破巷古城的拿波里，還是清靜的Vomero區，這樣的拿波里，你還能不愛它嗎？

拿波里披薩時間！

海鮮披薩　　　　　　　　　瑪格莉特披薩

拿波里披薩是世界有名的，當你在義大利的披薩店點披薩時，有些服務生會問你要厚的、還是薄的披薩，一般厚的披薩就是指拿波里披薩，他們的麵皮較鬆，所以整個麵皮看起來會比較高(Alta)。真正的拿波里披薩麵皮一定要手工揉製，基本食材包括橄欖油、海鹽跟水牛起司(Mozzarella)，然後要以材燒烤爐烤披薩。當然，這裡最有名的就是專為瑪格利特女王而做的瑪格利特披薩，若不想吃有起司的披薩，則可以選擇Marinara披薩。靠海的拿波里，海鮮披薩、沙丁魚披薩也不容錯過喔！

當地人最推薦的兩家披薩店是位於古城區的**Sorbillo**及**Di Matteo**。另一家名聲響叮噹的Da Michele老披薩店，以當地人的評價是，由於生意太好，所以品質變差，不過也有可能是拿波里人對披薩的要求相當高，大家參考看看囉！而另一家不去也罷的Brandi，是遊客型的披薩店。有許多重要政治人物或名流到訪，披薩是還可以，但是有當地人聽了直搖頭的「高級」價位，及遊客看了快氣死的服務態度，到底要不要花大錢、受大氣呢？還是由你自己決定吧！

披薩以外的餐廳，推薦這家**La Cucina di Elvira**快餐店，位於Vomero區，平凡、卻有著親切的服務與平價的食物，尤其是它那香噴噴的烤雞、義大利麵、飯，以及用橄欖油簡單料理的各項蔬菜。如果趕時間不想坐在店裡吃，還可以外帶熱烤餡餅喔！

Sorbillo	Di Matteo	La Cucina di Elvira
add：Via Tribunali 32	add：Via Tribunali 94	add：Via Bernini 42

聖馬丁修道院暨博物館
Certosa e Museo di San Martino
web：www.polomusealenapoli.beniculturali.it
add：Largo San Martino, 5
tel：(06)3996 7050
time：08:30～18:30
price：€6，優惠票€3

拿波里
城市景點

卡波迪蒙美術館
Museo di Capodimonte

這是拿波里市區收藏最豐富的美術館，包括波提伽利、卡拉瓦喬、提香、馬薩奇歐（耶穌受難圖）及19世紀以降最重要的拿波里藝術家之作都收藏在內，另外還有盔甲武器及波旁時期的瓷器，博物館旁邊還可看到當時的瓷器工廠遺址。這棟博物館座落在457公尺高的山丘上，建築本身是1738年波旁王朝國王命人仿凡爾賽宮建造的狩獵行宮，周圍是綠意盎然的公園。

對現代藝術有興趣者，可以參觀最近剛開幕的文化中心PAN（Palazzo delle Arti Napoli），座落在18世紀的Roccella Palace，時常有現代藝術、雕刻、攝影及建築展。

web：www.museo-capodimonte.it
go：地鐵站Montesanto或由Piazza Dante搭公車C63或R4
add：Via Miano, 2
tel：(081)749 9111
time：08:30～19:30(週三休息)
price：€7.50(14:00以後€6.50)

地下世界
Napoli Sotterranea

除了地上的古城，拿波里人還很喜歡鑽地洞，整個古城區的地下世界，也相當精采。早在5世紀時，希臘人就在此鑿洞建神廟與地下墓穴。後來羅馬人又開鑿了長達400公里的水道，但1884年發生霍亂時決定全面關閉這些水道。二次世界大戰時這些廢棄的地下空間卻成了拿波里的防空洞，有些通道相當窄，空間只能勉強讓一人通過。有興趣者可參加Napoli Sotterranea辦的行程，到迷宮般的地下世界探險。

web：www.napolisotterranea.org
add：Vico S. Anna di Palazzo 52
tel：(081)296 944
time：英文導覽10:00、12:00、14:00、16:00、18:00
price：€10

皇宮
Palazzo Reale,
Reggia di Caserta

1751年波旁王朝的查理世王特地聘請建築師Luigi Vanvitelli在拿波里東北方22公里處建造皇宮，在這片占地120公頃的空地上，造出1,200間房間、禮拜堂、博物館及劇院，光是窗戶就多達1970扇，樓梯共有34座。宮外的公園更是精采，除了英國式花園，還有瀑布、噴泉等。星際大戰的幾個場景也是在這裡拍的。規模之大，可說是義大利的凡爾賽宮。

只不過除了這座皇宮之外，這個小鎮有點荒涼，售票處的服務人員態度真是標準的氣死人義大利公務員。

web：www.reggiadicaserta.beniculturali.it
go：可由拿波里搭火車到Caserta站，車程約30～45分鐘，由火車站步行約15分鐘
tel：(0823)448 084
time：08:30～19:30
price：皇家寓所€9、聯票€12

拿波里
住宿推薦

Hotel Pricipe
Napolit'amo

由16世紀豪宅改建的三星級旅館，就位於市區最熱鬧的Toledo徒步街區上，距離港口也不遠，地點非常好。房間是走古典風格，小有氣派，最棒的是可以跟義大利的老人一樣，倚在陽台欄杆上看人。服務態度很好，含早餐、免費網路。

web：www.napolitamo.it
go：從火車站搭R2到San Carlo劇院下車，車程約15分鐘；若搭機場巴士可在Piazza Municipio下車
add：Via Toledo 148
tel：(081)552 3626
price：€45起

Hostel of the Sun

這家青年旅館不只是旅館，而是個充滿拿波里生命力與思想的空間。大紅色的客廳牆面配上舒服的沙發與視聽設備，餐廳是明亮的黃與簡單有型的餐桌椅。據說2008年拿波里發生垃圾危機時，就是這家青年旅館的人帶頭發起清理家園的活動。負責人Luca及Carla以誠心接待客人，不吝提供詳細的旅遊資訊。不過地點有點難找，位於市政廳與港口區之間的小巷內，所以網站上還特別放了怎麼到旅館的影片，真是太窩心了。

web：www.hostelnapoli.com
add：Via G. Melisurgo 15
tel：(081)420 6393

拿波里實用資訊

旅遊服務中心

中央火車站內也設有服務中心。

add：Via San Carlo, 9
tel：(081)402 394

add：Via Santa Lucia, 107
tel：(081)245 7475

add：Piazza del Gesù
tel：(081)551 2701

官方旅遊網站

web：www.inaples.it

拿波里市政府官方網站
web：www.comune.napoli.it

觀光卡
Campania ArteCard

一卡在手可乘坐市區交通及參觀大部分景點。含景點但不含市區交通的3天觀光卡，含市區交通為€21；若要參觀郊區景點，可購買Artecard Tutta la Regione，€32。每年9月3～13日有拿波里嘉年華會。

web：www.artecard.it

纜車站

對外交通
航空

拿波里機場Capodichino Airport距離市區約7公里。市區公車ANM（€1.50）3S號或搭機場巴士Alibus（90分鐘有效票3歐元，車程約20分鐘）。

拿波里機場：www.portal.gesac.it
機場巴士：www.anm.it

海運

新堡前的Molo Beverello碼頭可搭船到卡不里、蘇連多、阿瑪菲等地，往西西里島或北非的長途渡輪則由Marittima碼頭搭乘。晚上9～10點出發，早上抵達。

火車

由羅馬搭火車到拿波里1小時30分鐘～2小時。若要前往蘇連多及龐貝，可由中央火車站內的地下道步行約400公尺到Circumvesuviana火車站搭乘。

對內交通

拿波里市區有公車、地鐵（目前有2條線）及纜車，市區車票通用於這些市區交通工具。建議可購買Unico Campania通行票，可用於公車、纜車、地鐵、郊區火車等。這種票分為市區、郊區兩種，市區的Unico Napoli 90分鐘單程票為€1.50，1日票為€3.50。

UnicoCampania通行票
web：www.unicocampania.it

阿瑪菲沿岸另有公車聯票，請參見P.287。

Pompei

龐貝

記得要帶遮陽物品及水,古城街道邊也有些飲水機;一定要穿非常好走路的鞋,裡面的石頭路很難走,小心扭到腳。購票時可索取免費地圖。怕熱的,可考慮捨棄龐貝的行程,直接到拿波里的考古博物館看珍藏的龐貝古文物。

遊逛龐貝

怎麼踏進龐貝城,端看你從哪裡來。因為龐貝城有好幾個入口。龐貝城的規模相當大,主要街道為東西向的Via di Nora及Via dell' Abbondanza,南北向的大街為Via Stabiane。主要景點都集中在Via Stabiane的西部,沿著Via dell' Abbondanza則較可看到當時的平民生活及大劇場。出古城可前往神祕別墅(Villa dei Misteri),別墅內的餐廳還保留一幅描述新嫁娘在婚禮前所舉行的酒神祭典畫,這是龐貝城內最大的濕壁畫,同時也是保留最完整的建築。

卡爾維諾在《看不見的城市》裡寫著:「城市的另一個魅力乃是透過它的轉變,我可以懷舊地回望它的過去。」

第一次到龐貝是8月天,光禿禿的龐貝遺跡,在8月艷陽下,直逼著人體會那0.00001%龐貝人面對火山瞬間襲擊、無處可逃的驚恐。10年過後重訪龐貝,艷陽依舊,多的是義大利政府矯枉過正的龐貝城。現代磚石重建的棋盤式龐貝城房舍與街道,的確讓人看到原本的樣貌,但不知怎地,總是不小心露出破綻,提醒著你,這是21世紀重建的「古遺跡」喔!

龐貝為何如此有名?讓每年二百多萬名遊客不畏毒辣的太陽,傻傻的踩著不小心就會扭到腳的石板路,探進一間間萬年前被凍結的廢城?

一來,它有個傳奇的發現過程:這

拿波里

1.可容納1500名觀眾的小劇院(Teatro Piccolo)，當時大部分用來吟詩、表演／2.當時的建築多會運用迴廊設計，以利通風及引進自然光／3.建議搭Circumvesuviana火車到Pompei Scavi站，比較靠近古城區／4.一世紀時的爐灶／5.史塔比恩浴池(Terme Stabiane)為龐貝城內最古老的浴池，場內規劃有更衣室、冷水池、熱水池、桑拿蒸氣室、及大浴池／6.阿波羅神廟對面是西元前2世紀建造的大會堂(Basilica)，是當時的法院及商業交易場所，同時也是城內規模最大的建築／7.悲劇詩人之家(Casa del Poeta Tragico)入口處栩栩如生的惡犬馬賽克鑲嵌畫，告訴來人內有惡犬／8.許多豪宅內仍可看到當時的濕壁畫，多以龐貝紅為主要色調／9.妓院(Lupanaro)中的石床，內部結構相當簡單，不過往上一看，牆壁上可都是惹火的春宮畫助興。

個西元79年8月24日被火山岩漿淹沒的古城，竟然一直埋藏在地底下十幾個世紀，直到16世紀才被一位鑿河的建築師發現深埋於6公尺下的古城。據說這位建築師剛好挖到龐貝城內令人臉紅心跳的春宮圖，但當時保守的宗教觀念讓他又悄悄地將它埋了。這樣的曲折歷程，又怎能不成為世界傳奇？

二來，它有絕佳的考古價值：龐貝城在當時就是個相當繁華的城市，文化發展蓬勃，因油跟酒的緣故，富裕人家滿城比比皆是，這些有錢人家呢，也毫不低調的布置著自己的豪宅，地板用心的以馬賽克鑲嵌畫裝飾，牆壁與天花板則仔細的繪上龐貝紅的濕壁畫，麵包坊、妓女院露骨的春宮畫、酒吧……滿城的繁華，都被突來的火山爆發凍結在永遠的一世紀。這也是龐貝城可貴之處，考古學者可以鉅細靡遺的探索著一世紀的生活點滴，就連一世紀剛做好的圓麵包，至今都完整的保存在拿波里的考古博物館中。

龐貝的挖掘工程一開始可說是亂無章法，雖說17世紀就發現了，但一直到18世紀中才開始挖掘，拿破崙時期才比較有計畫的進行。當時拿破崙特別聘請專家主事，並命自己的妹夫監工（並將珍貴的文物帶回巴黎），所以在短短10年間，挖出了城鎮內的廣場、建築、浴池等，其中包括真實記載龐貝生活與歷史的藝術作品。義大利統一後，艾曼紐二世下令進行全面性的考古工程，深入探索及

昔日的街道榮景現也只能靠個人想像力修為了，不過據說馬路中間突起的大石塊是讓行人穿過街道用的，而且寬度設計剛好也可以讓馬車通過，毫不阻礙車輛的行駛，又可讓行人在雨天時不受地上泥濘所擾，儼然就像現代的行人穿越道。

整理龐貝城，也在此時，龐貝古城才不再是個死城，世人開始可以感受到這裡的歡樂、呼吸，以及臨死前的喊叫、驚慌與最後的絕望。

▋實用資訊

web：www.pompeiisites.org（可以用Google Map觀看城內實景）
tel：(081)857 5331
time：11〜3月08:30〜17:00(最後入場時間15:30)；4〜10月08:30〜19:30(最後入場時間18:00)；5月1日休息
price：€13，優惠票€7.50(售票口：Porta Marina或Piazza Esedra)

▋如何前往

火車

若搭Circumvesuviana Napoli-Sorrento線，在Pompei Scavi - Villa dei Misteri站下車，入口是Piazza Anfiteatro。

若搭Circumvesuviana Napoli-Poggiomarino線，在Pompei Santuario站下車。

若搭一般國鐵火車FS Napoli－Salerno線，在Pompei站下車，距離龐貝古城約2公里，需搭計程車或市區公車。

巴士

SITA巴士從拿波里或Salerno搭車到Pompei站(龐貝古城外的廣場Piazza Esedra下車)

Costiera Amalfitana
La Terra Meravigliosa

阿瑪菲海岸 *沉藍

南義的阿瑪菲海岸，曾獲選為一生必遊的五十大景點之一，
那沉藍的海，就像村上春樹在《舞舞舞》裡提到的：
「定睛看著時覺得心的最深處像被投入小石頭似的。」是那種美。
阿瑪菲沿岸幾個著名的小鎮，以蘇連多住宿選擇最多，到卡布里島也最近；
接下來是被慢食組織列為緩慢城市的波西提諾，
紅、黃、白色的房舍疊疊層層在陡峭的懸崖上，是最具阿瑪菲特色的濱海小鎮。
不過行李多的朋友可要好好考慮旅館位置，這裡的懸崖坡度，可是叫人不敢恭維。
阿瑪菲小鎮，以雄偉的主教堂著稱，不過也是這幾個小鎮中最吵雜的。
最後是我自己最喜歡的音樂之城拉維洛，雖然它是唯一不靠海的山城，
不過也因此多了一分僻靜，鎮內的懸崖別墅Villa Cimbrone的美景，更是令人屏息，
絕對是阿瑪菲海岸不可錯過的美麗小鎮。

真愛義大利

必看	拉維洛的奇伯聶別墅
必吃	淡菜、Scialatielli手工義大利麵
必買	檸檬酒(檸檬皮浸在酒中釀成的酒)、瓷器、檸檬香皂、香料
迷思	波西塔諾雖然是緩慢城市，但不代表它就是個安靜的小鎮，大多時候，無論是主街或海灘區，都遊客如織。這個小鎮有很多、很多、很多的階梯，請準備好健壯的雙腿。
閒聊	4月～6月及9月底～10月底之間其實是比較適合拜訪的季節，人潮較少，氣候也比較宜人。

Walking
教你怎麼玩

　　阿瑪菲海岸共約50公里長，小鎮與小鎮之間的距離並不是很長，不過若要好好欣賞阿瑪菲海岸的美，至少要排3天2夜（當然4天3夜以上是最理想的）。一天住在蘇連多，由這裡搭船當天往返卡布里島或伊斯奇亞島，第二天玩蘇連多及波西提諾（可住波西提諾或續住蘇連多，距離很近），第三天玩阿瑪菲小鎮及拉維洛，可住拉維納，這個小鎮相當美麗，若是音樂節期間，還可到別墅庭院中聽音樂會，為阿瑪菲之行畫下完美的句點。如果正值爵士音樂節，還可繼續走到Slerno（請參見電影《天才雷普利》片段）。

Day 1 蘇連多＋卡布里(夜宿蘇連多或波西塔諾)

Day 2 波西塔諾＋阿瑪菲(夜宿拉維納)

Day 3 拉維洛

Attention

高速公路賣玩具

往蘇連多的高速公路收費站前，竟然看到小販在賣著玩具，原來，這樣一個地方，也可以是個小小販售中心。

蘇連多停車卡

蘇連多的停車卡就像刮樂，自己到雜貨店買票後刮上時間放在車窗上。(右圖為1小時有效票)

歸來吧，蘇連多 Sorrento

聽那海洋的呼吸，充滿了柔情蜜意 (Vide 'o mare quant' bello, Spira tantu sentimento.)
園內陽光明媚無比，菊花到處放出香氣
(Guarda, gua', chistu ciardino; Siente, sie' sti sciure arance: Nu profumo accussi fino, Dinto 'o core se ne va......)
歸來吧、歸來，請不要把我忘記 (Ma nun me lassà, Nun darme stu turmiento!)
歸來吧、歸來，我在等你 (Torna a Surriento, famme campà!)

每次聽著「歸來吧，蘇連多」的曲子時，總會想到關於蘇連多的傳說。據說經過蘇連多的船員總會抵擋不住海妖美妙的歌聲，迷亂心智而死。

無論是蔡琴版的「歸來吧蘇連多」，還是帕華洛帝的「Torna A Surriento」，前奏音樂一出來，彷彿天邊的大海款款捲起浪花，娓娓道出揪心之痛的思念。尤其當帕華洛帝唱到「e te vonno tantu bene……」的低音部分時，道盡天下有情人之情到深處的深切思念。我想，傳說中惑人的海妖樂音，應該就是迴響於拿波里灣燦光下的迷人浪濤聲吧。在視覺與聽覺的兩面襲擊下，要不迷亂心智，也難。

現在的蘇連多已是義大利熱門的度假勝地，每逢連假或夏季時，總要塞過長長的車陣中才得以進入。從車水馬龍中抵達蘇連多，她已捲息在夜幕垂吻的大海邊，讓旅人靜靜的在滔滔海浪聲中，享受著鮮美的海鮮大餐。而早晨醒來的蘇連多，大方展現她在艷陽下的波光淋漓，讓人帶著清爽的心情，走到街上的小咖啡館裡點杯阿瑪菲口味的卡布奇諾，腦袋在蘇連多人高聲的談笑中，不趕時間的醒來。

記憶中的蘇連多，是我們小心翼翼踏著懸崖小徑走下灣邊的Marina Piccola沙灘區。而現在眼前鮮明活跳的蘇連多，是停好車後，要到對面的小雜貨店自己買類似刮刮樂的停車卡，在帥氣的警察面前，小心翼翼的刮上停車時間放在車窗上。完成這項重大工程後，站在黃色的教堂前看著兀自將車停在馬路邊的豬販，大氣地扛著整隻豬往肉店裡走。啊！南部人的豪邁！

蘇連多市區的主街道為Corso Italia，主廣場為Piazza Tasso，主要的景點有主教堂（Duomo / Corso Italia）及18世紀的Correale宮（Via Correale）。不過在壯觀的自然景色下，這些景點就顯得有點微不足道了。就讓我們放鬆心情，慢慢在小巷道、在海邊、在崖邊，欣賞這裡的自然風光。

1.蘇連多市區 / 2.蘇連多的Servi di Maria 教堂內部 / 3.倚在公路欄杆上看景的老婆婆 / 4.Servi di Maria教堂外觀 / 5.豪邁的 扛著一條豬過馬路，站在街邊看景，就 已經夠精采了 / 6.由蘇連多市區轉上往波 西塔諾的山路，一轉彎，或是高雅的橄 欖樹，或是碧藍的蘇連多灣

離開蘇連多開往波西塔諾山路迴彎處，看到海灣跳動的波光，這不就是「歸來吧蘇連多」歌詞中的「Vide 'o mare quant'è bello, Spira tantu sentimento」（聽那海洋的呼吸，充滿了柔情蜜意），讓我們忍不住停下車來跟蘇連多道聲再見：「I' parto, addio!」（我走了，再見！）。剛好平台上有位老婆婆獨自站在那裡望著蘇連多灣的藍，那眉宇神情與靦腆的微笑，是蘇連多留給我們的思念。

279

緩慢城市，波西塔諾 Positano

整個小鎮懸掛在60度斜崖上，錯落在紅、黃、白建築間，只有一條Z字型的單行道。路旁的餐廳老闆，忙裡偷閒時，站在門口跟一個個開車過去的朋友打招呼，慢～慢～聊天，後面的車子也不按喇叭催人，讓人馬上了解它為何列為緩慢城市了！

波西塔諾有緩慢城市（Citta' Slow）之稱，距離蘇連多約12公里，如果搭巴士前往，會在市中心的Via G. Marconi下車（Chiesa Nuova前面），接著可由這裡沿著Viale Pasitea走下去市中心，或者搭紅色的市區公車（1歐元）到Piazza dei Mulini廣場下車。由這裡開始就是波西塔諾的主街Via dei Mulini，沿路都是一些小商店及咖啡館，可別錯過街上的檸檬冰（Granita al Limone）最後可來到升天聖母教堂（Santa Maria dell' Assunta）及海灘區（Spiaggia Grande）。

以亮眼的黃、藍、綠瓷磚拼貼的升天聖母教堂大圓頂，無論是從山上或海上，都可讓人一眼辨識出波西塔諾，這間教堂最著名的是黑色聖母雕像，據說這是海盜從拜占庭偷來的，當時遇到暴風雨，剛好那艘海盜船擱淺在波西塔諾海邊，這座聖母雕像也從此留在這裡守護波西塔諾。由這座教堂再往前走是放滿陽傘與躺椅的沙灘區，不妨租個陽傘在此享受阿瑪菲海岸的悠閒。

到Mediterraneo吃海鮮！

如果你想吃美味的海鮮料理，這裡絕對是最佳選擇。這家餐廳的特點是他們懂得什麼樣的魚，要以什麼樣的方式才能呈現出它的天然美味。餐廳的老闆相當有趣，當了30年的服裝設計師後，又開起藝廊，最後回到小鎮開設這家餐廳，也常與附近的文人、藝術家在餐廳裡聚會，每週一、三、五晚上也有吉他表演。它的麵包口感相當好，不過記得幫胃留點空間給其他料理，像是海鮮飯（Risotto al Mediterraneo）、淡菜寬麵（Linguine Cozze e Pomodoro）、茄子麵（Scialatelli Pomodoro e Melenzza）都相當值得推薦，而最後的甜點也別具阿瑪菲特色，尤其是焦糖橘子（Arance Positano Caramel）及起司西洋梨。若想學南義料理者，2～3人就可開課，向這裡的大廚討教囉！

Mediterraneo
add：Via Pasitea 234
tel：(089)811 651

1.清雅的主教堂／2.波西塔諾升天聖母教堂階梯旁有家小雜貨店，若想簡單用餐，可到此買三明治(Panini)，店家會現場幫你做／3.市區公車，古城區只有一條單行道讓車輛行走，所以車子都是從城的一頭進、另一頭出／4.碼頭邊有許多到卡布里或附近小鎮的船票售票亭／5.建在崖上的波西塔諾／6.波西塔諾走不完的階梯，真是看到階梯就怕／7.波西塔諾海景／8.基本上你可以說波西塔諾的城鎮就是懸掛在山谷崖壁上／9.飯後來杯清香的檸檬酒，是阿瑪菲用餐儀式的句點

華麗教堂，阿瑪菲小鎮 *Almafi*

主教堂前面的廣場就是阿瑪菲的市中心，街道旁都是當地的特產店及咖啡館，
主廣場外的大馬路對面就是沙灘區，
往波西塔諾方向走約4公里可到達一個翡翠岩洞(*Grottoa dello Smeraldo*)。

由波西塔諾再往前開，下一個主要小鎮是以華麗的主教堂著稱的阿瑪菲，這座主教堂(Duomo di Almafi)也算是阿瑪菲沿岸最重要的景點。因為阿瑪菲是比威尼斯發展還早的海上貿易王國(現在每年6月第一個週日仍與比薩、熱那亞及威尼斯舉辦船賽，最近一次由阿瑪菲主辦的是2010年)，西元1000年時人口多達7萬多人(現只約5,500人)，後來它的地位被比薩取代，14世紀時又曾發生過一次大海嘯，阿瑪菲的許多土地都被大海吞噬了，阿瑪菲從此榮華不再。

阿瑪菲主教堂是極盛時期建造的，第一座聖殿完成於西元1000年，另一座則是西元9世紀的作品，13世紀時，將這兩座教堂合併，合成5個正廳，16～18世紀又陸續擴增，目前教堂內部主要呈現出華麗的巴洛克風格。19世紀末擴建的黑白立面，以拱門及拱形窗裝飾，融合了西西里・諾曼風格。大教堂的銅門來自君士坦丁堡，據說這是義大利第一座銅門。教堂旁邊充滿異國風情的阿拉伯建築是天堂迴廊(Chiostro del Paradiso)，也是阿瑪菲傑出市民的墓地。

1.阿瑪菲主教堂的銅門，據說是義大利第一扇銅門／2.距離主廣場不遠的沙灘區／3.阿瑪菲就是由這些看起來不像路的路連結起來的／4.廣場前就是阿瑪菲的主街／5.華麗再華麗的阿瑪菲主教堂，大展海上霸王的曾經／6.波西塔諾到阿瑪菲鎮途經的典雅教堂／7.主教堂前的廣場是鎮內最熱鬧的區域

音樂山城，拉維洛 *Ravello*

拉維洛是阿瑪菲沿岸不靠海的山城小鎮，由於地勢的關係，
大部分街道都是人行步道，雖然遊客相當多，不過跟其他小鎮比較起來，
還是比較安靜、悠閒，也難怪自古就吸引不少文人、藝術家到此度假。

記得抵達拉維洛的第一天，剛巧有對在此舉行婚禮的英國新人（其實當天總共遇到三對新人，看來這是相當熱門的結婚地點），小鎮主廣場上，或是親友們與新人拍照的歡樂、或是坐在露天咖啡座裡等待婚禮的悠閒，讓整個廣場瀰漫著輕快與幸福的氣息。

拉維洛主廣場上是白色的**主教堂 (Duomo)**，教堂旁則是美麗的魯夫洛別墅（Villa Rufolo）。這是拉維洛最富有的魯夫洛家族所建造的別墅，1851年蘇格蘭富商Reid爵士購得這座別墅後，細心的修復，並在庭園中種了許多珍稀的植物，將這座別墅轉為這區最有氣質的宅邸。

鎮內另一個迷人的景點是**奇伯聶別墅 (Villa Cimbrone)**，這應該是阿瑪菲海岸絕不可錯過的地方。由主教堂左前方的小路直走20分鐘即可抵達，沿路是令人不禁放緩腳步的小徑及葡萄園。當你進入城堡般的別墅大門、拂過古老聖方濟教堂迴廊、走過迷人的英國庭院、站在讓人懸著心屏息欣賞美景的懸崖平台，緩下心來靜靜聆聽大自然之聲交織成的交響樂，一切的一切，都足以讓

這座別墅成為全球最美麗的角落之一。也難怪，1880年華格納來訪時，靈感源源不絕，從此讓拉維洛成為義大利著名的音樂之城（La Citta' della Musica）。

每年3～10月底是拉維洛的音樂季，春秋時會在別墅內舉辦音樂會，5月底～6月則在迷人的庭院中舉行，光是環境就已經夠讓人迷醉的，更遑論各位傑出音樂家齊聚於此的高水準演出。更有趣的是，音樂節期間還會舉辦**日出音樂會 (Sunrise Concert)**，由清晨4點鐘開始，在美麗的音符間看日出，至6點左右結束。9月的第三個週日則是這裡的聖母升天節，有精彩的煙火表演。

1.拉維諾的主教堂廣場及旁邊的魯夫洛別墅 / 2.庭園區最底端是撼動人心的景色 / 3.主教堂左後側(魯夫洛別墅對面)的瓷器店花樣獨特 / 4.瓷磚彩拼主教堂廣場 / 5.拉維納市區 / 6.庭園區還蠻大的，岩洞內有尊人魚公主雕像 / 7.特別到拉維諾結婚的英國新人 / 8、11.別墅中迷人的庭園 / 9、10.記得吃當地這種寬厚的scialatielli手工麵 / 12.小鎮上可找到許多古色古香的餐廳

阿瑪菲
住宿推薦

蘇連多的住宿選擇較多，無論是高級、中級、民宿、青年旅館及露營區都有；波西塔諾則以高級旅館及民宿居多；阿瑪菲的旅館跟民宿也不少；而拉維諾的住宿應該是最少的，以民宿為主。音樂節期間一定要提早訂房，旺季的價位也很高（9月也是相當熱門的季節）。由於這個小鎮在山上，若不是自行開車者，還是住在鎮內比較方便；或者也可住在山下的Minori鎮，從別墅旁的步道走下山，約30分鐘路程。特別注意，冬季很多旅館跟餐廳都會休息喔！

蘇連多
Nube d'Argento 露營區

距離蘇連多市中心約1公里處的崖邊有座四星級的露營區，設備超齊全。自備帳棚者可在園內的露營區搭棚，若沒有露營設備，也可考慮住他們設備齊全的小木屋。小木屋內有舒服的床鋪、衛浴設備，以及鍋碗瓢盆樣樣具備的廚房，屋外還有簡單的餐桌。在海邊曬完太陽後，回屋自己簡單料理；在日落彩霞間享用晚餐，何等愜意！若不想自己料理者，這裡的餐廳平價又美味，絕對是道地口味；餐廳旁也有

個小雜貨店。

露營區內還有游泳池呢！義大利的露營區，可不只是片空地就了得的。不但費用便宜，設備舒適又安全，也比旅館來得輕鬆自在，絕對是遊義大利不可錯過的住宿體驗！

web：www.nubedargento.com
go：步行到市中心約15分鐘路程，位於SS145公路邊
add：Via Capo 21
tel：(081)878 1344
price：小木屋雙人房€50～160；露營車€10～12

波西塔諾
Casa Guadagno 民宿

標準的波西塔諾建築，走下階梯、穿過峰迴路轉的走廊，才來到明亮的房間；打開落地窗，迎面而來的竟是美麗的山海景及擺著七矮人的小庭院。

雖然這裡有條小徑直達沙灘區，但是上坡相當陡峭，若想從這裡爬回民宿，請絕對要仔細考慮清楚。繞到市區走緩坡街道，雖然遠了一點，但也比較不那麼辛苦。

web：www.pensionecasaguadagno.it
add：Via Fornillo 36
tel：(089)875 042
price：雙人房€72～130

拉維納

Palazzo della Marra 民宿

由12世紀的老建築改建的民宿。房間布置雖然簡單，卻帶出南義的獨特風格，有些房間還可看到主教堂，或從陽台欣賞附近美麗的山景。

web：www.palazzodellamarra.it
add：Via della Marra 3
tel：(089)858 302
price：雙人房€50～90

Hotel Toro 民宿

位於拉維諾主教堂廣場旁Caffe' Calcec上的小旅館，地點相當好。

web：www.hoteltoro.it
add：Via Roma 16
tel：(089)857 211
price：€85～125

阿瑪菲 實用資訊

▋旅遊服務中心

Campagnia省觀光局
web：www.incampania.com
tel：(800)223366、(081)230 1614

蘇連多
web：www.sorrentotourism.com
add：Via L. De Maio 35
tel：(081)807 4033

波西塔諾
web：www.positanonline.it
add：Via del Saracino 4
tel：(089)875 067

拉維諾
web：www.ravello.com
add：Via Roma 18b
tel：(089)857 096

▋觀光卡

▋Campania ArteCard

含整個Campagnia省的博物館等景點門票及公共交通。

web：www.campagniaartecard.it

▋交通

可搭火車到蘇連多，由此轉搭阿瑪菲沿岸公車遊覽各小鎮。也可從蘇連多租汽車或摩托車，不過開車技術要很好，因為這裡的公路相當窄小，一邊是懸崖、一邊就是岩壁，九彎十八拐的，會車時要特別小心。另外，很多小鎮的停車費相當昂貴(拉維納第一個小時是€3，過夜到隔天早上至少約€20)，若不是訂提供免費停車場的旅館，停車費也是一筆開銷。

另一種方式是搭船遊各鎮，沿岸各小鎮都有船班停靠，不失為一種悠閒又省事的遊覽方式。

每個小鎮都很小，均可步行觀光。

Unico Costiera Sita巴士票

通用於阿瑪菲沿岸各小鎮，可搭SITA及EAV巴士及Circumvesuviana火車。當地報攤及車站可購買。

web：www.sitabus.it/unico-costiera
price：45分鐘有效票€2.20、90分鐘€3.40、24小時€6.80、3天€16

Circumvesuviana火車

由拿波里到蘇連多的區域性火車，車程約1小時。

web：www.vesuviana.it
tel：(800)053 939

SITA巴士

Campania省內各城鎮均有班次。由拿波里過來的班次較少，可搭火車到蘇連多或Salerno，再轉搭巴士當阿瑪菲海岸各小鎮，班次較多。Salerno到阿瑪菲鎮約1小時40分鐘，從阿瑪菲到拉維納約25分鐘，從阿瑪菲到波西塔諾約50分鐘。

web：www.sitabus.it

公路

A3高速公路到Angri下交流道往Castellammare di Stabia方向走，接SS145或SS163號公路。

船運

可由拿波里的Angioino碼頭搭Metro di Mare船到阿瑪菲海岸各小鎮。抵達阿瑪菲海岸後，若要搭船遊附近小鎮或島嶼，只要到該鎮的碼頭區就可以購買船票，碼頭區有多家船公司的售票處，各家的船班時間跟價位稍有不同。

Metro di Mare
web：www.metrodelmare.it

Capri
卡布里島

相信很多人只要提到卡布里島，耳邊就會迴響起輕快的「卡布里島」(Isle of Capri) 這首歌：「那令人留戀的卡布里呀……我始終也未能忘懷你……看薔薇花在山腳爭艷，聽那杜鵑枝頭亂啼……我幾時能再回到卡布里呀，再回到卡布里來看你……」卡布里島就是會讓人在一個不經意的午後問著自己：幾時能再回到卡布里？

一棟棟白色小屋，蜿蜒於高貴又雅致的街巷邊，竟是滿街的Gucci、Prada名店；街上穿著時髦的行人，帶著略顯刻意的高貴，在高級咖啡館露天座位區高調的抽著煙、享受陽光。再往鬧區裡走，是越來越僻靜的離島之美：屋前美艷的花朵，在燦亮的陽光下笑著；懂得休息的遊客，躺在公園裡的長椅睡上整個下午；愛吃的遊客，舔著美味的冰淇淋，悠晃晃地逛著；喜歡探險的遊客，

鑽進小小巷裡尋找著自己的卡布里。人說卡布里島觀光化，端看你要從哪個角度去接觸它。

卡布里有兩個碼頭：大碼頭Marina Grande及小碼頭Marina Piccola，一般從拿波里或蘇連多過來的船隻，都是停靠在大碼頭。一走出碼頭，馬上看到黑頭豪華車改裝的計程車，卡布里島的高調，一點也不費心去掩飾。如果你不想要這麼亮晃晃的搭豪華計程車上市中

大部分遊客都搭船抵達卡布里的大碼頭區

由港口搭纜車上城僅需5分鐘車程，纜車的購票處在纜車站的斜前方

心，可以搭纜車5分鐘抵達市中心，然後「哇」地站在市區廣場讚嘆卡布里瀲灩波光的海景。或者也可從碼頭區搭公車到安納卡布里，這區位於卡布里市中心的西側，路途有點遙遠，遊客較少、較安靜。這區最著名的應該是羅馬別墅Villa San Michele，別墅後面有連接到卡布里的步道。

一出纜車站到古城區，就可以感受到這個度假小島的純粹：Piazza Umberto I 廣場上純粹的觀光客、純粹的觀光客商店，以及身為觀光客的一種純粹快樂。

當你的眼睛從天海的「藍」，轉到古城區的「白」時，第一個映入眼簾的應該是典雅的17世紀教堂——聖史蒂芬諾教堂。（看到廣場上的咖啡館可別太興奮，口袋沒有滿滿的人，千萬別隨便坐下來。）接著可往Via V. Emanuele III走，沿路都是精品店，這裡還有家好吃的冰淇淋店。

接著可以前往著名的Carthusia**香水工**

糖果狀的檸檬香皂相當適合送禮

坊。據說1380年時有位皇后蒞臨卡布里島，為了盡心接待皇后，卡布里島人將島上最美麗的花插在皇后房裡的花瓶。三天過後要將鮮花丟棄時，卻聞到花瓶裡的水，香氣十分獨特，就此發明了專屬於卡布里的香水。1948年時，這家香水工坊重新找回14世紀的老配方，利用當地的各種材料為基底（像是檸檬及橘子香味就是這裡的特色），製造最純粹的卡布里香。

香噴噴走出工坊後，再繼續往前走到街底，這裡可說是小小的人生十字路口：往左轉可到**聖賈科摩修道院**，往右

阿瑪菲海岸

香水工坊 Carthusia
web：www.carthusia.com
add：Via F. Serena 28

聖賈科摩修道院
Certosa di San Giacomo
add：Via Certosa
time：09:00～14:00
price：免費參觀

奧古斯都花園 Giardini di Augusto
price：免費參觀

裘維斯別墅 Villa Jovis
add：Via A. Maiuri
tel：(081) 837 4549

1.由市中心廣場即可眺望卡布里海景／2.卡布里的拉風計程車／3.由花園平台可望見海上巨岩／4.高級咖啡座／5.聖賈科摩修道院／6.Umberto I廣場可說是卡布里的主廣場及社交中心／7.精品店雲集的卡布里街道／8.小巧可人的奧古斯都花園

轉則可到小巧可愛的**奧古斯都花園**。選擇走哪邊，端看是要清心、還是要歡樂囉！修道院入口處看來有點荒廢，不過裡面有漂亮的迴廊及禮拜堂。而從奧古斯都花園則可以眺望海上的三塊巨岩Faraglioni，這是經年累月形成的奇岩怪石，中間的岩石形成一道天然拱門。花園旁也有一條步道可以到海邊。

若從Umberto I廣場往Via Botteghe直走接Via Tiberi，步行約1小時可到東北角的**裘維斯別墅**。卡布里自羅馬時期就深受皇帝垂愛，提貝里歐甚至在他退位後定居於此，讓卡布里島成為十足十的享樂島。而裘維斯別墅就是這位皇帝所建造的羅馬別墅，除了寢宮、休閒廳外，還有廣大的花園及森林區。

藍洞：躺在悠晃船底，仰望頂上的那片藍光

很多遊客就是專程要到卡布里看神奇的藍色世界。這神奇之光其實是因為藍洞的基底是石灰岩，當光進入洞內時，海水只會吸收紅光，藍光則反射到岩壁上，因此進入岩洞就像來到神奇的藍色天堂。

不過，並不是每個人都有幸進入藍洞。首先，要在碼頭搭大船到藍洞，接著在洞口排著長長的船隊換小船入洞。如果當時的潮水太高，可能就無緣入洞了。有緣入洞的朋友，入洞時所有乘客要在船夫呼喝一聲令下躺倒，才能安然穿過矮小的洞口。不過也因為入洞是這樣困難，當遊客進入藍洞時，總有種苦盡甘來的驚奇。船夫會在洞中唱起高亢的義大利歌謠愉客(1歐元的小費可不能白收)。

go：船班分為兩種，藍線(Blue Line)直接到藍洞(約25分鐘，每人€12)；黃線(Yellow Line)除了藍洞之外還外加環島一周(每人€15)。到洞口還要買€9的門票，一般還要給船夫€1的小費，整趟下來約€20。(誠心的忠告：如果不是那麼堅持一定要看藍洞的話，並不一定要這樣折騰著進藍洞，在卡布里島上走走逛逛也不錯)。

若不想花那麼多錢在船票上，也可由卡布里島搭市區公車到安納卡布里(車程約30～40分鐘，公車費約€1.40，可省下€10的船費)，沿階梯走約100公尺到藍洞口，再買門票及搭小船進洞。

伊斯奇亞島(Isola Ischila)

除了大名鼎鼎的卡布里島外，其實拿波里灣還有個伊斯奇亞島，我非常喜歡這個小島。它是個火山島，因此除了美麗的沙灘，還有溫泉旅館。價錢也不像卡布里這麼難以親近，多了一股小島的純樸。 web：www.infoischiaprocida.it

卡布里島實用資訊

▌旅遊服務中心

旅遊網站
web：www.capritourism.com

Capri
add：Piazza Umberto I
tel：(081)837 0686

Marina Grande
add：Banchina del Porto
tel：(081)837 0634

Anacapri
add：Via G. Orlandi, 59
tel：(081)837 1524

▌交通

由拿波里中央火車站搭1號電車到Piazza Graibaldi或搭R2到Piazza Municipio，步行到Beverello碼頭搭船到卡布里，約45～80分鐘船程。阿瑪菲海岸各小鎮也有到卡布里島的船班。

Caremar船公司
web：www.caremar.it
price：船票約€11.20～16.30，依季節而定

SNAV船公司
web：www.snav.it

由蘇連多可從Marina Piccola搭船到卡布里，約20～50分鐘船程(由Positano或Almafi也有船班到卡布里)。

有不同的船班行駛，價錢依快慢船而有所差異。

▌市區交通

可從碼頭區搭纜車(€1.80)到山丘上的市中心，下山時可走800公尺的步道回碼頭區(約20～30分鐘路程)。纜車站廂所旁可看到往「Porto」(港口)的步道指標，沿路相當好走，不過要趕船班的遊客要抓好時間。

Puglia
La Terra Verde

普伊亞
*樸實

普伊亞區的首府是巴里(Bari)，但相較之下，巴里北方的緩慢城市特蘭尼
反而是個較為宜人的海港城市，讓人很自然的放鬆；
著名的巴洛克城市雷切，滿城令人眼花撩亂的巴洛克建築，讓人只有佩服的份兒；
而童話般的阿爾貝羅貝婁，是許多遊客專程南下的理由，整區的葡萄園、
橄欖園裡，「種著」一棟棟的蘑菇屋，讓人忍不住拿著相機猛按快門。
除了蘑菇村，看過橄欖樹海嗎？來吧！穿過白色小房舍之間蜿蜒的小巷道，
站在奧斯圖尼山城邊眺望，就可一覽腳下的深綠色橄欖樹海與深藍色大海。

真愛義大利

必看	阿爾貝羅貝婁的蘑菇村
必吃	貓耳朵義大利麵、Tarallo脆餅(大推！)、Rustica番茄起司餅
必買	普伊亞藍白花瓷器
迷思	不要以為位於義大利靴腳的普伊亞是個很荒涼的區域，這是義大利最熱門的度假地喔
閒聊	Bari主街滿街的精品店，不禁令人猜測，這個城市要用華麗的外表掩飾什麼呢？大馬路都有警察看守，不過當地人看到我背著相機，一直警告我走小巷時要注意摩托車搶劫。不建議停留太久(甚至建議搭轉運站，直接略過)

教你怎麼玩

Day 1 特蘭尼，可在此過夜，或直奔巴里轉地區火車或公車到阿爾貝羅貝婁

Day 2 阿爾貝羅貝婁 ＋ 奧斯圖尼(夜宿奧斯圖尼)

Day 3 雷切，不怕頭昏的話，可以夜宿雷切或搭夜車北上

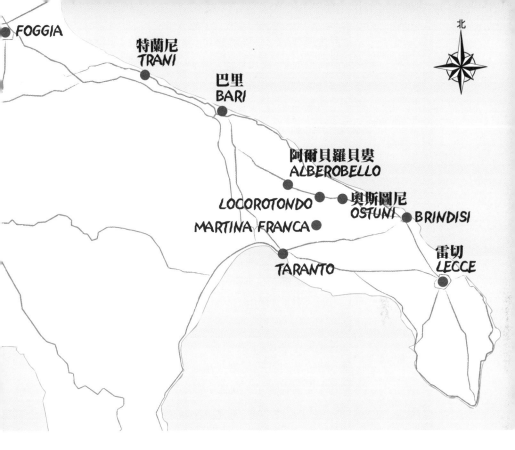

蘑菇小鎮，阿爾貝羅貝婁 *Alberobello*

由奧斯圖尼開往阿爾貝羅貝婁的路上，沿路的風光，絕對讓首度造訪的遊客臉緊貼著車窗，捨不得將視線移開。橄欖園中綠得發亮的小草，笑著；10月剛翻過田的紅色肥沃土地，齊唱著；伴隨其間的是童話般的*Trullo*蘑菇屋，與橄欖樹那充滿學識涵養的老樹幹。這樣的*Trulli*風情，好令人著迷。也難怪這個小鎮取名爲「美麗之樹」(*Alberobello*)。

這些類蘑菇狀的房舍稱爲「Trullo」(複數爲Trulli)，17世紀時最爲盛行，只要稅務官一來，居民就趕快把石塊搬掉，稅務官走了再重組起來。因此屋頂的部分沒有使用任何灰泥，直接以當地的石灰岩堆成圓弧尖頂。最頂端豎立著宗教及當地風俗的象徵符號，用以驅逐惡魔，永保安康。每個空間都會有一個圓頂，所以無論是房間或客廳，都有自己的一個圓頂保護著。

其實普伊亞這一整區隨處可見Trullo屋，只是阿爾貝羅貝婁村內最為密集。5～10月旅遊旺季時，遊客齊湧向**Rione Monti區**。因為這裡共有近千座的Trullo屋，現在大部分改為商店、餐廳或旅館，以因應遊客需求。若想到蘑菇屋體驗用餐，可以到Rione Monti區的Il Pinnacolo餐廳，這裡的餐點較為平價，且是道地的普伊亞料理喔！走到最高點可看到最大的Trullo建築──聖安東尼教堂（Chiesa S. Antonio）。這區有點Trullo樂園的感覺，不過主廣場旁邊還有另一區約有400座Trullo屋的**Rione Aia Piccola**，多為當地居民的住宅或民宿，較為安靜。這區還有座橄欖油博物館，可以了解製油的過程、還能品嘗當地橄欖油。

除了這區，回到主廣場Piazza del Popolo廣場，往Corso Vittorio Emanuele直走會先看到Basilica dei SS. Medici大教堂，接著再往前直走則可看到**Trullo Sovrano博物館**。這是這區唯一的兩層樓高Trullo建築，現在內部完整展示18世紀Trullo屋的結構及擺設。

不過我覺得真正的Trulli風情反而不在這類似迪士尼樂園的村莊裡，建議搭€1往返阿爾貝羅貝婁與Marina Franca之間的火車，隨著車窗景致的變化，欣賞鄉野間時而在山丘後、時而於葡萄園間、橄欖樹園旁，時而在矮石牆裡的Trullo蘑菇屋。

沿路可以停靠迷人的Locorotondo，火車站外還有個酒廠可入內參觀。而Maria Franca古城區街道兩旁多為美麗的巴洛克建築，尤以迷人的巴洛克陽台著稱。若有機會到此，可別錯過Caffe' Tripoli的「Espressino」（迷你卡布奇諾咖啡），這是一種結合卡布奇諾與小杯濃縮咖啡的普伊亞特色咖啡，非常香醇。在我喝一杯咖啡的時間裡（剛好是午休後義大利人準備再上工的時間），不斷有當地人過來點這種咖啡。（Marina Franca 7月底至8月初也有音樂節。若還有時間可到附近的Castellana Grotte看鐘乳石洞。）

1.走在蘑菇聚落中，好像置身於童話世界中 / 2.蘑菇屋造型的教堂，也是這區最大的Trulli建築 / 3.番茄芝麻葉貓耳朵義大利麵 / 4.若有機會到Marina Franca古城區，可到Café Tripoli喝這裡香醇的咖啡與濃厚的人情 / 5.阿爾貝羅貝妻市區街景 / 6.阿爾貝羅貝妻蘑菇屋聚落 / 7.一間間的蘑菇屋已改為小商店及餐館 / 8.Trullo Sovrano博物館

悠緩海港，特蘭尼 Trani

特蘭尼中世紀時是相當繁榮的港口城市，有許多來自熱那亞、比薩、阿瑪菲沿岸的富商。當時的威尼斯大公國還在此設立大使國，接待各方名流。現在則以它雄偉的主教堂及緩慢城市之名，吸引無數遊客到此放、輕、鬆。

由火車站走到港口或主教堂區約2公里，由火車站前的Corso Cavour大道直走到底，首先會看到整潔的林蔭大道，雙腳的速度，不自覺跟著徐行林蔭下的老婆婆同步。沿路優雅的房舍，讓人開始慢慢整理紛亂的心情，走到街底看到開闊的Piazza Plebiscito廣場時，特蘭尼港口(Porto di Trani)在廣場與建築間開展於眼前，有種豁然深入特蘭尼心中的感覺，全身充滿特蘭尼的輕慢因子。

廣場邊是聖多明尼哥教堂及羅馬風格的鐘樓，港邊則是綠意盎然的市民公園(Villa Comunale)與後面的亞得里亞海(讓人不禁想起宮崎駿的《紅豬》)。繼續往左沿著港灣走，沿路都是白色的遊艇與海鮮餐廳、咖啡館。總覺得，來到這悠慢的港口城市，不該急著看景點，停下腳步，在看得到無窮無盡藍色天空與大海的咖啡館，慢慢享受特蘭尼，才是最重要的行程！(推薦港邊的Molo咖啡館，再往前走則可看到一家很棒的獨立書店。)

走過港口、穿過城中小巷，來到特蘭尼的主教堂。這裡原本是拜占庭教堂，後於1097年重建為聖尼可拉主教堂，地下室的聖壇仍保存著聖尼可拉聖人的遺骨。這座主教堂相當雄偉，高聳的鐘樓在寬廣的港邊看來，益顯其與天競高的氣勢，人類渺小如此，不得在心裡這樣承認著。13世紀才全部完工的教堂，內部空間呈諾曼風格，以22根石柱將內部空間切分為三個長殿，呈拉丁十字型。現仍可看到12世紀的地板鑲嵌畫遺跡，當時的古銅門也收藏在教堂內。往地下室走則是聖尼可拉墓穴(Cripta di San Nicola)，這裡可看到28根典雅的希臘石柱及6世紀的拜占庭小室。

站在主教堂廣場就可看到旁邊的Cstello Sevevo城堡，這是Federico II於1233年抵達特蘭尼建造的(1249年完工)，現仍可看到它完整的建築結構。回程時可走過城堡，沿著Corso Regina Elena穿過古城區回火車站。若還有時間則可到以神祕的八角形建築著稱的世界文化遺產「山上的城堡」。

1.拉特尼透澈明亮的港口／2.拉特尼城堡／3.在特蘭尼最好的時光就是在咖啡館點杯飲料，悠閒的看海、看報／4.位於港邊的Molo咖啡館／5.特蘭尼古城區街道／6.特蘭尼主教堂／7.拉特尼透澈明亮的港口／8.特蘭尼主街／9.古城教堂

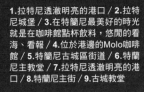

橄欖綠蔭，奧斯圖尼 Ostuni

車窗外的10月橄欖樹海，是那麼有層次感，在沉綠樹葉頂端，呈現淡淡的橄欖綠，
近看才發現，原來是未熟落的綠橄欖。農夫迫不及待秋末的採收，趕著在老橄欖樹
下畫個大圈圈，將橘紅色的網子舖在樹下，準備一顆不漏的接收熟落的橄欖。

在普伊亞，除了橄欖樹，就是被橄欖樹園包圍的葡萄園，原來全義
大利約有80%的橄欖油來自普伊亞地區。當公車逐漸爬高到山上
的古城區，橄欖樹海的全貌，越來越清晰的映在車窗外。

剛下過雨的午後，公車抵達市中心的自由廣場Piazza della Liberta'。
鎮內的居民，好像還在濛濛的陰天裡裹著棉被睡午覺似的，安靜的
古城，只有路邊幾位老人有一搭沒一搭的聊著。問了廣場上好心的
Caffe' Trieste咖啡館老闆，往廣場對面的Via Cattedrale直走，爬著緩坡
深入古城區，沿路的小巷令人越走越驚奇。兩旁白色的房子，隨著地形
曲折，毫不做作依著高第沒有直線的律動造屋；白色屋前垂掛著的綠
藤，卻遮不住晚秋仍綻放的花朵；屋與屋之間的巷道天空，造了座給天
使下凡時歇腳的拱橋，將這看來默默無名的小鎮妝點得這般迷人，讓人
一頭往白色迷宮般的古城裡鑽，迷路也開心地胡走亂逛著。突然走過這
家後門時，竟已來到城邊，眼前所看到的就是那一片穩重的橄欖綠，延
伸到另一端的藍色邊界。鄉野間，一棟圓頂教堂固執的守護著這片家
園，是讓每天望著這片土地的奧斯圖尼亞人，一種家的安心感嗎？

認真說起來，這小鎮的景點就是古城裡的主教堂（Duomo）及自由廣場
而已，不過光是小鎮本身的風貌就已令人神迷，景點，似乎就不再那麼
重要。再加上古城裡有好幾家道地的普伊亞料理餐廳，只要聞到普伊亞
媽媽料理的香味，景點，更是拋在腦後。

到普伊亞當然就得好好的品嘗普伊亞特產——耳朵麵。小小、圓厚的
義大利麵，嚼起來更香濃，只要再加上一些簡單的味道，就足以讓一道
耳朵麵令人回味無窮了。普伊亞人深黯此道，他們最常吃的耳朵麵就是
用甘藍菜、橄欖油及大蒜料理（Orecchiette alle cime di rapa），簡單的材
料，卻是無法想像的豐富層次。除此之外，Puglia的餐前捲脆餅（Tarallo
或Tarallini）也出奇的香脆，不論是原味還是茴香，一吃上癮，一口接一
口。Via Cattedrale街上的Mini Market（Via G. Petrarolo 18）雜貨店賣的脆
餅，特別香純，一定要買個幾斤回來。

1.讓人越走越驚奇的古城街巷／2.奧斯圖尼主廣場／3.橄欖樹海／4.主教堂前的拱廊／5.橄欖樹／6.玫瑰花般的主教堂／7.最經典的甘藍菜耳朵麵，風味層次竟是如此豐富／8.淋上傳統葡萄酒醋的生菜沙拉／9.奧斯圖尼山城(市政廳Comune旁的階梯可看到整個古城與郊野)／10.讓人越走越驚奇的古城街巷

巴洛克之城，雷切 Lecce

雷切火車站位於古城區西南方約1公里處，可搭公車或沿火車前的馬路步行進城。現在雷切古城區都已規劃為徒步區，能安心的仰著頭細看巴洛克雕飾。主街Corso V. Emanuele連接著主廣場(Piazza Sant' Oronzo)及主教堂廣場(Piazza del Duomo)。

雷切之所以能成為巴洛克之城，可說是天時地利人和。因為這附近出產一種質地軟、適合雕塑的雷切石，可讓藝術家大展身手，將之雕塑為雷切獨有的巴洛克風格「Barocco Leccese」。當然，雷切能成為這樣百花盛開的巴洛克之城，背後需要有力的雙手推波助瀾，而這雙大手就是來自西班牙波旁王朝的卡羅五世，他想讓雷切成為普伊亞首府，因此聘請許多建築師在城內大興土木。剛好當時最風行的就是巴洛克風格，一棟棟的巴洛克建築，在城內的這裡、那裡，如雨後春筍般，蹦了出來！現在城內仍保留約40多座17～18世紀建造的教堂與宮殿。

主廣場是城內最有生命力的廣場，廣場上有根高聳的石柱，立著雷切的守護聖人Sant' Oronzo。石柱後方可看到西元前2世紀的羅馬圓形劇場，當時可容納約1.5萬名觀眾。廣場四周則有幾家咖啡館，有時間的話，不妨到Caffe' Alvino老咖啡館，這裡有許多可口的甜點。

由Piazza Sant' Oronzo廣場沿著Via Templari往北直走，就會來到令人嘖嘖稱奇的聖十字教堂，它的立面可說是雷切巴洛克式建築的極至表現，約花了350年才完成（1353～1695年），外部由建築師Gabriele Riccardi開始建造，陸續由F. A. Zimbalo及Giuseppe Zimbalo完成；內部主要是F. A. Zimbalo的設計。當你站在教堂前，看著滿牆繁複的雕飾，絕對可以體會Marchese Grimaldi

主廣場圓柱上立著雷切的守護聖人雕像

1.聖十字教堂旁的市政廳／2.古羅馬圓形劇場／3.聖十字教堂繁複的立面雕飾／4.Caffe' Alvino老咖啡館內有許多美味的甜點／5.文藝復興風格的聖十字教堂內部／6.雷切古城區隨處可見各種精美的雕飾／7.花5歐元點杯飲料，就可以享用這些小點心／8.巧遇城內的遊行隊伍／9.老街巷裡有幾家道地的餅鋪／10.雷切巴洛克的圓柱雕飾，其繁複的程度，也只有令人稱奇的份

為何會說：「聖十字教堂讓他想到一個瘋子正在做惡夢。」哈哈！巴洛克這個名詞在法文辭典中的意思是「irregular」（不規則）、「bizarre」（怪誕）、「unequal」（不平衡）。教堂立面布滿各種動物及奇形怪狀的圖樣，呈現出誇張、瘋狂的藝術感。不過還好並不是整座教堂都如此，教堂內部是較為理性的文藝復興風格，總共有7座小禮拜堂。緊鄰著這座教堂的是雷切的市政廳（Palazzo del Governo）。

走回主廣場，往Corso V. Emanuele走，可來到主教堂。主教堂原本建於1114年，1230年後重建，1659～1670年間又由建築師Zinggarello重修為巴洛克風格。一邊是高達68公尺的5層樓鐘樓（Campanile），一邊是15世紀的紅衣主教宮（Palazzo Vescovile）及18世紀的展覽場Seminario。

往主教堂的Corso V. Emanuele街上有家老點心店La Rusticana，以普伊亞的點心Rustica聞名，內餡是番茄及Mozzarella起司，外皮酥脆，內餡飽滿，一口咬下時，番茄的酸香味、稍微的辣味，與溫潤的起司完美的融合在一起，讓人一口接一口，三兩下輕鬆解決一個囉！

雷切城內有普伊亞地區相當重要的大學，因此有許多新潮酒吧（尤其是主廣場Piazza S. Oronzo附近的Via Imperatore Agusto），感覺上雷切人就跟城裡的巴洛克建築一樣，愛熱鬧！而雷切週末的夜生活，也跟巴洛克建築一樣，令人眼花撩亂。讓人意想不到的是，就連這裡的書店都開到半夜（請注意，這裡是義大利，店員是義大利人！）而且還有家Wine & Bookshop書店跟酒店結合在一起，週末也常舉辦各種品酒會。

普伊亞的番茄起司點心Rustica

雷切是普伊亞重要的大學城，週末夜晚可是熱鬧非凡

普伊亞
住宿推薦

阿爾貝羅貝婁

▌Trulli Holiday

安排各種Trullo屋的民宿，設備都非常齊全。

web：www.trulliholiday.it
add：Piazza A. Curri 1
tel：(080)432 5970

▌Hotel Miniello

這家旅館位於主廣場及Trullo聚落之間，由頂樓陽台就可望見整個Trullo聚落，雖然房間非常簡單，不過乾淨、便宜。（另也有公寓式）

web：www.hoteltrulli.com
add：Via Bolenzono 12, Alberobello
tel：(080)432 1188
price：雙人房€65起

▌Didi Hotel

城內的另一家旅館。

web：www.hoteltrulli.com
add：Via Piave 22-30
tel：(080)432 3432

奧斯圖尼

▌Francesco民宿

親切的主人Francesco在古城區開了一家酒吧，主廣場後面有家小度假公寓。有廚房、客廳（有沙發床）、一間雙人房及衛浴設備。

add：Piazza Liberta'附近
tel：(348)779 8925
price：公寓€25＋水電費€5

▌La Sommita'

若想住精品旅館的話，古城區的這家，地點僻靜，內部設備在現代設計中，又融入獨特的南義風格。裡面也有SPA設施，提供客人最私密的頂級享受。

web：www.lasommita.it
add：Via Scipione Petrarolo 7
tel：(083)130 5925

雷切

▌Centro Storico

這家民宿的地點相當不錯，位於主廣場附近的小小巷中，可要求有陽台的房間。房間算是相當寬敞，設備也有品味。含簡單的早餐。雷切市區大部分為民宿，週末很容易客滿，最好事先預訂。

web：www.centrostoricolecce.it
add：Via Andrea Vignes 2B
tel：(0832)242 727
price：雙人房€55～60

普伊亞
實用資訊

▌旅遊服務中心

普伊亞地區
web：www.viaggiareinpuglia.it

特蘭尼
web：turismo.comune.trani.bt.it
add：位於大教堂附近的Piazza Trieste

阿爾貝羅貝婁
web：www.tuttoalberobello.it

雷切
web：www.infolecce.it
add：Via Vitt. Emanuele, 43
tel：(0832)682 291

▌對外交通

由羅馬、拿波里或波隆納都有火車到普伊亞地區，義大利國鐵也有直達雷切的班次，或者可由巴里轉搭地區火車FSE或巴士到這區的小城鎮。另一個較重要的轉運站是Brindisi，由這裡有許多輪船開往希臘及中歐。

▌對內交通

普伊亞地區的公車班次比較少，最好先查好班次時間。巴士大部分是配合學校的上下課時間，通常早上9～10點的班次結束後，接下來是下午2～3點或5點以後。

Sicilia
La Terra del Sole

西西里島
*湛藍

在羅馬待了好幾天後，很想離開大城市，找個安靜的地方。
所以當朋友千里迢迢從台灣飛了十多個小時到羅馬後，
我狠心的探問：「我們今天晚上直接搭夜車殺到西西里島，你會不會太累？」
朋友竟然豪爽的回答：「可以啊！」於是，在飛機上已經一天沒洗澡的朋友，
又跟著我搭上前往西西里島的火車臥舖，結果又過了另一個沒洗澡的夜晚，
直奔西西里島精華──東部地區。

真
愛
義
大
利

Ustica ●
Stromboli ●
愛奧尼亞群島
Filicudi ● Salina ● Panarea ●
第勒尼多海
Alicudi ● Lipari ●
Vulcano ●
Milazzo ● Messina ●
巴勒摩
Palermo ●
Erice ●
Cefalū ●
Trapani ●
Reggio
di Calabria ●
西西里島
陶爾米納
Etna ● Taormina
Enna ●
卡塔尼亞
Piazza Armerind ● Catania
愛奧尼亞海
Villa
del Casale ●
阿格利眞托
Agrigento
錫拉庫莎
Siracusa
北
Gela ●
Ragusa ●
Noto ●
地中海
莫迪卡
Modica

前進西西里島

火車臥鋪

建議從羅馬或拿坡里搭火車到東北部的港口Messina，然後再從這裡轉搭火車到Milazzo轉渡輪到愛奧尼亞群島。

其實第一天就拉著朋友搭夜車到西西里島，也是想給朋友一個不一樣的義大利之旅。因爲這夜車從羅馬一路飛奔到義大利最南端之後，整列火車會開進如鯨魚肚般的渡輪，當火車緩緩開進渡輪內的軌道停妥後，所有乘客可以下車到甲板上看風景。這大大的鯨魚肚裡停了好幾列火車及卡車、私家車，令人不禁想用力的跳踏這鯨魚肚，看它到底能吐出多少法寶。

火車上船的時間大概是清晨5～6點，讓人興奮的拿著相機爬上甲板，頂著寒風欣賞西西里島晨景。

西西里島

隨著天空慢慢變亮，原本黑壓壓的夜空，慢慢轉為寶藍色，好似在沉睡中的西西里島，溫柔的蓋上一縷藍衫。衫內的點點燈火，隱隱曖曖，對於千里之外的西西里島思念，隨著渡輪的緩緩接近，原本上緊發條的興奮之情，已然無法控制，只好拿著相機對久違的西西里島猛按快門，抒發一下思鄉之情。

渡輪內的火車

當渡輪快到對岸時，廣播開始請乘客回到火車車廂，由於下車時實在太興奮了，早已忘了自己的火車在哪一層樓，好不容易找到樓層了，卻又忘了是哪一列車，只好試圖找同車廂的乘客。在火車還沒拋棄我們之前，安穩入座。所以有機會搭火車到西西里島的朋友，可得牢牢記住回家的路啊！

一路南行的火車誤點了1個多小時，不過這麼長途的義大利南部列車，這應該算很正常，反正早上6點到、7點到，兩者意義差不了多少。當我們精神抖擻的走上月台搭火車到Milazzo，嗯，火車再度誤點，想來這是要讓旅人們開始適應西西里島的步調吧！看大家瞎忙了半小時後，火車終於準備開動了，月台上久等的乘客趕緊拎起身邊的行李上車，唯恐動作慢了，火車又使起性子不走了。

10月徐徐的微風溜進車窗內，將西西里島的快活氣息都帶了進來，清醒的腦袋開始認真欣賞西西里島東北沿岸。已經過了旅遊旺季的西西里島，除了一些返家的西西里島人外，就只有兩組法國及德國人馬，帶著足球、潛水用具、衝浪板，要到小島上輕鬆度假的。大家一同在Milazzo下車，一起搭上了不知道要在哪裡買車票而只好硬上的霸王公車到港口，再一起不知道要在哪裡買票的到旅遊服務中心詢問，再一起在港口邊等待著渡輪將我們載到幸福島嶼。

晨曦中的西西里島

1.輪船上接待大廳 / 2.輪船上的餐廳 / 3.輪船上還有小電影院 / 4.輪船上的房間，含衛浴，舒適寬敞 / 5.船艙走廊

西西里島美食

　　西西里島的主要食材為Ricotta起司、續隨子(Capperi)、辣椒、橄欖油、杏仁、開心果、沙丁魚、劍魚。另外，從阿拉伯所傳入的檸檬、橘子、茄子及蔗糖，融合出西西里島最鮮明的味道，像是松子沙丁魚麵。

　　西西里島還有另一種特別的Granita冰，這是一種將杏仁、或咖啡、或水果打成的冰沙，製冰的方式源自希臘羅馬時期，當時的冰還是遠從埃特納山頂取來的。另外還有一種Frutta di Martorana甜點，外表做成各種水果狀，裡面是杏仁餡，但是非常的甜！

　　酒類最有名的是Marsala甜酒，最近幾年的葡萄酒釀造技術突飛猛進，在義大利境內越來越受歡迎，如火山地區的Etna葡萄酒，風味相當獨特。由於西西里島盛產杏仁，所以這裡也產杏仁酒。

1.Lipari的特產Capperi / 2.西西里冰Granita / 3.西西里島的杏仁甜點 / 4.Frutta di Martorana甜點

Isole Eolie

愛奧尼亞群島

西西里島東北部的愛奧尼亞島群，純淨的海水、樸實的民風所渲染出的一股暖流，是永遠也不會褪去的溫暖！

Walking
教你怎麼玩

由Milazzo過來的渡輪會先抵達火山島（Vulcano），接著才是Lipari，可選擇住在火山島或Lipari，不過火山島上的商店及旅館選擇較少。可以其中一個小島為據點，再搭船到其他小島當日往返即可。許多遊客會選一天到Stromboli活火山登山、一天到火山島泡泥漿浴，所以如果能排個3天2夜最是理想。

Day 1 Lipari島

Day 2 Stromboli火山島及其他小島一日遊行程

Day 3 火山島→回西西里本島往南或往西走

Lipari島
很愛跟觀光客聊天的文明古島

10月初的這天，浪有點大，但是渡輪也不小，所以大家還是在飄搖中安全抵達愛奧尼亞群島。首先抵達火山島，但我們的目的地是下一站Lipari。因為Lipari是這些群島中最大（37平方公里）、人口最多（約11,000人），旅館選擇也最多的。果然當我們一下船時，就有好多當地人過來詢問我們是否在找住宿，剛好一位看來善良的婦人遞來民宿名片，就這樣跟著她去看位於市中心的民宿。

這位面相善良的媽媽眞有個便宜又乾淨的度假公寓，每人一晚只要€20就可以入住有客廳、廚房、一衛、一臥室的大公寓，我們當然馬上放下行李賴著不走啦。房事就這麼幸運的搞定，接著民宿媽媽還告訴我們，這週末是小島的節慶日，第一個晚上是炸魚節，第二個晚上是甜點節，還有歌舞表演，聽得我們心裡直放煙火，幸運女神眞是眷顧人！

就這樣帶著感謝天的心情慢慢逛著這可愛的小鎮。愛奧尼亞群島中，Lipari島其實有點大，不過大部分景點都集中在市中心，其中最不可錯過的是**Basilica Cattedrale di S. Bartolomeo大教堂**。這棟教堂建築位於沿岸的至高處，整個視野特別廣闊，可以看到城區及沿岸。此外，這座教堂非常的精緻，從大門的銅門雕刻，到天頂的濕壁畫，謹慎的闡述著新巴洛克風格。而最令人感動的是教堂旁邊的迴廊。古老的迴廊融合了古

爬上階梯就可看到美麗的教堂

希臘、古羅馬各時期的老石塊，這個千年留下來的角落，凝聚了一股永恆的沉靜，會長久留在心中一角的寧靜，讓人想坐在老木椅上靜靜冥想。

由於Lipari島上有很寶貴的黑曜石，從西元前4千年就有人長途跋涉到此，後來西元前580年又被希臘殖民過。所以看到島上的居民要特別尊敬，因爲這些居民都是好幾千年前的老老老祖先的後代。也因爲Lipari很早就開始發展文明，島上有許多珍貴的古文物。這些古文物都完整的呈現在**考古博物館**，其中包括大量

Basilica Cattedrale di S. Bartolomeo大教堂
add：Piazza Federico Torre
price：€1

考古博物館 Museo Archeologico Regionale Eoliano
add：Via Castello
time：平日09:00～19:30，假日09:00～13:30
price：€6

的沉船文物，像是為了能固定在海底的尖底陶甕，這些都是用來裝油、酒的。另外還有許多黃金飾品，精緻的雕工，讓人驚艷，那麼早以前工藝匠的技術就已經發展到這般如火純青的程度。

沿著博物館一路往下走可以來到主街Corso Vittorio Emanuele，沿路有許多咖啡館、商店，尤其是傍晚時許多當地人會到街上的咖啡館喝杯小酒，街上的熟食店、披薩店客人也絡繹不絕（唯獨主街上的網路中心例外，根本沒辦法讀中文，態度不佳，又超級無比貴），尤其推薦Non Solo Pizza熟食店，裡面有各種披薩切片及好吃的烤雞。最後則可來到Marina Lunga碼頭區，這也是由Milazzo過來的船隻停靠的碼頭。

Lipari島上除了Marina Lunga之外，另一個小港口是Marina Corta。港口邊的Piazza Ugo S. Onofrio廣場是市中心的主要活動地點。剛好10月初是Lipari告別夏天的時節，週末連續兩天都有慶祝活動。第一天是炸海鮮節，只要奉獻€3修建教堂，就可以享用一盤超豐盛的炸魚、炸海鮮料理，而且還有島上的大廚現身為大家料理。不過最令人感動的是，很多市民都當了義工在現場手不停

頓的為大家料理、倒酒，不時還要自娛的跳跳舞，歡樂一氣。舞台上隨著人潮的湧進，開始有樂團表演，接著又是傳統舞蹈，每位舞者都精心的穿起傳統服飾，演譯當地的韻律與故事。好像所有島民都匯集到這裡了，整個小鎮一起認真歡樂過節的感覺，讓我們這些誤打誤撞的遊客不但吃得開心，更是被他們感染得興奮不已❶。

這個廣場旁邊還有家超讚的餐廳**Ristorante Nenzina**，雖然店面小小的，不過對街也有座位，規模還不小。最重要的是，這裡的料理還真專業，尤其推薦它的綜合炸海鮮，那炸鮮蝦怎麼能如此香甜！

若不想上館子的話，廣場與Via Garibaldi街口有家**Paninoteca Gilberto & Vera**三明治店。這裡賣的都是相當道地的義式三明治，裡面的食材通常包括這裡的特產Capperi、辣義大利臘腸（Salami）、義大利火腿、橄欖、茄子，當然還有西西里最著名的起司Ricotta或Mozzarella。選擇相當多，如果不知道要點什麼，也可以直接請店家推薦。店裡也有許多義大利美酒，可以點杯酒在店內吃，或者帶走到碼頭看海吃三明治。

❶參加海鮮節時發現，島民都好親切，果然幾千年的氣質培養是有差的。每個人不但有問必答，而且還不只答一句，隨便都可以跟你聊個半小時。所以啊，來到這個小島，可千萬記得多留給自己一點時間跟當地人聊天喔！

Ristorante Nenzina
add：Via Roma 4, Lipari
tel：(090)981 1660

Paninoteca Gilberto & Vera
web：www.gilbertoevera.it
add：Via Garibaldi 22-24
tel：(090)981 2756

1.古羅馬及古希臘風格的老迴廊／2.湛藍的愛奧尼亞海域／3.Lipari的大碼頭Marina Lunga／4.西西里島的甜點／5.新巴洛克風格的教堂，宛如市區的一顆珍珠／6.Marina Corta小碼頭旁的廣場是Lipari的主廣場／7.Lipari市區有很多可愛的小巷／8.火山島大名鼎鼎的泥漿池，對皮膚、美容很好喔／9.傳統舞蹈表演

火山島與其他小島
來個養顏美容的火山溫泉泥漿浴吧！

火山島與其他小島其實這趟愛奧尼亞群島之旅最主要是為了火山島而來的，因為這火山島上有全球著名的溫泉泥漿浴，所以趁著在碼頭發呆吹海風的時候，跟著一位溜狗的大叔敲定隔天搭他們船公司的船到火山島上。他們的行程不只包含接送而已，也會帶遊客參觀沿途景點，算是蠻划算的。到了火山島上就自由活動，只要在約定的回程時間到碼頭集合就可以了。

大名鼎鼎的火山島溫泉泥漿池就位在碼頭邊，一下船就會聞到濃濃的硫磺味，循著味道爬過小坡道就會看到一些全身是泥的遊客，看得人直想趕快衝進泥池中。更棒的是，想要跳進這名聞

大名鼎鼎的泥漿池，對皮膚、美容很好喔

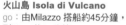
火山島的海灘區

天下的泥漿浴代價很小，只要付€2就可以進場了。裡面有個簡單的換衣間及置物櫃(需另外付費)，售票人員也會給一枚代幣，泡完沖洗時，只要將這個代幣投進去就可以沖洗，只是沖水的時間有限，動作要快。換裝完畢就可以跳進泥漿池盡情的打滾，不過衝過去的時候記得要穿鞋，因為整個區域都是溫熱的溫泉區，有些地方很燙，除了在池中之外，都要記得穿鞋，才不會燙傷。水池並不是很深，溫度剛剛好，泡夠了就可以撈起池中富含礦物質的火山泥塗滿全身，然後到旁邊的岩石區蒸氣。這些岩石區有一個個小洞噴出熱氣，拿塊木板坐在洞口就可以蒸氣了，全天然的喔！如果想來個三溫暖的話，旁邊就是湛藍的大海，冰涼的海水隨時等您來。真覺得老天爺什麼都替大家想到了，來這

火山島 Isola di Vulcano
go：由Milazzo 搭船約45分鐘，
到Lipari約25分鐘

Geco Bar
add：Via Porto Levante

Tropical Bar
add：Via dei Mille 9-11
tel：(090)928 6068
price：冰淇淋€1.8，咖啡€0.8

裡，盡情享受便是了。

　　泥漿池對面有許多度假公寓，也可以考慮入住這區，泡完泥漿浴，就可躲回度假公寓休息。往這個公寓區直走會來到沙灘區，夏季很多人在此戲水、曬太陽。如果不想玩水上活動的話，也可準備登山鞋登上火山，或者到市中心的咖啡館坐坐。街上的**Geco Bar**還算平價，而且人又和善，瑪其朵咖啡（Caffe' Machiatto）僅需€1，尤其推薦檸檬風味的西西里島冰Granita（€2），香氣十足，消暑第一選擇。

　　若時間充裕，還可以到附近的小島，像是群島中唯一有活火山的Stromboli，許多人都會特地到此看壯觀的火山景色。不過最近一次火山爆發是2003年，所以最好跟專業導遊上山。另外Filicudi島清澈的海水及刺激的岩洞探險也相當吸引人，而Alicudi島只有幾家漁夫，若想安靜的度假，這是最好的選擇。

　　在Milazzo等船時可以到碼頭對面的**Tropical Bar**休息用餐，因為這裡的Ricotta派實在是非常好吃，千萬不可以錯過，而且要記得再外帶一塊才不會後悔。咖啡館內還有好吃的冰淇淋及許多鹹點，可在此用簡單的午餐。

愛奧尼亞群島住宿資訊

Casa Vacanze 度假公寓

　　位於市中心的度假公寓，在Marina Corta的小巷內，住在這邊，真得覺得自己也是島上的居民。公寓內部的布置雖然不是相當高級，但空間很寬敞，而且擺飾也乾淨俐落，再加上價格相當便宜，民宿媽媽人也很親切，非常推薦。

add：Vico Grappa 2, Lipari
tel：(339)272 5650
price：每人€20

愛奧尼亞群島實用資訊

▌旅遊服務中心

旅遊網站
web：www.portaledelleeolie.it

旅遊中心
add：Corso Vittorio Emanuele 202, Lipari
tel：(090)988 0095

▌對外交通

　　可從Milazzo搭船到愛奧尼亞各群島，船公司有Siremar、SNAV、USTICA。夏季也有往返拿波里及Palermo的船班。

　　Messina到Milazzo之間可搭火車或Giuntabus公車，約45分鐘車程，約€3。從Milazzo火車站需搭公車到碼頭，

碼頭有旅遊服務中心，船票可在碼頭對面的Via dei Mille街上的公司購買。

Siremar
web：www.siremar.it

SNAV
web：www.snav.it

USTICA
web：www.usticalines.it

▌對內交通

　　由Lipari搭船到火山島，可搭Popolo Giallo遊艇，行程包括來回接送及參觀沿路景點。否則USTICA也是另一個選擇，有往返各小島的船班。

Popolo Giallo遊艇
web：www.popologiallo.it
price：往返€10～15

USTICA
web：www.usticalines.it
price：單趟€5.80

Taormina
陶爾米納

對於西西里島的喜愛，陶爾米納占了很大的部分。還記得10年前第一次流浪到西西里島時，從山下搭著公車沿著婉蜒的山路上古城，當車子一轉彎，眼中看到的是崖下湛藍的大海，在天與海裡，各種層次的藍，都完美詮釋出來了。越靠近古城，兩旁的度假小屋越多，院裡的綠葉紅花，一家又比一家艷。隨著旅程中元素的變換，光是這一小段山路，映入眼簾的美景，就要讓人的心情有如何的變化。

必看	希臘劇場、美麗之島
必吃	奶油捲心餅、仙人掌果
必買	陶瓷
迷思	一般來講西西里島算是物價比較便宜的，但是這樣的慣例在陶爾米納這個觀光城並不適用
閒聊	十年前的陶爾米納，無論是逛街或進咖啡館，都可以跟當地人盡情的聊天，聊到連家族相簿都拿出來翻了。很可惜的是，跟十年前比，陶爾米納發展得太快、有點太觀光化了，這裡的居民好像變得較冷漠了。實在是有太多觀光客了，也難怪他們會有如此大的改變

Walking 教你怎麼玩

09:30～10:00	Palazzo Corvaja遊逛
10:00～11:00	參觀希臘劇場
11:00～12:30	古城逛街：Piazza IX Aprile廣場、主教堂
12:30～14:30	享受午餐
14:30～16:00	散步美麗之島

陶爾米納位於西西里島東北岸海拔200公尺的陶羅山（Monte Tauro），9世紀拜占庭時期時，這裡曾是西西里島的首都。優美的古城，幾百來年一直是王宮貴族的度假首選。最讓我神迷的是晚上站在Piazza IX Aprile廣場，吹著涼風，欣賞就像一顆顆閃亮的鑽石串連起來的海岸線。是這樣的美景，讓我千里迢迢再為它而來。

無論你是從Messina或Catania過來，抵達古城最方便的方式是搭公車，出公車總站沿著Via L.Pirandello往上直走就會來到古城門Porta Messina，一走進城門就是陶爾米納的主街溫貝多一世大道（Corso Umberto I）。而陶爾米納就是要遊客一踏進老城門，哇哇哇的睜大眼睛怪叫。因為優雅的溫貝多一世大道沿街都是老石塊堆砌而成的中古世紀老建築，時而可見典雅的陽台上綻放著美麗的花朵，陽台下則是一些古董商店、工藝店、咖啡

沿路有許多商店、咖啡館

館，陶爾米納直率的用它迷死人的一面來迎接大家。

沿著大道直走會來到第一個小廣場Piazza Santa Caterina，廣場上有座宮殿Palazzo Corvaja，旅遊服務中心就在這棟宮殿的1樓，2樓則是**藝術博物館**。這座宮殿是當地最有名望的貴族居所（1538～1945年間居住於此），由阿拉伯風的塔樓開始興建，建築本體則融合了哥德及西西里諾曼帝風格，在傳統的歐洲風格中，透露著異國的浪漫風情。博物館內展示這個貴族家族的家具、藝術收藏、

西西里島

315

藝術博物館
Museo di Arti e Tradizioni Popolari
add：Largo Santa Caterina
tel：(0942)620 198

玩具、及服飾等。參觀完可由廣場往Via Teatro Greco走，沿路有很多紀念品店，走到底則是最重要的景點——**古希臘劇場**。

劇場裡的觀眾席是幾千年來承留下來的老石塊，讓坐在老石椅上的21世紀觀眾，眼看舞台後的壯麗山景，耳聽身後無邊無際的浪濤聲，慢慢的感受千千萬萬年來，隨著台上表演而起的歡笑與感動。古希臘劇場最早是希臘殖民時期建造的，羅馬時期又花了10年重修。整座劇場寬50公尺、長120公尺、高20公尺，這是西西里島第二大劇場（僅次於Siracusa的古劇場）。劇場共分為三部分：舞台、樂隊席及觀眾席。舞台部分仍保留原本的樣貌，30×40公尺的半圓形舞台環抱著觀眾席。每年6～9月都會舉辦陶爾米納藝術節，這段時間古希臘劇場有各種歌劇、音樂會、戲劇、舞蹈等節目。在這樣依山傍海的開放式劇場欣賞表演，絕對獨特的西西里島體驗。

劇場內雖然沒有什麼特別可以看的，但是它獨特的位置及幾千年的古老氛圍，卻總能讓觀眾願意在此待上一、兩個小時，好好感受這座老劇場。建議可以帶些東西進來這裡午餐，悠閒的曬太陽、看風景。

出劇場往回走到Umberto I大道左轉往Piazza IX Aprile廣場走，沿路會經過已開了47年的**Enta**甜點咖啡店。這裡有相當好吃的西西里島甜點，尤其是奶油捲心餅，另外還推薦美酒加咖啡的Caffe' Corretto，這種咖啡通常是在濃縮咖啡內加Sambuca茴香酒或Grappa白蘭地。這家選擇的是Sambuca，喝起來有股好香濃的八角味，一定要試試。

這條街上有許多特產店及紀念品店，可買到義大利馬靴玻璃瓶的檸檬酒，及各種西西里島特產，像是杏仁酒（€6）、煙漬鯷魚、及著名的西西里島海鹽。繼續往前走則是開闊的IX Aprile廣場，廣場邊有座由老修道院改成的市立圖書館。不過最耀眼的應該是乳白色的San Giuseppe教堂，教堂建於17世紀，內部雖然小小的、沒有什麼重要作品，但卻是個相當優雅的小空間。

這座小廣場的夜晚特別吸引人。記得第一次來訪陶爾米納時，晚上散步到這裡剛好有戶外古典音樂會，悠揚的樂音，串起沿岸點點燈火，馬上躍升為我心目中最浪漫的西西里景點。傍晚時分的小廣場，則是當地小孩的遊戲場所，

古希臘劇場 Teatro Antico
web：www.teatrogrecotaormina.com
add：Teatro Greco
time：09:00～16:00，5～8月09:00～19:00
price：€5

Enta
add：Corso Umberto 112
tel：(0942)247 35

1.晚上一定要到古城區晃晃 / 2.由希臘劇場走回市區時，不妨往一些小巷鑽 / 3.主教堂前的巴洛克噴泉 / 4.古希臘劇場的最上方有觀景台 / 5.IX Aprile廣場是古城最有生氣的空間 / 6.最具陶爾米納特色的陶瓷品 / 7.往古希臘劇場的路上有好吃的冰淇淋攤 / 8.主街Umberto I大道 / 9.陶爾米納城內有許多陶瓷藝品

小孩追逐嬉鬧聲不絕於耳，父母三三兩兩的站在廣場邊聊天，看著小孩打架、適時的勸勸架。而場邊總有幾位街頭藝術家，為遊客描繪搞笑肖像畫。廣場老城門兩旁的咖啡館，也會適時的演奏起音樂（雖然水準平平），讓廣場總是歡樂不斷。廣場邊的老城門早在12世紀就已存在，17世紀法國軍隊入侵時又重新修建。城門上的鐘塔（Torre dell' Orologio）位置是西元前4世紀的老陶爾米納城起點，走過這座城門就算正式進入鎮內最古老的區域——中古世紀區（Borgo Medievale）。

繼續往前直走是陶爾米納樸實的主教堂（Duomo）。主教堂建於15世紀，內部設計呈拉丁十字型，兩邊以六根陶爾米納粉紅色大理石的石柱撐架起天頂，教堂立面以阿拉伯美學觀點來闡述歐洲的哥德風，而最頂端的玫瑰花窗則是文藝復興風格的典型元素。

來到主教堂的這天，剛好教堂內有場結婚典禮（陶爾米納人好像特別喜歡結婚，每次來一定會遇到婚禮），所有的賓客圍繞著整個廣場，也讓廣場上的噴泉

巧遇在主教堂舉辦的婚禮

直奔海灘的纜車

站著一個個伸長脖子的好奇遊客。沒有婚禮的夜晚，這裡是陶爾米納年輕人的據點，總有一群年輕人聚在這座噴泉邊聊天、打笑著。這是巴洛克風格設計，建於1635年，噴泉中間的石柱頂立著陶爾米納的象徵——帶著皇冠的半人半馬雕像，左手握著地球，右手則拿著權杖，一個曾經的野心象徵。

繼續往前走是最後一座城門Porta Catania，出城門往右轉到Via A. Arcageta，這裡有好幾家餐廳及超市。La Trattoria應該算是其中最平價，餐點也還算不錯，最推薦海鮮燉飯。

除了逛市區之外，最令人期待的是搭纜車到山下的美麗之島（Isola Bella）。纜車站就位在城門外的Via Pirandello上，這對懶人遊客來講可是一大福音，3分鐘就可以從山上的古城到山下的Lido Mazzaro沙灘區。當纜車抵達山下後，出纜車站往右邊的上坡直走，會看到一條長長的階梯，沿著階梯往下走就可遠望到落在海上的小島。蒼翠的小島，不經心的以一條細細的沙線連接本島，三三兩兩的遊客由這端散步到那端，時而隨性的停下來泡泡水。傍晚的沙灘上

坐著一堆堆的閒人，看上帝如何在無邊際的天空調色，難怪這座小島會取名爲美麗之島（Isola Bella）。這座小島原本爲Tavelyan女士私人所有，1990年由政府接手，並於1998年將小島列爲自然保護區。

超酷的小島，走過小小的跨海沙線就到了

La Pensione Svizzera
三星旅館

從往古城區的路面爬下樓梯來到這座安靜的小旅館，一入眼簾的是安靜的庭院，院中放著幾張桌椅，剛好有位房客帶著小朋友在庭院中嬉戲，馬上感受到入住這家的悠閒感。這是城內唯一不接團體客的旅館，房客可以安靜的度假。總共只有22個房間，大廳與房間的布置都相當有格調，有些房間也有海景及小陽台。

web：www.pensionesvizzera.com
add：Via L. Pirandello 26
tel：(0942)237 90
price：雙人房€85～125

Pensione Inn Piero
三星旅館

位於公車站與城門間的路上，到古城區僅需要3分鐘即可抵達，地點相當好。房間雖然不是非常寬敞，不過算

是乾淨。含早餐，它的麵包及可頌是餐廳內的烤爐材燒烤出來的，非常好吃。

web：www.hotelinnpiero.com
add：Via L. Pirandello 20
tel：(0942)231 39
price：雙人房€70～100

Hotel Villa Nettuno
三星旅館

10年前來到陶爾米納，就是住在這家旅館，10年後再度來訪，旅館的老老闆仍然健在（應該80歲高齡了吧）。走進小旅館的客廳，依稀還記得當年老闆拿著年輕的照片跟我們說他是游泳健將呢。走出客廳是數十年如一日的迷人庭院，夏天可以在此看花、看海、吃早餐。

web：www.hotelvillanettuno.it
add：Via Pirandello 33
tel：(0942)237 97
price：雙人房€60～78，早餐€4

旅遊服務中心

旅遊網站
web：www.gotaormina.com

旅遊中心Palazzo Corvaja
time：09:00～13:00，16:00～20:00(週一休息)

對外交通

最近的火車站是Taormina Giardini-Naxos，到Messina約40分鐘，到Catania約50分鐘，到陶爾米納古城約10分鐘車程（搭Interbus往返古城與火車站車資爲€3.5），火車站超級典雅。

對內交通

纜車
time：08:00～01:00
price：單程票€3，一天票€10

西西里島

Catania

卡塔尼亞

Catania、Catania，光是念著它的名，就覺得是在吟唱一首歡快悠揚的歌曲，到卡塔尼亞不是來看景點的，而是來看它開闊的氣勢，感受卡塔尼亞人豪邁又自信的心胸。

必看 魚市場

必吃 海鮮料理、茄子起司披薩(Pizza alla Norma)

迷思 一般人提到西西里島的大城市都會覺得很亂，其實卡塔尼亞市中心白天都還算非常安全，晚上不要走小巷子，出門盡量不要帶太多東西(最好空手出去)。

閒聊 超愛卡塔尼亞人的性子，那股不知從何而來的自信與豪氣，馬上就讓人往他們這邊靠，人心完全被收買。

Walking 教你怎麼玩

可停留半天的時間，接著前往南部的Siracusa或北部的Taormina。行李可寄放在火車站的寄物處。

09:30～10:00	Palazzo Corvaja遊逛
10:00～11:00	參觀主教堂、主教堂廣場
11:00～12:00	逛魚市場
12:30～14:30	享受午餐

　　卡塔尼亞是西西里島第二大城，但卻是個不折不扣的火山城市。1669年的一場火山浩劫，奪走了12,000條生命。或許，是因為這樣的歷劫歸來，才能換來如此的開闊吧！在火山洗劫整個城市之後，巴洛克大師Giovanni Saccharine為卡塔尼亞打造了許多巴洛克建築，時而寬敞、時而窄小的古城街道，更是襯托出巴洛克建築的氣勢與戲劇張力。

　　一到火車站忙著寄放行李，再到火車站內的旅遊服務中心拿地圖、詢問資訊，服務中心內坐著一位親切又美麗的小姐，典型的西西里島美女，謙遜又和藹的性子，馬上讓人感受到卡塔尼亞人親切的性格。出火車站，並沒有看到預期的混亂，迎面而來的是大片的藍天，右手邊充滿氣勢的巴洛克噴泉不斷的發出不甘寂寞的啪啪水聲。既然是來到卡塔尼亞，第一個入城洗禮儀式當然是勇敢的穿過車流不停的大馬路，衝往人聲鼎沸的魚市場，什麼教堂、博物館的，在卡塔尼亞請先擺一旁。

　　出火車站左轉沿著Via VI Aprile直走到Piazza dei Maritini後，沿Via Vittorio Emanuele II直走就可來到主教堂廣場，最能讓人感受到卡塔尼亞生命脈動的魚

魚市場

市場就在主教堂的左前方。

　　一路往主教堂走時，兩旁都是經過百年歲月洗鍊的卡塔尼亞房舍與豪宅，而路邊則是辛勤工作的市民、坐在路邊打牌的老人，開心的跟我們打招呼、微笑著，這樣的一個城市，怎能不愛它呢！

　　由主教堂往前走就可看左側樓梯下的熱鬧魚市場，忍不住緊挨著人群往魚市場走，讓自己也成為熱鬧魚市場中的一員。沿路逛著、嘴饞著看各種龍蝦、活跳鮮魚、放在竹編籃中的Ricotta起司……一攤攤小販熱情的叫賣聲，不時還會看到手拿著香菜的少年沿街兜售，在他的行步間，好像也將整個城市的活力熱絡的帶往各處。

　　逛完一整圈後，絕對會覺得不吃點這些生猛海鮮，真是太對不起自己了。義大利就是這樣人性化的國家，人在什麼

西西里島

樣的場所，有什麼樣的慾望，她總能讓人如願。魚市場的一角就有家便宜又好吃的海鮮餐廳**Trattoria La Paglia**，所有的海鮮料理當然是最鮮的鮮，一開始就來盤淋上橄欖油的甜嫩生蝦，接著主菜則可以來份大塊又美味的烤劍魚。最後呢，老闆娘自信百分百的告訴我們不吃她做的甜點會後悔。既然她本人能夠如此臉不紅、氣不喘的誇下海口，我們當然要照辦囉。果真如此，小草莓奶烙香純，不甜不膩，真是感謝老闆大力推薦，否則可是搥心肝的錯失美食啊。

　　好了，吃飽喝足我們可以開始來看些景點了。首先可以先參觀主教堂廣場中間的埃及方尖碑噴泉，這裡有隻馱著卡塔尼亞象徵的可愛大象。這座噴泉建於1763年，大象則是以黑色的火山岩雕刻而成的，據說大象所擁有的神力足以壓制埃特納火山，讓它不再危害這個城市。而噴泉後面的典雅建築就是市政廳大樓，當地人又稱它為「大象宮」。

　　1736年建的主教堂，以黑色的火山岩及白色的大理石交錯構成和諧的立面，奉獻給卡塔尼亞的守護聖人Sant' Agata。西元前250年時，這位聖人為了阻擋災害，而身受重傷，被砍下胸部後，丟入

炭火中燒死。每年的守護聖人節（2月5日），信徒們會抬著舖滿寶石的聖人雕像沿街祈福。出生於卡塔尼亞的音樂家Vicenzo Bellini也長眠於此，其墳墓就在大門右手邊，墓碑上刻繪著優美的音符。還可前往Museo Belliniano博物館，這是音樂大師Bellini的家，現改為博物館，收藏Bellini生前的一些文物。若想聽音樂會者也可到Teatro Massimo Bellini劇院。逛完主教堂可沿著Via Etnea走到Piazza Universita'（大學廣場），沿街有許多商店、咖啡館，這裡有家30年的老糕餅店**Pasticceria Caprice**。

Trattoria La Paglia
add：Via Pardo 23
tel：(095)346 838
time：09:00～15:30
18:00～00:00(週日休息)

Pasticceria Caprice
add：Corso V. Emanuele 21

1.主教堂／2.淋上橄欖油的鮮蝦／3.放在竹籃內的Ricotta起司／4.火車站外的巴洛克噴泉／5.主教堂廣場／6.刻著音符的貝里尼墳墓／7.主教堂圍牆編的聖人雕像

卡塔尼亞 住宿資訊

Antica Profumeria Bed & Breakfast

這家民宿就位於主教堂廣場旁的小巷內，三間可愛的房間座落在一棟老建築中，距離各大景點都非常近。民宿有提供免費網路，並含早餐。

web：www.bbanticaprofumeria.it
add：Via Erasmo Merletta 19
tel：(095)093 3076
price：€60～80

卡塔尼亞 實用資訊

旅遊服務中心

火車站內設有旅遊服務中心及寄物處。沒人在的話，按一下桌上的鈴，服務人員就會過來。

旅遊網站
web：turismo.provincia.ct.it

旅遊中心
add：Via V. Emanuele172202, Lipari
tel：(095)742 5573
800-841 042(免費電話)

市區巴士AMT
web：www.amt.ct.it
price：90分鐘有效票為€1，一天票為€2.5

對外交通

由Aeroporto Internazionale di Catania "V. Bellini"機場可搭AMT "ALIBUS"巴士到市區及火車站約20分鐘（05:00～00:00）。由Messina搭火車到Catania約1.5～2小時；Catania到Siracusa約1小時。

機場
web：www.aeroporto.catania.it

Siracusa

錫拉庫莎

必看	Ortigia古城區、考古公園(希臘劇場)
必吃	春秋時別錯過淡菜跟海膽
必買	鹽漬續隨子、開心果醬、奧勒岡香料

迷思 有些人可能會覺得西西里島是鄉下地方，但如果有機會到錫拉庫莎這個城市，你會發現這個城市的人好有文化氣質。而且更難得的是，他們並不會因為過去輝煌的文明而給人驕傲的感覺，而是自然而然散發出一股讓人覺得很舒服的自信

閒聊 阿基米德(出生於公元前287年)應該是錫拉庫莎最廣為所知的名人，它是古希臘時期的數學家、哲學家及物理學家。當時的國王懷疑金匠偷工減料，於是請阿基米德幫他檢測。這問題讓阿基米德著實傷透腦筋，有一天他在浴缸泡澡時看到水溢出來，突然領悟到溢出的水量剛好是它的身體體積(浮力理論)，他竟然高興的光子身子跑出去，一路上直呼著「尤里卡，尤里卡!」(希臘文中的「我發現了」)

Walking 教你怎麼玩

09:30～11:00	前往考古公園
11:00～12:00	參觀考古博物館、淚珠聖母教堂
12:00～14:30	散步到古城區市場，吃午餐
14:30～15:30	欣賞主教堂
15:30～16:30	賞玩木偶博物館
16:30～19:30	噴泉散步、古城區逛街
19:30～	享受晚餐(也可去木偶劇場)，欣賞古城區夜景

可別看錫拉庫莎是個小鎮，遠在古希臘時期，它可是全球的知識、文化中心，學者雲集，建造了許多偉大的建築，當時的地位與希臘的雅典並駕齊驅(但後來因為羅馬帝國的勢力逐漸擴張，經過幾次戰爭後，錫拉庫莎日漸衰退，輝煌的文明慢慢轉移到埃及的亞歷山大城)。

錫拉庫莎城相當有趣，一邊是布滿希臘遺跡的「希臘城」(就是現在的考古公園)，另一邊是深入海邊的奧爾提加(Ortigia)半島(Siracusa的古城區)，這兩區中間則是顯得有點突兀的現代化城區。錫拉庫莎火車站位於這兩區之間，火車站附近的房舍有點破舊。還記得十年前第一次到錫拉庫莎走在這段路時，有位閒閒的駕駛人難得看到一個人旅行的東方人，特地放慢速度、搖下車窗，就為了問我打從哪裡來。走過這一小段顯得有點破舊的路之後，就是開闊又優美的Corso Umberto I大道，由這裡往前直走可到Ortigia古城區，往左轉則是考古公園的方向(有點距離，步行約30分鐘)。

考古公園內有希臘時期規模最大的劇院

錫拉庫莎的**考古公園**內仍保留許多希臘時期的遺跡，其中最著名的就是西元前5世紀所建造的希臘劇場❶。這個劇場經過好幾個世紀的擴建，最後成為規模最大的希臘劇場(圓形劇場的觀眾席規模是希臘時期最大的)，5～6月希臘戲劇節時仍常用來舉辦各種表演。當時規劃為67列，以8個廊道分成9區，目前仍可看

西西里島

❶劇場東側是劇場裡最綠的部分，種滿檸檬樹與各種植物，它有個美麗的名稱「天堂採石場」(Latomia del Paradiso)。花園內最著名的莫過於「戴奧尼夏之耳」(Orecchio di Dionisio)，這是個相當巨大的洞穴，曾經當作監獄用，由於它的傳聲效果相當好，所以當時的暴君戴奧尼夏常在此偷聽犯人的談話。而且它的名字也大有來頭，據說是畫家卡拉瓦喬所取的。

考古公園
Parco Archeologico della Neapolis
add：Viale Paradisa
tel：(0931)662 06
time：09:00～18:00

到舞台跟樂隊席的部分。

離開考古公園沿著Via Romagnoli走，可看到更多的考古區及古老的墓地，阿基米德就是葬在這裡。錫拉庫莎很特別的一點是，它不只有希臘劇場，還有座利用岩洞地形打鑿而成的古羅馬圓形劇場（Anfiteatro Romano，要走出考古公園），這當時主要用於賽馬及格鬥競賽。這兩個不同時期的劇場主要差別在於：希臘劇場是半圓形的開放劇場，而羅馬劇場則是橢圓形的封閉式設計。很可惜的是，西班牙人佔據錫拉庫莎時，將許多劇場的石塊拿去蓋古城的城牆。

參觀完考古公園可以往Viale Teocrito的**考古博物館**走（遠遠就可看到淚珠狀的尖頂）。考古博物館就位於淚珠狀尖頂教堂對面的Landolina別墅內。整座博物館規劃得相當好，收藏了青銅時代到西元前5世紀的考古文物，並將所有文物分為三個展區：第一部分是希臘時期以降的文物，包括一些動物化石及青銅器時代的墓穴文物；第二部分是希臘殖民時期，可看到希臘時期的藝術作品及神廟雕飾；第三部分則是西西里島其他區域所發現的考古文物。

考古博物館對面則是淚珠狀的聖堂

Santuario della Madonna delle Lacrime，這應該是錫拉庫莎城現代藝術的代表作，整座教堂就像聖母的淚珠，從上低垂而下。因為1953年時放在一對年輕夫婦家中的聖母像顯靈流出眼水，而且這樣的神蹟共達4天之久，期間吸引了許多信眾到此朝聖，還有導演將這難得的神蹟以影片紀錄下來，讓傳說不再只是傳說，而是有實物證明，而且科學家也證實那是真的淚水。這世界還真是無奇不有，你想得到的，哪天就會真的出現在你身邊呢。神蹟顯現後，信徒們決定蓋間教堂，於是1957年開始徵選教堂設計案，最後由Michel Andrault及Pierre Parat共同設計的建築圖獲選，並於1966年開始建造，1994年由教皇保羅二世舉行開幕典禮。

參觀完這區後可在教堂斜對面的公車站搭公車回到火車站，再由火車站轉小巴士到Ortigia古城區。如果你是中午抵達古城區的話，不妨到公車最後的停靠站Piazza delle Poste下車逛傳統市場。

這裡大部分都是一些生鮮蔬果攤，另外還有烤馬鈴薯、朝鮮薊、番茄及花椒攤。最有趣的是烤朝鮮薊，這在台灣比較少吃到，在義大利餐廳都是烹煮處理

考古博物館
Museo Archeologico Regionale 'Paolo Orsi'
add：Viale Teocrito 66
tel：(0931)464 022
time：週二～六09:00～18:00；週日09.00～13.00(週一休館)
price：€8

Santuario della Madonna delle Lacrime
web：www.madonnadellelacrime.it
add：Viale Luigi Cadorna, 139
tel：(0931)214 46
time：週二～六09:00～19:00；週日09:00～14:00(週一休館)

1.阿基米德廣場／2.淚滴聖母教堂／3.尖頂垂落而下而下的小窗戶，彷彿是聖母的點點淚滴／4.迷宮般的Ortigia古城區的巷道／5.阿波羅神廟／6.乾番茄也是西西里島常用的食材／7.市場內高聲叫賣的魚販／8.主教堂廣場旁的聖露西亞教堂／9.錫拉庫莎的市民腳踏車

過的，直接食用即可，但是菜市場的是整顆在炭火上烤，還真是不知道如何下手。跟朋友兩人坐在路邊望著它傷腦筋，後來決定問人，剛好一位帥哥過去，不好意思的問他要怎麼吃，結果這位老兄竟然自己拔了我們一片朝鮮薊往嘴裡塞，一面吃一面告訴我們就是直接咬尾端較厚實的部分就對了。我們心想，老兄你還真是自動，竟然藉機偷了我們一片朝鮮薊。不過也因為他的「不吝」介紹，我們才知道要如何享用這地方美食。直接炭烤的朝鮮薊真香，不過每片可以吃的部分真的很少，感覺上就好像是在嗑瓜子，不是能填飽肚子的東西，倒是不錯的解饞食品。而且據說幫派Cosca這個字就是源自這層層緊裹在一起的朝鮮薊肉葉。

市場內的烤蔬菜攤，將各種蔬菜直接放在炭火上烤

整束的奧勒岡香料，味道就是不一樣

市場內還有家開業30多年的老食品店**Fratelli Burgio**，一定要找到它！因為這裡所賣的都是西西里島的特選食品，尤其是整束的奧勒岡香料，香味硬是與瓶裝磨碎的奧勒岡香料不同。另外它的鹽漬續隨子也是不得不推薦的頂級品，此外還有許多起司、西西里酒、沙丁魚罐等。難得的一趟西西里島之旅，一定要大力搜購這些可以扛回家的優質食品。

市場就在**阿波羅神廟**遺跡旁邊，這應該是希臘時期最古老的建築遺跡，建於西元前565年。接著沿著Corso G. Matteotti直走是阿基米德廣場（或者也可沿Via Cavour直走），再往前接Via Landolina就是熱鬧的主教堂廣場。由於這附近的街道都較狹小，建築也充滿歷史風味，一從這些巷道鑽出來，廣場的空間

Fratelli Burgio
web：www.fratelliburgio.com
add：Piazza C. Battisti 4
tel：(0931)600 69

阿波羅神廟
Tempio di Apollo'
add：Largo XXV Luglio

主教堂 **Duomo**
add：Piazza Duomo
tel：(0931)687 68

真讓人覺得豁然開朗。而且優美的主教堂建築、典雅的老咖啡館、奔跑的孩童、市民的腳步，讓人感受到錫拉庫莎動、靜之間的和諧感。（反正就是從頭到尾偏愛到底，沒得挑剔啦！）

7世紀時，Zosimo主教決定在西元前5世紀的雅典娜神廟遺址上建造**主教堂**，現仍可看到古神廟的多利安式石柱。內部分為一個中殿及兩邊的廊道，中殿的天頂及半圓形壁龕的馬賽克玻璃都是諾曼時期的作品，內部還有守護聖人聖路西亞的雕像（Pietro Rizzo之作）及Antonello Gagini的雪中聖母雕像（Madonna della Neve）。現在所看到的立面是1725～1753年由Andrea Palma重建的，以科林斯多柱式風格分為上下兩層。

巴洛克立面的主教堂

主教堂旁邊還有另一間奉獻給守護聖人聖露西亞的**Santa Lucia alla Badia教堂**，這裡最著名的是卡拉瓦喬所畫的埋葬聖露西（Burial of Saint Lucy，以後將收藏在**Palazzo Bellomo**的美術館）。據說卡拉瓦喬是逃亡到西西里島的，後來在朋友的幫助下接了這個案子，並以他快速的作畫速度趕在12月13日聖人節前完成。蒼白的聖母躺在地上，前面則是壯碩的堀墓者，彷彿是生與死的對照，聖人上方站著穿著紅衣的教士及哀傷的人群，畫家利用人物比例的大小將前、中、後的景深拉出來。你怎能不承認這位火爆浪子是天才？！聖人節這一天信徒會從主教堂抬著守護聖人的金色雕像到Santa Lucia廣場，晚上還會施放煙火。（往教堂後面走有家老麵包店Panificio Bianca（Via Roma 43），這裡有各種西西里島的傳統甜點及鹹點，尤其是西西里島著名的杏仁餅。）

由教堂往港邊走到底是Aretusa噴泉，根據史記記載，這曾是錫拉庫莎的主要水源，現在顯得有點不起眼。不過這裡最美的是港邊景色，尤其是渲染在紫藍色調夜色中的大海，與籠罩在昏黃燈光下的古城相互輝映，直讓人分不清虛、實。由噴泉往Via Capodieci直走是Palazzo Bellomo，

Santa Lucia alla Badia 教堂
add：Via S. Lucia alla Badia

Palazzo Bellomo
add：Via Capodieci n. 14-16
tIME：09:00～19:00(週日至13:00)

這是13世紀的城堡建築，15世紀時又改為哥德風格，裡面有座美術館，收藏卡拉瓦喬的埋葬聖露西亞及Antonello da Messina的《聖母升天》。

古城區蜿蜒的小巷真的好像迷宮，有些宮殿雖然有點破舊了，不過仍可看出曾經的輝煌與美麗。隱藏於以前的猶太區（Via della Giudecca）有家**木偶博物館**，可以在工作坊中看到工作人員如何製作傳統木偶，晚上也可到木偶劇場看木偶劇。

與Via Giudecca交接的Via Maestranza有幾家不錯的餐廳，若喜歡吃牛肉者，推薦到**Osteria Vite & Vitello**，他們對於牛肉的料理相當專業。前菜也很特別，包括他們自己做的Ricotta起司及特選的西西里島臘肉與茄子料理。附近還有另一家知名餐廳**Don Camillo**。素食者則可到Aretusa噴泉附近的**Trattoria La Foglia**，擅長地中海料理，布置也相當獨特，不過也較貴一點。

感受錫拉庫莎城的自信與熱誠

還記得剛抵達錫拉庫莎時，問了一位看來很有智識的阿伯，旅遊服務中心在哪裡，這位阿伯明確的告知地址後，又自信滿滿的問；「你想知道什麼？」，然後迅速的在他腦中為我們搜尋出最有用的資訊。馬上讓剛抵達這個城市的旅人感受到錫拉庫莎城的自信與熱誠。

後來在古城區又向一位紳士問路，他請我們原地等一下，趕緊自己跑回車上拿詳細的地圖，仔細的告訴我們該如何走。之後稍微小聊了一下才知道他在附近有個藝廊，當天又剛好有聚會，就大方的邀請我們過去看看。原來他們每個星期都會在此聚會，一起學畫、發表作品、討論各種文化、政治、藝術議題。

啊，錫拉庫莎就是這樣一個有文化涵養的古城，與西西里島其他城市的感覺完全不一樣，難怪朋友一抵達這個城市直呼自己上輩子一定是錫拉庫莎人，終於在遠方找到自己的故鄉了。

木偶博物館 Opera dei pupi
web：www.pupari.com
add：Via della Giudecca,17
tel：(0931)465 540

Osteria Vite & Vitello
add：Piazza Francesco Corpaci 1
tel：(0931)464 269

Don Camillo
web：www.ristorantedoncamillosiracusa.it
add：Via Maestranza 96
tel：(0931)671 33

Trattoria La Foglia
web：www.lafoglia.it
add：Via Capodieci 21
tel：(0931)662 33

Vite & Vitello的綜合前菜

Vite & Vitello最擅長牛肉料理

錫拉庫莎 住宿資訊

Hotel Milano

如果對旅館要求不高，只想找便宜、乾淨的住宿，那麼Hotel Milano是個不錯的選擇。它的地點相當好，就位於緊接著古城區的Umberto橋旁，到古城區相當便利。

add：Corso Umberto I, 10
tel：(0931)669 81
price：雙人房€40起

Palazzo del Sale

這是城區內還蠻有設計感的民宿，位於Aretusa噴泉附近的老建築中，每間房間風格各異，以現代設計感來重新詮釋西西里島風。

web：www.palazzodelsale.com
add：Via Sannta Teresa 25
tel：(0931)659 58
price：€100～110

Sognado Ortigia

在阿波羅神廟附近另一家較便宜的民宿。

web：www.sognandortigia.com
add：Via Trento 5 (Piazza Pancali)
tel：(331)583 9296
price：雙人房€70～90

Bed & Breakfast Diana

阿基米德廣場上不錯的民宿，就位於古城區，好找且環境很棒。

web：www.bbdolcecasa.it/bb-diana
add：Piazza Archimede 2
tel：(0931)721 135

錫拉庫莎 實用資訊

旅遊服務中心

旅遊網站
web：www.regione.sicilia.it/beni culturali、www.siracusaturismo.net
Ortigia古城區旅遊中心
add：Via Maestranza 33
tel：(0931)464 255
靠近考古公園
add：Via San Sebastiano 45
tel：(0931)481 200

對外交通

Siracusa火車站(Via Crispi)位於本島區，步行到古城區約20分鐘。市區公車站在火車站對面的房子後面。

搭巴士到Piazza Amerina約3小時；到Ragusa約3小時。

搭Interbus或火車到卡塔尼亞約1.5小時；搭火車到Messina約3小時，到陶爾米納約2小時，到羅馬約10～13小時。

對內交通

由古城區到考古公園步行約40分鐘，最好搭AST市內公車到火車站對面的小廣場轉搭公車約5～10分鐘，20號公車會繞Ortigia半島一圈，最後停在Piazza Posta(靠近橋邊、傳統市場附近)。這也算是最便宜的觀光巴士，可以先熟悉一下半島古城區。

Modica

莫迪卡

Walking
教你怎麼玩

10:00～11:30	前往聖喬治主教堂
11:30～12:00	參觀聖彼得教堂
12:00～14:30	享受午餐
14:30～	飯後到巧克力店

必看 聖喬治主教堂

必吃 Impanatigghi包餡甜點

必買 辣椒巧克力、橘子巧克力、開心果巧克力

閒聊 西西里島另一個著名的巴洛克城Noto也相當值
得參觀

抵達莫迪卡城時，剛好是3點半的西西里午休時間，整個城市就好像是睡著了的洞穴城市。曝曬在西西里島陽光下的巴洛克色澤，是一間間仿如從山壁鑿出的灰白色房舍，安安靜靜的落在山頭，更增添此城的內斂感。此刻的莫迪卡，真是讓想問路的旅人，連隻閒晃的貓咪都找不到，如此安靜，就連從柏油路反射出的陽光都在告訴我們：「噓，小聲點」。

號稱「百座鐘樓、百座教堂」的莫迪卡，四面環山，沿著山壁建立在險峻的峽谷中，整座城市分為上城「Modica Alta」及下城「Modica Bassa」，主要街道為下城的溫貝多一世大道❶。從莫迪卡的古名「Motyca」應該可以推測希臘時期就有人居住在此，後來這座城市也曾受拜占庭及羅馬人統治，西元844～1091年間被阿拉伯殖民時，這裡成為重要的農業及商業重鎮。13世紀受西班牙的Chiaramonte家族統治期間，應該是莫迪卡最蓬勃發展的時期，只可惜後來西班牙人把重心移回國。而且更雪上加霜的是，1693年一場大地震幾乎將莫迪卡城夷為平地，不過後來也因此開始在城內建造許多巴洛克風格建築，讓21世紀的莫迪卡城與Val di Noto同列為聯合國世界文化遺址。

莫迪卡城內最值得參觀的就是上城的聖喬治主教堂❷。當我們爬上254個階

雖然爬上254個階梯還蠻辛苦的，但的確也值得

梯，累得兩腿發軟的同時，眼前的階梯突然成弧形狀分為兩邊，形成華麗的聖杯狀，感覺上就是要帶領著賓客優雅的步入一座神聖殿堂。階梯中間規劃成美麗的花台，綻放的繡球花相互鬥艷著，但卻怎麼也鬥不過最頂端的巴洛克鐘塔。層層相疊的鐘塔，就像一頂高貴的皇冠，傲視著整個莫迪卡城。揮汗的代價，當真值得！

而下城區規模最大的應該是聖彼得教堂（Chiesa di San Pierto），14世紀時就開始建造這座教堂，後來地震之後又重

西西里島

❶溫貝多一世大道 Corso Umberto I
　　西西里島大部分城市的主要街道都取名為溫貝多一世，這道理就跟台灣的中山路或中正路一樣。

❷聖喬治主教堂 Duomo di San Giorgio
　　18世紀時由西班牙的Cabrera公爵下令建造的，呈現出華麗、但又不顯大肆揮霍的西西里島式巴洛克風格。內部大部分為灰泥粉飾及金箔裝飾，刻繪出細緻的信仰中心。教堂內也有幾幅不錯的畫作，其中有幾幅是由人稱「西西里島拉斐爾」的Girolamo Aliprandi所繪的聖喬治生平事蹟。

1.巴洛克風格的聖喬治主教堂／2.下城區／3.莫迪卡城區有許多甜點店／4.西西里島常見的Arancine炸米飯團，在熟食店或披薩店可買到／5.CioMod巧克力店也賣適合與巧克力一起享用的酒／6.聖彼得教堂是下城最大的教堂／7.聖彼得教堂外面有十二使徒的大型雕像

建。教堂的外面可看到12使徒的大型雕像。

其實，莫迪卡除了以巴洛克建築著稱外，已有400多年歷史的莫迪卡巧克力（Cioccolato Modicano）可也是讓莫迪卡發光發熱的大功臣。沿著Corso Umberto I大道有許多巧克力店，而**CioMod**以現代設計包裝巧克力，跟古城區的其他老巧克力店明顯的區分開來。更特別的是，莫迪卡巧克力並不使用可可脂讓巧克力吃起來較滑順，只用純黑巧克力跟糖。黑巧克力與糖直接碰觸出來的火花更是強烈，一股濃濃的巧克力味，是別種巧克力所不及的，讓它的口感就像西西里島人直來直往的個性。另外，他們的產品以西西里島特產的口味為主，譬如說開心果口味的巧克力，就只用莫迪卡生產的開心果為原料，橘子口味及辣椒口味也是這裡的特產。若不喜歡現代化的商店，也可到老巧克力店**Antica Pasticceria Bonaiuto**嘗嘗經典的莫迪卡巧克力。

CioMod
web：www.ciomod.com

Antica Pasticceria Bonaiuto
add：Corso Umberto I 159

從山谷沿著山壁築建的莫迪卡城

在餐廳前看見一對中年人還未吃完午餐，趕緊問他們是否知道附近有沒有民宿，他們開始七嘴八舌的討論起來，後來又伸長脖子高聲向在餐廳裡忙的老闆娘問。好心的老闆娘幫忙找電話、地址，細心的告訴我們要怎麼過去。對這洞穴城市的喜愛，就這樣一點一滴累積出來。

拿著老闆娘寫的小紙片，沿著迷宮般的小巷蜿蜒而上，剛好撇見一家民宿的招牌，感覺蠻好的，就打了電話過去，民宿主人5分鐘後就過來開門。一進門，真是驚艷。外表看似平凡的房舍，裡面的設計在簡潔中，呈現出現代設計的高雅。站在陽台眺望古城時，耳邊傳來舞蹈老師教導學生的數拍聲與鋼琴伴奏聲。啊，原來隔壁

的老宅就是間舞蹈教室。一個遠在他鄉的午后，異鄉遊子的情愫開始發酵，自己是在某齣電影場景裡嗎？這樣問著自己。

現在想著莫迪卡時，有種又遙遠又親近的感覺。明明是遙遠的他鄉，卻又近在心頭。

莫迪卡
住宿資訊

Casa Vacanze Modica Inn

這座民宿位於安靜的古城區，四周都是最具莫迪卡特色的老宅邸。這家民宿共有4間公寓型住宿，距離火車站約10～15分鐘路程，到市中心僅需5分鐘。民宿主人也相當親切，整個公寓的設計簡潔、明亮，讓人一踏進屋內馬上愛上它，而且從小陽台還可眺望古城區。內部設備相當齊全，衛浴設備很現代化，廚房所有廚具也都很齊備。

web：www.modicainn.it
add：Via Mons. Blanco 12
tel：(339)251 915

莫迪卡
實用資訊

▌旅遊服務中心

旅遊網站
web：www.modica.it；www.co-mune.modica.rg.it/turismo

旅遊中心
add：Corso Umberto I

▌對外交通

由錫拉庫莎到莫迪卡約2～2.5小時，可搭公車或火車，搭火車到附近的Ragusa僅20分鐘車程。由火車站步行到市中心約15分鐘。

往Agrigento的巴士一天只有3班，火車班次也很少，而且需要轉車，最好抵達時就先詢問清楚正確的發車時刻。

Agrigento
阿格利真托

必看 神殿谷

必吃 烤雞、劍魚餃

迷思 阿格利真托幾乎是所有西西里行程中必排的，然而，如果你問我還會不會想回錫拉庫莎，我的答案是「會」，那還會不會想回阿格利真托呢？我的答案是「不會」。僅供參考

閒聊 Piazza Armerina城的Villa del Casale別墅是幾乎所有義大利人提到西西里都會推薦的老莊園。這是3世紀的羅馬別墅，12世紀時一場大洪水將它埋在地下約7個世紀之久，1950年代才又被發現。美輪美奐的馬賽克地板，讓遊客蜂擁而至

Walking 教你怎麼玩

約半天時間即可參觀完這個城市，可以前天傍晚抵達，隔天參觀完後即到其他城市。

09:00～11:00 參觀神殿區

11:00～14:00 到海灘區散步、午餐

旅行時，福星高照總是好，但總也有壞運氣的時候。由莫迪卡到阿格利真托的這天，就不巧是個被幸運之神忽略的日子，光是從莫迪卡到阿格利真托，就讓我們在寒風細雨中奔波了一天。不過從另一個角度來看，卻也是鮮奇的體驗。

你一定沒搭過火車開到半路一個荒郊野嶺的小站，所有工作人員下車檢查火車，後來決定讓兩輛會車的遊客下車，交換到對車，然後兩輛火車再循原路開回去吧？也因為要轉車的緣故，有機會深入西西里島南部的中央地帶，看到剛硬的曠野、蒼石與老樹，慢慢了解西里島人何來的悲情壯烈。也因為要轉車，來到了一般遊客不會到的地方，坐在巴士月台等著不知會不會來的巴士時，一位阿伯坐在車內看了兩個冷得直哆嗦的天涯亡命人半個小時。讓我們直嘀咕，我們這兩位主角上演的肥皂劇，真有那麼精采嗎？有時還真搞不清楚：到底誰，才是觀光客！

歷盡千辛萬苦，彷彿花了一萬年的時間才來到這傳說中的**神殿谷**。一路上看到西西里島綿延到天邊的起伏丘陵，在暮色的加溫下，讓我們忍不住直按快門。當巴士緩緩接近阿格利真托時，開

城區老建築

始可以看到巍立於山丘的神廟。司機大哥還特地在我們經過神殿時放慢車速，要我們趕快把握機會拍照（感謝您啦）。只是與城外的希臘神廟相較之下，遠方的阿格利真托城卻是一派的現代化建築，顯得有點突兀。當我進城後看到當地年輕人背著名牌包滿街跑時，也就了解為什麼會有這樣的景象了。不禁擔心，這樣的子孫將會以什麼樣的態度來看待這些古遺跡？

阿格利真托幾乎是所有西西里遊客都想排進的行程，因為這裡有個著名的神

神殿谷
Valle dei Templi
add：Via dei Templi
time：08:00～19:00
夏季開放到23:00
price：€10

考古博物館
Museo Archeologico
add：C/da S. Nicola 12
time：09:00～19:30，週日～一09:00～13:30
price：€8

殿谷，西元前5世紀時，來自Gela的希臘人在山脊上蓋了許多神廟，並將這個城市命名為Akragas。這個區域的遺跡相當多，大部分都還未挖掘出來，目前可看到五座較為完整的多利安式神廟，從海上就可遠望到山脊上的神殿，尤其是夏季夜晚（8～9月），各座神殿都會打燈，讓這片土地彷彿籠罩在聖光中。四月則是滿山遍開的杏花樹，讓神殿亦顯清新脫俗。阿格利真托會舉辦國際杏花節，世界各國都會組隊到此共襄盛舉。（春天是拜訪阿格利真托的最佳時節，不但可欣賞杏花，參觀神廟谷時也才不太熱。）

神殿群主要分為兩邊，Via dei Templi的東邊是最古老的「海格力士神廟」（Tempio di Ercole），約建於西元前5世紀，雖然現在只剩下8根立柱，親身站在這些巨大的石柱旁，仍可遙想當初神

廟該是如何的壯麗。繼續往裡走是保留最完整的「和諧女神廟」（Tempio della Concordia），由於它在西元597被改為基督教教堂，才免除被破壞殆盡的命運。這座神廟建於西元前440年，由38根大石柱支撐著，不過為了要讓世人了解神廟的原貌，其中有8根是1924年才立的。位於山脊邊緣的是「茱諾內神廟」（Tempio Giunone），這是以天神宙斯之妻赫拉的羅馬名字命名的，目前只能看到部分石柱及祭壇。

Via dei Templi的西側是「宙斯神廟」（Tempio di Giove），又稱Tempio di Zeus。這應該是規模最大的多利安式建築，為了紀念西元前480年的Himera之戰而建的。Castor & Pollux神廟仍可看到被迦太基放火燒神殿的痕跡，19世紀利用其他建築的碎片進行修復工程，目前可看到較完整的樣貌。

除了神廟之外，一些較重要的考古文物都放置在**考古博物館**中。

阿格利真托的古城區在神殿谷的上方，是現代建築與古建築交錯而成的尷尬「古城」。主街道為Via Atena，沿路有許多小商店，只要週一到週五晚上，整條街擠滿出來閒晃的

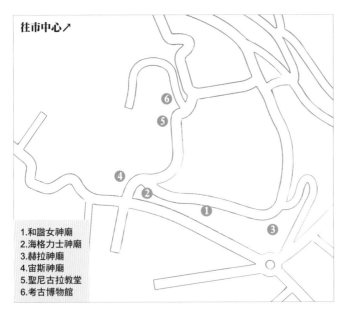

往市中心↗

1.和諧女神廟
2.海格力士神廟
3.赫拉神廟
4.宙斯神廟
5.聖尼古拉教堂
6.考古博物館

1.海格力士神殿／2.古城風光／3.古城風光／4.協和女神殿／5.Mile Luci的麵包絕不可錯過／6.劍魚義大利方餃／7.炎炎夏日在沙灘區的酒吧點杯冰搖咖啡最是沁涼／8.神殿區沒有什麼遮蔽物，記得防曬／9.Mahattan餐廳

市民，全家大小走在街上，沿路跟朋友打招呼、逗小孩，簡直就是把這條街當作定期登場的Party會場。城內其實並沒有什麼特別的景點，有時間的話可以到**Chiesa di Stanta Maria dei Greci**欣賞這座諾曼風格的教堂，現在仍可看到木製天花板及拜占庭畫家的濕壁畫。否則可以到**主教堂**眺望整個山谷。另外還有家**Manastero Cistercense Santo Spirito**修道院蠻有趣的，這裡的修女們會自己做當地甜點，若要買甜點得爬上長長的階梯到這修道院，按修道院大門右側的小門門鈴（寫著Monastero S. Spirito），跟應門的修女說要買甜點（Vorrei compare il dolce，或可直接說甜點的義大利文，發音是「豆勒切」），修女就會打開內鎖，讓你推開重重的木門進入黑壓壓的廳室等修女過來招呼（超神祕的

一家甜點店）。其實，甜點是眞的有點太甜又太貴，不過整個購買過程還蠻特別的。然後在我們論斤買甜點時，修女還遞出一張紙問我們住哪裡，跟我們說修道院有很便宜的住宿（每人€20）。修女還眞會做生意，賣甜點兼宣傳自家旅館。但有大型行李者得仔細考慮，因爲要爬又長、又有點累人的階梯。

市區巷弄中有許多餐廳，位於階梯巷弄中的**Manhattan**餐廳算是城內較爲平價的餐廳。推薦它的劍魚義大利方餃（€8），而灑上鹹Ricotta起司的茄子西西里麵（€6），也香而不膩。若不想上餐廳，位於Piazza Pirandello廣場角落的烤雞店可說是香氣傳百里，許多當地人都心甘情願在小店內等待現烤香雞出爐。除了烤雞之外還有各種鹹餡餅，像是波菜餡餅、番茄起司餡餅，也都很推薦。

茄子西西里麵

Chiesa di Stanta Maria dei Greci
add：Salita Santa Maria dei Greci
time：週一〜六08:00〜12:00，15:00〜18:00

主教堂 Duomo
add：Via Duomo
time：09:00〜12:00，16:00〜19:00

Manastero Cistercense Santo Spirito
web：www.monasterosantospiritoag.org
add：Via S. Spirito 8
tel：(0922)206 64

Manhattan
add：Salita Madonna degli Angeli 9
tel：(0922)209 11

Mille Luci Cafe' 美味無比的麵包

修道院的甜點,甜到爆

波菜餡餅

阿格利真托 住宿資訊

Via Antea街上有許多B&B的民宿招牌,雙人房房價約€60～80。

B&B Fodera' 民宿

這家民宿就位在古城市中心,房間佈置得蠻溫馨的,而且洗手間可說是一塵不染。民宿主人自己雖然不提供早餐,但可以拿著名片到附近的Mille Luci Café'(Via Antea 236)吃免費的早餐。

這家早餐店的各種麵包都是當天早上出爐的。天啊,鬆軟度恰到好處,一咬下口,香氣直逼出來,絕對要嚐,這是我們到西西里島嚐到最棒的麵包之一。即使不住這家民宿也一定要到這裡吃個早餐、喝杯卡布奇諾。

go：由Via Antea直走,看到一座小教堂,右轉Via Fodera'往上坡走一小段即可抵達。不要看到第一個民宿招牌就走小巷子上去,會爬得比較辛苦

add：Via Fodera' 11

tel：(0922)403 079

price：雙人房€60～70

阿格利真托 實用資訊

▌旅遊服務中心

遊客可使用旅遊中心內的電腦免費上網15分鐘。

旅遊網站
web：www.provincia.agrigento.it

旅遊中心
tel：800-236 837；800-315 555

市政廳內
add：Piazza Aldo Moro 1
tel：(0922)593 227

火車站內
add：Piazza Marconi
tel：(0922)227 80

▌對外交通

由Palermo搭火車到此約2小時,到卡塔尼亞約3.5小時。火車站位於Piazza Marconi,步行到市中心約7分鐘。由莫迪卡過來須在Gela換車。

▌對內交通

市區巴士總站位於Piazza Rosselli,步行5分鐘即可到古城區,往返神殿谷的市區巴士也會停靠在火車站前。巴士1、2、3號開往神殿谷及海灘區,約5～10分鐘即可抵達神殿谷。90分鐘有效巴士票€1.10。若一天內要往返古城區、神殿谷及海灘區,可以考慮購買1天票€3.30。

Palermo
巴勒摩

卡爾維諾在《看不見的城市》這樣寫道：「這座城市不會訴說他的過去，而是像手紋一樣包含著過去，寫在街角，在窗戶柵欄，在階梯扶手，在避雷針天線，在旗竿上，每個小地方，都一一銘記了刻痕，缺口和捲曲的邊緣。」四拐角美麗的雕像上鋪著一層歲月餽贈的厚塵衣、羞恥之泉旁的宮殿破落的窗戶——巴勒摩在城內的每個小角落，仔細的紀錄每一分、每一秒的過去。即使是你的手不經意拂過的牆面、靜坐在廣場邊張口欲言的老人嘴角、熱鬧市集中靜立的小噴泉……這樣一個城市，不是來數落它有多麼衰敗，而是來細細體會每個小地方的巴式風味。

必看	主教堂
必吃	Granita檸檬冰或橘子冰、Couscous、Cassata (Ricotta起司+水果+杏仁)、Cannoli奶油捲心餅
必買	Torrone杏仁糖(類似牛軋糖)
迷思	很多人是還未到巴勒摩就很害怕這裡的治安不好，其實白天一切如常，並不用太擔心，尤其是主教堂、Corso V. Emanuele、Via Roma、Via Maqueda及Piazza Castelnuovo附近。不過晚上出門，相機及包包都要嚴格執行宵禁，帶一小筆錢在口袋，兩手空空出去就好，這是不讓自己成為目標的最好辦法
閒聊	巴勒摩的守護聖人為聖羅薩莉婭(Saint Rosalia)，每年的7月15日都會盛大舉行聖人節

Walking 教你怎麼玩

往返西西里島建議可以一趟搭火車，一趟搭船，體驗不同的旅行方式。

09:00～10:00	Ballaro市場
10:00～10:30	四拐角+羞恥之泉
10:30～11:30	主教堂
11:30～12:30	皇宮(附近有座骨骸教堂，有興趣可前往參觀)
12:30～14:00	午餐
14:00～16:00	王室山
16:00～19:00	歌劇院＋Castelnuovo廣場

1.市政廳廣場前惹人爭議的羞恥噴泉 / 2.市區最熱鬧的Via Maqueda街區 / 3.皇宮可說是諾曼時期的政治與宗教中心 / 4.西西里甜點，尤其不可錯過杏仁糖 / 5.Via S. Agostino的Capo市集 / 6.氣氛佳，又美味的Carlo V小酒館 / 7.週末盡是打扮的漂漂亮亮出來壓馬路的市民 / 8.王室山修道院 / 9.四拐角上的精美雕像

步行參觀巴勒摩其實很簡單，主街Via Maqueda從火車站延伸到Castelnuovo廣場，與之交叉的是從港口延伸到大教堂的Corso Vittorio Emanuele大道，這兩條街交接處就是美麗的四拐角路口。從火車站出發的話，可以由Via Oreto直走，這一小段路雖然有點破破舊舊的，不過在火車站左前方有座聖方濟教堂，當我們在老街上走時，剛好聽到教堂鐘聲聲聲催人進去禮拜，因此我們也跟著人潮站在擠爆的教堂內。雖然講道的內容有聽沒有懂，但被教堂內虔誠的信徒及優美的歌聲感動得熱淚盈眶的我們，卻是意料之外的行程與心情。出教堂沿Via Maqueda再往前走，如果有時間可以左拐進Via del Bosco到Ballaro'市場逛逛。

這區的老街道就像座中世紀的迷宮，褪色的黃、市場內的蔬果、肉攤，就跟站在路旁的市民一樣平凡，卻也是巴勒摩最道地的生活。

好玩的是，市場內還有行動唱片行。

一位年輕的小夥子手推著小木板車穿梭於市場街巷中，木板車上兩顆喇叭肆無忌憚地放著義大利流行歌曲及西西里民歌，沿街兜售盜版CD（西西里島果然天高皇帝遠，有黑手黨保佑啊）。

回到Via Maqueda再往前走會遇到一個四座巴洛克雕像噴泉圍成的十字路口，這就是著名的「**四拐角**」，也是老巴勒摩的中心點。它將古城區分為四個部分，市區景點都在這附近。這些噴泉雕像是由Giulio Lasso建築師設計的，建於1611年，以三層式的巴洛克建築嵌在路口的四棟建築上。經年累月下來，這些雕像也穿上了一層厚塵衣。不過可能是這灰撲撲外衣的緣故，讓這些雕像更引人駐足，多了一點神祕又滄桑的美感，讓遊客在不經意中找到驚艷。搞得人人都著了迷似的繞著小小的十字路口，或是仰頭、或是驚嘆，看著四季女神雕像、英挺的西班牙國王雕像、博愛的巴勒摩聖人雕像。再加上背後相互輝映的

市場內的行動唱片行

四拐角

羞恥噴泉

老建築，雕像不只是雕像，而是一座完完整整、精采上演的舞台。

四拐角旁邊就是讓人臉紅心跳的**羞恥噴泉廣場**，惹人爭議地矗立在市政廳前的廣場上，一圈圈的噴泉上立著一尊又一尊比一尊惹火的裸體雕像：少女雕像勾人的眼神、大膽的性器官刻繪，讓到對面教堂做禮拜的信徒看得臉紅心跳的，因此稱之為「羞恥噴泉」。它的對面是聖凱瑟琳教堂（Chiesa di Santa Caterina），亮眼的黃綠色圓頂，為典型的西西里島風格。不過平常並不對外開放，每年11月25日聖凱瑟琳節時才會敞開大門。

由四拐角往左繼續走就是巴勒摩令人驚奇不斷的**主教堂**。這座主教堂可說是巴勒摩阿拉伯諾曼風的典範，當「諾曼之狼」[1] Robert Guiscard占領巴勒摩後，

將這個城市推往最高峰，決定於1184年在原本的清真寺上擴建。初次看到這座教堂是從後側小巷鑽出來，有種行過重山疊巒看到的海闊天空，簡直是驚為天人。教堂後側的牆面盡是細緻的刻紋，以一圈又一圈的拱形紋交錯成無限想像空間的阿拉伯風情，而上面則是有如英國城堡的諾曼風，兩旁卻是尖聳的哥德式鐘樓。這還不夠神奇，一步步往主教堂正面走時，隨著每一步的角度變換，便覺得教堂的樣貌一直在改變，我的眼睛是放在萬花筒上嗎？怎麼隨著角度的不同，眼前的教堂便是如此變換？這座教堂建築藝術真是令我看得說不出話來。再加上整座教堂的規模相當巨大、開闊，彷彿在與頂頭無邊境的藍天相互競衡著，就是要讓世人感嘆、再感嘆！

主教堂

四拐角 Quattro Canti
add：Via Maqueda

羞恥噴泉廣場 Piazza Pretoria
add：Via Dante

主教堂 Cattedrale
web：www.cattedrale.palermo.it
add：Corso Vittorio Emanuele
time：09:30～17:30　price：免費

[1]「諾曼之狼」Robert Guiscard
諾曼帝人原本是北歐維金海盜的後裔，後來在法蘭西發展成邦國。西元1060年Guiscard帶領諾曼帝人侵犯南義及西西里島。當時羅馬教宗為了拉攏諾曼帝國邦，一起制衡日耳曼神聖羅馬帝國，還特別授權羅伯特到西西里從回教徒手中奪回統治權，承認羅伯特的權力。

截至目前爲止，眞覺得巴勒摩是個施了魔法的城市。

由主教堂穿過城門前的公園就可來到巴勒摩的**皇宮**。9世紀時將古迦太基及羅馬遺跡擴建爲皇宮，2樓的皇家起居室（Apartamenti Reali），幾個世紀來一直是西西里島領導者的居所，現爲西西里的國會大廈。其中有許多房間，像是羅傑王的房間（Sala di Rugero）、蒙太托公爵的房間等，都裝飾得美輪美奐。皇宮1樓的部分爲**帕拉提那禮拜堂**，建於1130年，滿室珍貴的大理石圍牆，天花板則以金光燦爛的馬賽克描繪出一幅幅的聖經故事，呈現出典型的拜占庭風格，金碧輝煌。這棟偌大的建築，上爲政治人物的居所，下爲神聖的宗教場所，諾曼帝統治期間，這裡儼然就是政治與宗教中心。

逛完這兩個主要景點後，可穿過**Mercato del Capo市場**，回到Via Maqueda，往Massimo劇院的方向走到Castelnuovo廣場（廣場旁的**Spinnato**有各式鹹餅、Arancina炸米飯團、沙拉，另外也有西西里特產的杏仁糖），沿路有許多商店，不過最精采的應該是與之平行的Via Roma之間，那些讓人又愛又怕的小巷

巴勒摩歷史

巴勒摩位於西西里島西北部，爲西西里島的首府，也是全義大利第5大城市。巴勒摩城是西元前8世紀由腓尼基人開始發展的，由於這是個港口城市，腓尼基人口中的港口（Panormos）就變成了它的名字Palermo。巴勒摩後來也曾受羅馬及拜占庭帝國統治（教堂內的馬賽克藝術就是受此時期影響）。不過在城內遊逛時，你會發現這個城市還多了一股異國風情，這是受到9世紀阿拉伯統治的影響，當時巴勒摩也首度躍升爲首都，阿拉伯開始引進橘子、檸檬、甘蔗、棉花等東方的農作物，這也是讓西西里的食物在義大利美食中獨具一格的原因。雖然巴勒摩後來又受英國諾曼王朝統治，不過1130～1816年西西里王國統治期間，巴勒摩一直是這個王國的首都。當了這麼久的首都，今日的巴勒摩仍散發著昔日的首都氣勢，有種小羅馬的感覺，而且還多了東西南北各方文化結合的異國風味。

修道院後庭院可眺望市區景色及海景

皇宮 Palazzo Reale o dei Normanni
add：Piazza dei Normanni
tel：(091)626 2833
time：週一～六08:15～17:40；週日08:15～13:00
price：週二～四€10；週五～一€12

帕拉提那禮拜堂 Cappella Palatina
web：www.ars.sicilia.it
time：08:15～17:40，週日08:15～13:00

Mercato del Capo市場
add：Via Sant'Agostino及via Cappuccinelle交界口

Spinnato
add：Piazza Castelnuovo 16　tel：(091)329 220

王室山 Monreale
add：Piazza Vittorio Emanuele
go：由獨立廣場（Piazza Independenza）搭389號公車，約20分鐘車程

道。古老的小店與房舍，當然是市區文化的精華，在市政府與市民不經意的忽略下，完整保留歲月刻繪出來的美以及潛藏其內的生命力：窄窄的老巷子走著走著，總忽地遇到一小區熱鬧的市集，熱情的小販叫賣著，是市民在歲月輪裡展現的熱力。

如果是週末來到巴勒摩市區，當然要到Via Maqueda街上跟著巴勒摩人一起壓馬路。尤其是中午過後，彷彿市民只要一從午睡中醒來，就要到這裡報到似的。即使商店並沒有全開，但全家大小依舊快樂的閒晃著，從他們的微笑中，就可以感受到一種滿足又簡單的生活。除了市區景點之外，很多遊客還會特地到郊區山上的**王室山**朝聖。

王室山的主教堂可說是諾曼王朝在西西里島最精湛的建築，緣起於1172年，威廉二世王決定建造一座驚艷世人的大教堂，聘請當時手藝最好的西西里島與拜占庭工藝巨匠打造馬賽克鑲嵌畫，整棟建築完美融合了拜占庭、諾曼風、阿拉伯風與古典美學。

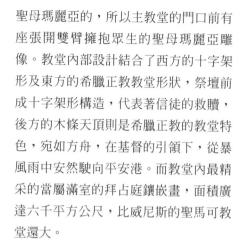

由於這座教堂是獻給聖母瑪麗亞的，所以主教堂的門口前有座張開雙臂擁抱眾生的聖母瑪麗亞雕像。教堂內部設計結合了西方的十字架形及東方的希臘正教教堂形狀，祭壇前成十字架形構造，代表著信徒的救贖，後方的木條天頂則是希臘正教的教堂特色，宛如方舟，在基督的引領下，從暴風雨中安然駛向平安港。而教堂內最精采的當屬滿室的拜占庭鑲嵌畫，面積廣達六千平方公尺，比威尼斯的聖馬可教堂還大。

一入室等眼睛適應燦眼的金光後，仔細欣賞每一幅畫會發現，工匠們以淳樸簡單的方式，從創世紀、諾亞方舟、到耶穌受難，描繪了42幅聖經故事，給人一種簡單明瞭的神聖。教堂外部瓷拼的幾何線展現出阿拉伯風格。此外，修道院迴廊的廊柱也相當精采，228根雙雙成對，有些石柱的柱頭為馬賽克鑲嵌畫，有些則是細緻的雕刻，描述諾曼時期的國王與騎士傳奇。

傍晚可到四拐角附近的**Carlo V**小酒館喝餐前酒或吃晚餐，餐廳是由老建築改建的，仍可看到旁邊老舊的木板門。若想買當地特產則可到港口附近的**Cibus**，這裡也有一家慢食餐廳。

王室山主教堂門口前的聖母雕像

Carlo V
add：Piazza Bologni 22(在Corso Vittorio Emanuele轉角)
tel：(091)328 856
time：11:00～15:00，18:00～02:00

Cibus
web：www.cibus.pa.it
add：Via E. Amari 64
tel：(091)323 062

巴勒摩
城市景點

馬爾托拉娜教堂
La Martorana

　　教堂底下幾棵充滿熱帶風情的棕櫚樹，再加上獨特的阿拉伯諾曼風格鐘樓，這座教堂為巴勒摩古城區增添了令人嚮往的文化力。每天早上信徒們到市場買完菜都會拿菜到這裡讓聖母賜福。

add：Piazza Bellini 3
time：09:30～13:00，15:30～17:00

巴勒摩
住宿推薦

Hotel Elena

　　剛出火車站問了一位公車司機哪裡有便宜又乾淨的旅館，帥哥司機手指火車站右側，自信的指點著。雖然外表看來是相當典型的老旅館，不過房間空間非常寬敞，衛浴也很乾淨，又不需要背著行李到處跑，是個相當理想住宿地點。

e-mail：hotelelena.palermo@alice.it
add：Piazza Giulio Cessare 14
tel：(091)616 2021

巴勒摩
實用資訊

旅遊服務中心

旅遊網站
web：www.palermotourism.com

旅遊中心
add：Bellini
time：週一～六08:30～19:00

對外交通

　　距離市中心約35公里，搭計程車約€35～45，搭Trinacria機場列車，從火車站、港口均可搭巴士到機場，每半小時一班車(€6.30，04:00～22:30)

　　市區東邊的港口有往返拿波里、熱那亞及Livorno(靠近佛羅倫斯)的輪船，相當舒適的旅遊方式，比火車還穩，而且房間相當於含衛浴的三星級旅館，船上還有電動遊戲室、電影室、餐廳等。火車有遠到羅馬(12小時)，也有到西西里島各大城市的班次，這區的區域性火車也較新。

巴勒摩機場
Aeroporto di Palermo
"Falcone e Borsellino"
web：www.gesap.it

對內交通

　　市區景點均可步行參觀，或者也可搭配市內公車90分鐘有效票€1.40(可到王室山)，1天票€3.50。

西西里島

【最新版】
真愛義大利
27個大城小鎮實用導覽書

世界主題之旅
67

作　　者	吳靜雯
攝　　影	吳靜雯・吳東陽

總 編 輯	張芳玲
發想企劃	taiya旅遊研究室
主責編輯	邱律婷
初版主編	張敏慧・張焙宜
修訂編輯	李辰翰・林孟儒
封面設計	許志忠
美術設計	許志忠
地圖繪製	許志忠

太雅出版社
TEL：(02)2836-0755　FAX：(02)2882-1500
E-mail：taiya@morningstar.com.tw
郵政信箱：台北市郵政53-1291號信箱
太雅網址：http://taiya.morningstar.com.tw
購書網址：http://www.morningstar.com.tw
讀者專線：(04)2359-5819　分機230

出 版 者　太雅出版有限公司
　　　　　台北市11167劍潭路13號2樓
　　　　　行政院新聞局局版台業字第五○○四號

印　　刷　上好印刷股份有限公司　TEL：(04)2315-0280
裝　　訂　東宏製本有限公司　TEL：(04)2452-2977

法律顧問　陳思成律師

三　　版　西元2015年09月01日
定　　價　499元
(本書如有破損或缺頁，退換書請寄至：台中市工業30路1號　太雅出版倉儲部收)

ISBN　978-986-336-082-7
Published by TAIYA Publishing Co.,Ltd.
Printed in Taiwan

編輯室：本書內容為作者實地採訪資料，書本發行後，開放時間、服務內容、票價費用、商店餐廳營業狀況等，均有變動的可能，建議讀者多利用書中網址查詢最新的資訊，也歡迎實地旅行或居住的讀者，不吝提供最新資訊，以幫助我們下一次的增修。聯絡信箱：taiya@morningstar.com.tw

國家圖書館出版品預行編目資料

真愛義大利：27個大城小鎮實用導覽書 /
吳靜雯作. --三版. --臺北市：太雅，2015. 09
面；　公分. --(世界主題之旅；67)
ISBN 978-986-336-082-7 (平裝)

1. 旅遊　2. 義大利

745.09　　　　　　　　　　　　104011547